まちづくり
構造改革 II

あらたな展開と実践

中村 良平 著

日本加除出版株式会社

はじめに

「地方創生」という言葉がアベノミクス地方版（ローカル・アベノミクス）で使われて四年が過ぎ、地方創生も第一期総合戦略の総仕上げに向かう時となってきました。当初ほど、新聞などでその言葉を見る機会が少なくなってきましたが、それは地方創生が浸透してきたと考えるのか、その成果も含めて少々色あせてきたと考えるのか、それともマンネリと諦めの境地なのか、立場と経験によってそれぞれ分かれるところでしょう。

でも、地方創生の中心的な課題、つまり「人口問題」が重要な位置を占めていることに変わりはありません。それは、「まちの人口減少」と「国内人口の過度な偏在」です。そして、今後、消滅すると予想される自治体が圧倒的に地方に多いからです。もちろん、これまでの人口トレンドを延長すれば、二〇年後、三〇年後には、常住人口が今の半分以下に減ってしまうことも予想できます。さらに、小さな町村であれば、場合によればほとんどゼロになってしまうかもしれないことも想像に難しくないでしょう。しかし、それは信じたくない、何とかしたい、何とかなるだろうというのが、そういった消滅予言をされた自治体の気持ちではないでしょうか。

一言に「地方」といっても、厳密には政治経済の中心である東京（あるいは首都圏）以外は、すべて「地方」ということになります。もちろん、大阪も名古屋も地方であることに変わりはありません[*1]。ですから地方だからといっても田舎とは限りません。「地方創生」で主たる対象となっているのは、そういった「地方」の大都市ではなく、正に人口減少に直面している中小の地方都市や中山間地に位置する市町村なのです。

住む人がいなくなって直接困るのは、役場という地方自治体の組織であり、そこに収入源を依存する個人や団体です。いくつかの自治体が合併して何十年か経過すると、合併した旧自治体の居住者が減っているのですが、表面に現れないことがしばしばあります。例えば、現在は合併して岐阜県高山市の一部となっている岐阜県大野郡にあった（旧）高根村は一九六五年の国勢調査人口は三四七七人でしたが、二〇一〇年のそれでは四七四人、さらに二〇一五年一〇月の国勢調査人口では三三八人と記録されています。半減どころか一割近くになっているのです。合併を繰り返すことによって、旧自治体であったところの常住人口が大きく減ってきて、やがてはゼロになることが隠れてしまっているのです。

人が住んでいたところには住居があり、道路や水道などのインフラもあり、田畑なども維持されてきたわけです。しかし、そこに住む人がいなくなると、当然、田畑は荒れ、治山・治水も危うくなってきます。こういったところは往々にして川上に位置するので、下流域にある都市部への影響も、やがては出てくることになります。そうすると、そこには自然に帰すという新たな公共事業が必要になってきます。

人口移動にはプッシュ（押し出す）要因とプル（引きつける）要因があります。例えば、「こんな田舎にいても自分の働きたい仕事はないとか面白くない」との思いで、高校卒業したら東京へいくというのは地方のプッシュ要因です。逆に東京に行けば職も多いし、何とかなるだろうというのは東京のプル要因です。後者は雇用機会の豊富さや消費機会の多様さなどといったいわゆる都会が人を惹きつけるものです。こういった人口の転出入には、地域のしごと・雇用の問題が不即不離です。

地域振興の主題は、産業振興、そして雇用の確保であることは間違いないことです。いろいろと施策をしても地域の活性化に効果が出ない、雇用も増えない、また効果が出ても長続きしないことがあります。これまでの地方経済はこの繰り返しであったと言えるでしょう。これはモノとカネの回り方に問題があると推察されます。言い換えると、「地域経済の循環システム」に思いの他の漏出があるのではないかということです。こういった漏出を地域ができるだけ小さくし、自立した地域経済にするのはどうすれば良いのでしょうか。本書では、そういった問題意識から、産業振興と人口維持をつなぐ望ましい地域経済循環の構築について考えていきます。

ところで前著の「まちづくり構造改革：地域経済構造をデザインする」を出版したのが二〇一四年三月でした。その時はまだ地方創生という言葉はありませんでした。地方創生という言葉は、二〇一四年（平成二六年）九月三日の第二次安倍改造内閣発足時の総理大臣記者会見で発表されたものです。

その間、多くの方々に読んでいただき、また有意義なご意見やコメントも戴きました。なかには、赤坂町の事例は古すぎるという指摘もありましたが、しっかりと読んでいただくとそのような指摘は全く的外れであることがわかります。先進事例からの温故知新を忘れてはいけません。

前著で提示した「地域経済構造分析」では当たり前のことしかわからないのではないか、そして具体的な打ち手に乏しい、もっと経営戦略的な考え方が必要であるというコメントもありました。まちづくりや地域振興に

＊1　地方自治の用語では、東京都も地方公共団体の一つとなっています。地方自治法のなかでは、市町村は「普通地方公共団体」に分類されていて、東京二三区は「特別区」として「特別地方公共団体」に分類されています。不思議な感じがします。

とって、経営戦略的な考え方は大切で必要なことです。ただ、経営学は個別企業の事例研究の積み重ねがベースとなっていますので、規範的なアプローチにはなっていません。あくまでも経験的なことの積み重ねとその集まりですので、そこにモデル分析をすることは困難です。具体的な打ち手を考えるのは、結局は「ひと」です。企業の経営戦略も「ひと」が考え判断するのと同様に、地方創生の具体的な打ち手も最終的には「ひと」が考えるものです。ただ、地域経済構造分析はそれを考えるための重要で「客観的」な情報を提供してくれ、「打ち手」のヒントを示してくれるのです。

地方版総合戦略の実践課程で、地域の産業連関表を時間と手間と費用をかけて構築し、それを活用した地域経済構造分析を実施することで、新たな姿を目指したまちの構造改革の取り組んでいる市町村は少なからず出てきました。筆者が関与した自治体で、現在進行中のものも含めると、新潟県佐渡市、千葉県南房総市、長野県塩尻市、岐阜県高山市、兵庫県豊岡市、朝来市、和歌山県日高川町、岡山県倉敷市を中心とする高梁川流域圏域、津山圏域、岡山市、笠岡市、高梁市、真庭市、里庄町、奈義町、久米南町、愛媛県松山市、新居浜市、佐賀県佐賀市、熊本県天草市、宇城市、宮崎県宮崎市、小林市、西米良村、鹿児島県鹿屋市、沖縄県那覇市など少なからずあります。確かに、手間と一定の費用はかかりますが、きちんと調査をし、正しい理解の下で産業連関表を構築すれば、その賞味期限は長いものとなり、費用対効果は十分に満たされるでしょう。

平成三一年一月

著　者

∽ 目次 ∽

第3章　まちの経済、見方ととらえ方――41

第4章　まちの経済、稼ぐ力と雇用力――63

第5章　まちの構造改革の落とし穴――87

第9章　まちづくり構造改革の実践——203

おわりに——229

第1章 人口偏在と地方創生

シドニータワーから見る中心部
(シドニー，オーストラリア)

地方創生のいきさつ

総務省による『住民基本台帳に基づく人口、人口動態および世帯数』を見ると、我が国の人口は二〇〇九年三月末の一億二七〇七万一八三三人をピークに減少に転じています。二〇一四年一月で一旦は四万一千人弱の増加を見たのですが、その後は再び毎年二七万人強のペースで減少しています。これを市区町村単位（区は特別区のみ）で見ると、二〇一六年一月一日〜二〇一八年一月一日の二年間で人口が増加したのは一七四一市区町村のうちわずか二六五にすぎず、そのうち東京都の市区町村が四五と一七％を占めている状況です。これを首都圏（一都三県）に広げると九三と三五・一％になります。言い換えると、首都圏を除く地方の市町村で人口が増えたのは一五二九の市町村のうち一一・二％の一七二市町村だけだということで、それだけ地方の市町村のほとんどが人口減少に直面していることになるのです。特に、それは中山間地の自治体において顕著です。

このような地域は、戦後の一時期を除いて、高度経済成長期においても大都市圏への人口流出で人口が減っていたところです。そのようななかで、社会増減がマイナスであっても自然増減はプラスでした。しかし、高度経済成長期を経て、出生率の低下と高齢化による死亡者数の増加の結果、社会減に加えて自然減となり、ゆくゆくは自治体が消滅してしまうことが危惧されるようになりました。

我が国の人口が自然減になるのはかねてからわかっていたことであり、少なからず研究者は、以前からその影響に警鐘を鳴らしてきました。それが四年半前（二〇一四年）になって突如として国の政策現場に出てきたのです。重要な問題ではあるのですが、なかなか選挙の争点にならなかったものが、まさに政治マターとして表舞台に現れてきたのです。

日本全体の人口減少の直接的な理由は、出生率の低下と平均寿命の延びによって高齢者の増加によることは自明です。それでは、その人口減がもたらす影響というのはどのようなものがあるでしょうか。まずは、人々に利用されている建築物が余るということです。「住宅、公共的な施設が余剰となってくる。利用者の減少で、それを維持管理する費用を賄うことが厳しくなってくる。」これに対しては、空き家対策やファシリティ・マネージメントという手段を講じていくことが求められていますが、容易なことではありません。

人口減少がもたらす問題のもう一つは、空間的な人口の偏在とそれに伴う経済活動のアンバランスに由来する事柄です。例をあげると、地方（特に中山間地）での高齢者に対する相対的に高い介護需要への労働供給の不足、これとは対照的に都市部における保育児童の施設需要に対する供給不足、相も変わらず朝夕の通勤地獄に見られる大都市の過密状況、これと対極的に地域経済の存立基盤が危ぶまれるほどの絶対的人口規模低下に悩まされる地方の中山間地に位置する自治体などです。

正に、戦後の高度経済成長を経て都市部への人口集中と国民所得の上昇がもたらした都市問題、地域問題の積み重なった課題が地方創生という器に詰まっていると言えるでしょう。

人口分布二つの偏り

地方振興や地域活性化をスローガンとする国の政策は、戦後で見ると古くは一九六二年の新産業都市の建設やその二年後の一九六四年の工業特別地域の整備に始まり、最近では福田内閣の「地方再生」に至るまでこれまで何度もありました。ただ現在進行中の「地方創生」が従来の地域振興と異なるのは、従来の地域振興策が生産額

図１・１　日本の人口推移と大都市圏人口の割合

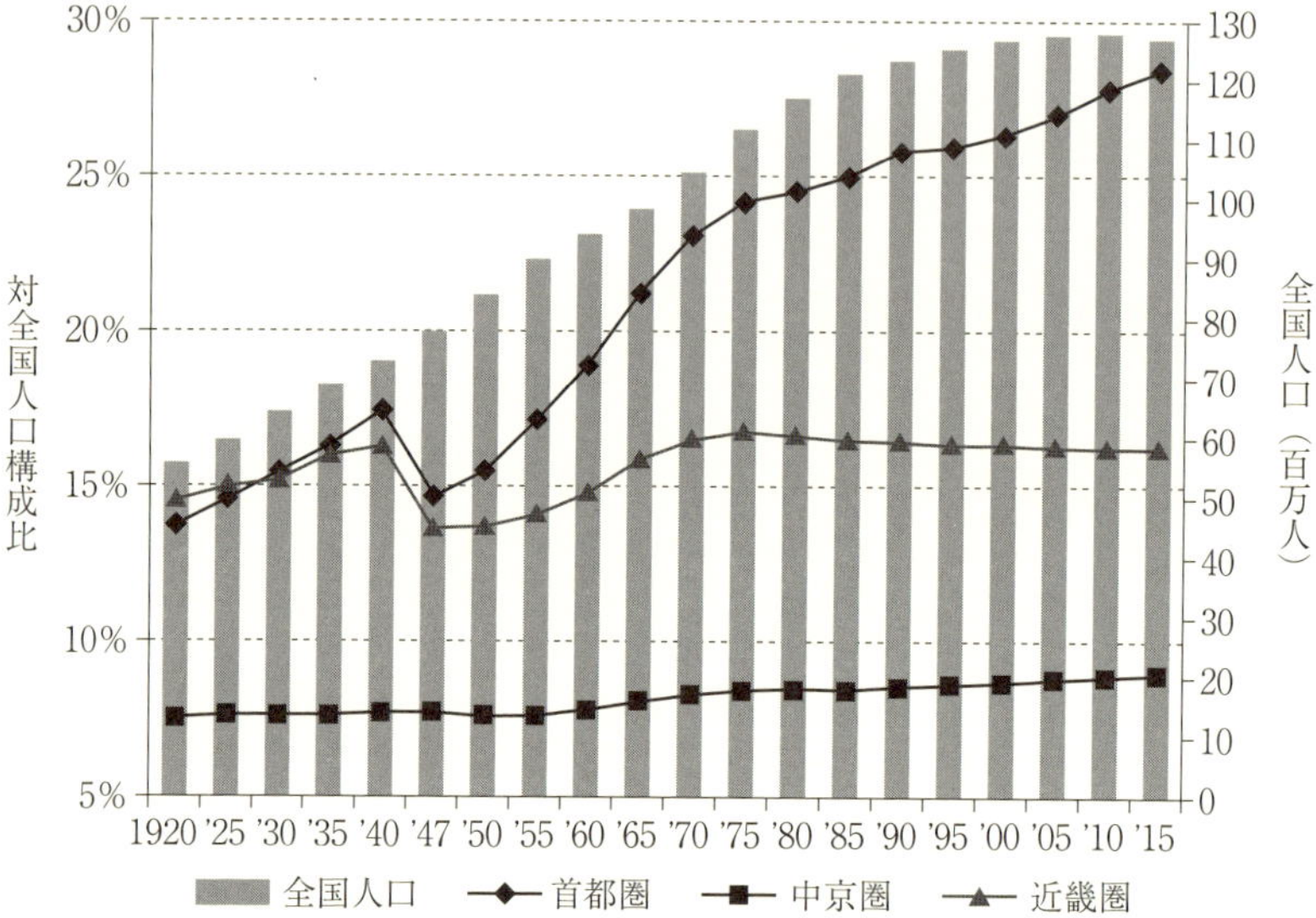

注）「国勢調査」（総務省）から作成。首都圏は埼玉県、千葉県、東京都、神奈川県の１都３県を、中京圏は岐阜県、愛知県、三重県の３県を、近畿圏は滋賀県、京都府、大阪府、兵庫県、奈良県の２府４県をそれぞれ指しています。

の増加や雇用創出が中心であったのに対して、そこに地域（地方自治体）の人口対策、特に人口維持対策が加わっていることにあると言えます。これには一国全体の人口減少が背景にあるわけですが、この人口減少問題については、繰り返しになりますが、かねてからわかっていたのであるがなかなか選挙の争点にはなりにくいことから先延ばしにされてきたと言っても過言ではないでしょう。まさに切羽詰まっての人口対策ということになります。

人口が減少局面に入るかなり前から、我が国の人口分布は戦後の高度経済成長期を経て空間的（地理的）にかなり偏ってきたといえるでしょう。この人口の偏在には二つの見方ができます。一つは国内での偏り、すなわち東京都あるいは首都圏と地方圏の間の偏りで、もう一つは地域内での偏り、すなわち一つの都道府県内での人口の偏りです。

前者については、図1・1にその長期的動向を示しています。折れ線は首都圏、中京圏、そして近畿圏それぞれの人口の対全国シェアです。棒線は全国人口の推移です。第一回目の国勢調査の時、一九二〇年（大正九年）から一九二五年（大正一四年）までは、首都圏の人口シェアは一三・七%から一四・六%、近畿圏のそれは一四・六%から一五・〇%と近畿圏の人口が首都圏の人口シェアを上回っていました。[*1]その後は東京への集中が進んだのですが、第二次世界大戦の終結によって東京一極集中の程度は一旦大きく低下し、再び近畿圏と拮抗しました。終戦から二年後の一九四七年（昭和二二年）では首都圏の人口シェアは一四・六%でした。しかし、その後の高度経済成長期間で大きく上昇し、その程度は一九八五年～一九九〇年の東京一極集中が話題となったバブル経済時期の上昇率をも上回っていることがわかります。そして、直近の国勢調査時点の二〇一五年では二八・四%と、一九四七年よりも一三・八ポイントも首都圏人口はシェアを拡大しています。

その二〇一〇年から二〇一五年にかけて我が国の人口は九四万七〇〇〇人減少していますが、首都圏の人口は五一万二〇〇〇人増加し、その結果、人口シェアも当然上がっています。中京圏の人口シェアは微増傾向ですが、近畿圏の割合が低迷していることを考えると、これら三大都市圏以外の地方圏の人口割合の低下が返って際立つことが容易に想像できます。戦後七〇年間、首都圏への人口集中は全く衰えていないことがわかります。

＊1　社団法人日本放送協会は一九二五年に設立されましたが、それまで東京、名古屋、大阪と三つに分かれていた放送業務が一九五〇年に東京に統合され、情報発信が東京本社に集約されたことをきっかけに東京一極集中が加速化したという説もありますが、グラフを見ると戦前においても東京集中が進んでいたことがわかります。

表１・１　都道府県庁所在都市の対都道府県人口に占める常住人口の割合

	1970年		2015年			1970年		2015年	
1	特別区	77.5%	特別区	68.6%	25	大分市	25.1%	大阪市	30.4%
2	京都市	63.4%	京都市	56.5%	26	甲府市	24.7%	福岡市	30.2%
3	横浜市	40.9%	仙台市	46.4%	27	宮崎市	24.3%	松江市	29.7%
4	大阪市	39.1%	高知市	46.3%	28	奈良市	23.2%	佐賀市	28.4%
5	名古屋市	37.8%	高松市	43.1%	29	松江市	22.7%	神戸市	27.8%
6	金沢市	36.1%	広島市	42.0%	30	岐阜市	22.4%	奈良市	26.4%
7	高松市	36.0%	熊本市	41.5%	31	静岡市	22.1%	宇都宮市	26.3%
8	和歌山市	35.0%	大分市	41.0%	32	福岡市	21.6%	大津市	24.1%
9	富山市	34.0%	横浜市	40.8%	33	秋田市	20.7%	盛岡市	23.3%
10	高知市	33.7%	金沢市	40.4%	34	宇都宮市	20.5%	甲府市	23.1%
11	仙台市	32.9%	富山市	39.3%	35	大津市	20.4%	山形市	22.6%
12	広島市	32.8%	和歌山市	37.8%	36	札幌市	19.5%	那覇市	22.3%
13	長崎市	31.5%	岡山市	37.4%	37	青森市	18.3%	青森市	22.0%
14	熊本市	31.4%	松山市	37.2%	38	さいたま市	17.0%	岐阜市	20.0%
15	福井市	31.2%	鹿児島市	36.4%	39	山形市	16.7%	静岡市	19.1%
16	鳥取市	29.7%	宮崎市	36.3%	40	盛岡市	16.5%	長野市	18.0%
17	岡山市	29.3%	札幌市	36.3%	41	長野市	16.5%	さいたま市	17.4%
18	那覇市	29.2%	新潟市	35.2%	42	前橋市	16.5%	前橋市	17.0%
19	徳島市	28.2%	徳島市	34.2%	43	津市	15.7%	千葉市	15.6%
20	神戸市	27.6%	福井市	33.8%	44	千葉市	14.3%	津市	15.4%
21	新潟市	26.8%	鳥取市	33.8%	45	福島市	12.1%	福島市	15.4%
22	鹿児島市	25.7%	長崎市	31.2%	46	山口市	10.6%	山口市	14.1%
23	佐賀市	25.6%	秋田市	30.9%	47	水戸市	9.1%	水戸市	9.3%
24	松山市	25.6%	名古屋市	30.7%					

注）「国勢調査」（総務省）から作成。

後者については、表1・1において、各都道府県庁所在都市のその都道府県における人口割合を高度経済成長末期の一九七〇年と直近の国勢調査の二〇一五年について示しています。表では、各年において人口構成比の大きい都市順に並べています。

この表を見ると、一九七〇年から二〇一五年の四五年間で、東京区部、横浜市、京都市、大阪市、名古屋市といった三大都市圏の大都市では対都府県人口割合が減少したのに対して、札幌市、高松市、高知市、金沢市、大分市など、甲府市、岐阜市、静岡市、那覇市を除くすべての地方都市では県内での人口集中度が高まっていることがわかります。

四〇%以上の集中度を示している県庁所在都市は三大都市圏の都市を除くと七市あります。また、三〇%以上四〇%未満の集中をしている県庁所在都市は一四市もある状況です。なかでも札幌市は一九・五%から三六・三%へ一六・八ポイント、大分市は二五・一%から四一・〇%と一五・九ポイント、仙台市は三一・九%から四六・四%と一三・四ポイント、高知市は三三・七%から四六・三%と一二・六ポイントの集中度の上昇を示していて、道県内での高い集中度となっています。[*2]

これらの数字は何を物語っているのでしょうか？　すでに都市部への人口集中が過渡期を迎えようとしていた高度経済成長末期においても、それなりに地方では県庁所在都市に人口が集まっていたことを表1・1の数字は示していますが、その後四五年で、三大都市圏の大都市は都府県内での人口集中度が低下したのに対し、地方都

＊2　一九七〇年の人口は二〇一五年時点の市の範囲でのものです。

市の県庁所在都市では人口集中が高まったのです。首都圏人口のほうは、対全国比でも二八・四%から二三・〇%へと低下しています。首都圏への人口集中というよりも、地方圏における県庁所在都市への一極集中が高まっているのです。

地方の多くの県庁所在市は、県内の他の市町村（特に中山間地の市町村）からの転入が多かったのと同時に、東京など大都市圏地域には転出超過の状況でありました。これが県内の中小自治体からの人口供給が底をついてきたこともあり、県庁所在都市の人口増加にも陰りが見え始めてきたのです。そして、いくつかの県庁所在都市では、この一〇年で人口減少となっています。これらのことからも地方圏では、その県のなかでの一極集中が東京以上に進んでいることを表しています。日本全体における東京の一極集中だけでなく、地方圏における人口の一極集中も問題であることがわかります。*3

地方創生は、本社機能や省庁の部分移転を促すということでの東京一極集中の是正という側面も併せ持っていますが、人口の空間分布で見ると人口減少のなかで地方圏のなかでも一極集中が進んでいることが示されていて、地方圏における中小都市や非都市部の自治体の持続可能性をいかに導き出すかがもう一つのテーマとなっていると考えられます。

東京集中の本質

人口における空間的な偏りを見ましたが、地方創生を語る際に引き合いに出されることが、地方の衰退と表裏の関係にある東京一極集中です。ここでよく言われる東京集中とは、主に人口や生産額の偏りのことです。

次頁の図1・2は、人口や就業者、生産額や所得額、販売額や出荷額などいわゆる実物経済に関係する指標に関して東京都の対全国シェア、及び金融経済おけるストック指標である銀行預貯金額と貸出額の東京のシェアについて、大きいものから順番に棒グラフで表したものです。これを見ると、実物経済における指標では、二〇一〇年国勢調査の昼間人口で一一・一%、従業者で一三・七%、また県民経済計算の二〇一四年度の生産額で一九・二%と二割未満となっています。また小売販売額についても東京都の割合は一三・一%です。四七の都道府県があることを考えると、確かに集中している数字にはなっています。

反対に、工業（工場）や製造業については出荷額、付加価値額、生産額ともに一割を下回っています。ここで工業統計における付加価値額のシェアよりも県民経済計算の製造業生産額のシェアのほうが大きい理由として、製造業の場合は工場ではない事業所がそこに含まれ、工場部門からの間接的な資金の移転がなされているからと推察されます。人口・雇用関係が一一%～一四%、生産・所得関係が一六%～一九%となっており、東京の労働生産性が高いことが現れているといえます。

また、しばしば商業として一括りにされる卸と小売りについては、小売販売額は人口・就業者割合と同程度のシェアですが、卸売販売額に関してはその三倍以上のシェアである四二・六%を東京都が占めています。そして、資金供給力と資金需要力を示す預金額と貸出額でもそれぞれ三二・二%と四二・一%と他のシェアを一五ポイン

＊3　ただ地方における県庁都市への人口集中よりも、この後に示すマネー経済における東京への集中のほうが重要な問題でしょう。それは、地方圏全体からの資金流出を意味するからです。

図1・2　各指標における東京都のシェア

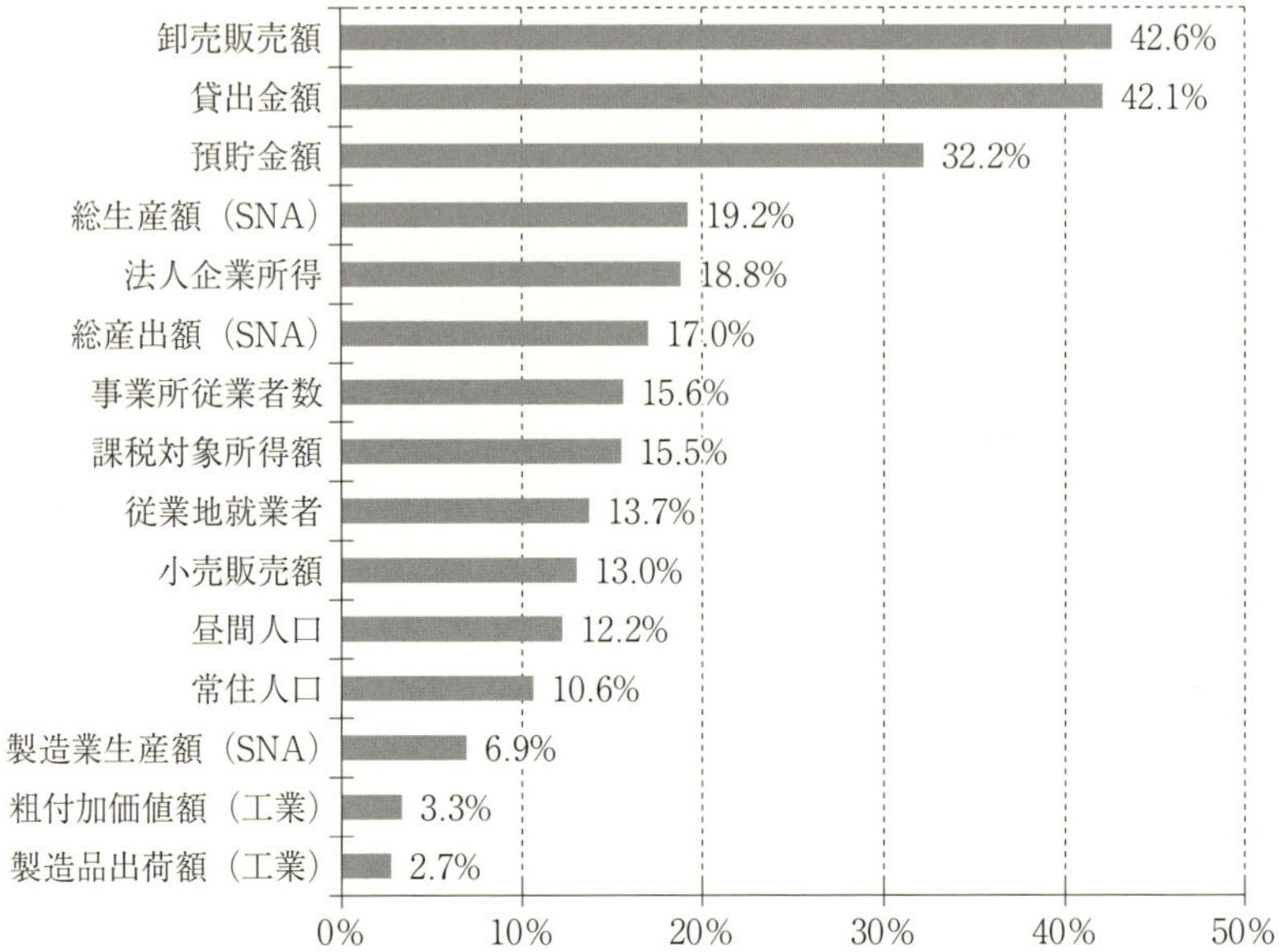

注）卸販売額と小売販売額は「商業統計」（経済産業省、2014年）、粗付加価値額と製造品出荷額は「工業統計」（同）、総産出額と総生産額、法人企業所得、及び製造業生産額は「県民経済計算」（内閣府、2014年度）、預貯金額と貸出金額は「日銀統計」（2014年度末）、常住人口と昼間人口は「国勢調査」（総務省、2010年）、事業所従業者数は「経済センサス」（総務省、2014年）、課税者対象所得額は「市町村税課税状況調べ」（総務省、2016年度）から、それぞれ作成。

ト以上も上回っていることがわかります。これらはどういったことを意味しているのでしょうか。

人口や生産額というのは財・サービスのフローに対価が伴う実物経済の指標であるのに対して、預貸額というのは金融（マネーのストック）経済の指標です。実物経済以上に、財サービスの対価を伴わないマネー経済（資金フローからストック）における東京集中が進んでいることを意味しています。

卸売販売額での東京都のシェアの大きさの理由は、大手総合商社本社の存在であることだと直感的に理解できます。そして、同じ商業という産業分類に属するとはいっても、卸売業の場合は消費者を対象とする小売業とは異なり、ほとんどが企業間取引の仲介です。したがって、この販売額が大きいということは、財貨の空間的な移動を統括するという意味での業務機能の大きさを表していることになります。金融機関がマネーの需給を仲介するのに対して、卸売業はモノの需給を仲介するのです。財・サービスの管理という業務機能とマネー経済における東京における構造的な集中が、図1・2からうかがえるのです。

地方版総合戦略：攻める戦略と守る戦略

地方創生における人口ビジョンと地方版の総合戦略が、これまで多くの地方自治体で作成されてきていますが、(個人的印象として)残念ながら、まちの産業・経済構造を思い切って変えるようなビジョンを持った戦略を見る機会があまりありません。もちろん、個別の施策で面白そうなものは幾つかあるのですが、その前段階において、人口減少社会を受け入れてどういった「まちの経済構造」にしていくかという展望がなかなか見えてきません。

市町村によっては、自然増減や社会増減をバランスさせて人口維持を図ろうとするところもあれば、「国立社会保障・人口問題研究所」が示した減少率を少しでも底上げできるような予測プランを描くところもあります。そのための施策は、それぞれ意味はあるのですが、施策を実施したときの人口や雇用に対してどのように変化をもたらすかというインプットとアウトプットの間のつながり(メカニズム)が十分説明されていません。

確かに今回の戦略で考え出した新たな施策の企画もあるでしょうが、おそらく多くはこれまで類似した施策を実施してきたはずでしょう。総合計画や振興ビジョンが既にあるところで、地方版総合戦略だからといって、それも短期間に簡単には新機軸は出せないからです。結局のところ、どうしてこれまで実施してきた施策が、着地点としての雇用増加や人口維持につながらなかったのか、ここの理論的な解明なくしてはＫＰＩ（Key Performance Indicator）も意味をなしません。

このような趨勢としての人口減少を眺めたとき、それをどのように受け止めて、どのように地域社会の再構築をするかが、各地方自治体のみならず、そこで生活し仕事をするすべての主体にとって課せられた地方創生の本質であると考えられます。

それでは政府の地方創生に対応して地域（地方自治体）の取るべき戦略は何かというと、やはりこれが「地方版総合戦略」ということになります。二〇一六年三月末の時点で、四七都道府県と一七三七市区町村の計一七八四団体が策定しています。政府は全国の地方自治体に対し、二〇一六年三月末までに取りまとめるよう求めていました。未策定は、震災の影響が甚大だった宮城県女川町の他、茨城県常総市、東京都中央区と足立区の四自治体のみでした。

地方版総合戦略は、人口や産業の東京一極集中を是正し、人口減少を食い止めるために政府が全自治体に策定を求めたものです。そこでは、新規雇用や移住者などの数値目標を設定し、産業振興など地域活性化に向けた具体策を明記しています。政府の調査では、総合戦略を策定したほぼすべての自治体が地元の意向を反映させるため、住民や産業界、行政、教育、金融機関などから意見を聴取しています。戦略策定後二年以上を経過し、その進捗状況を検証する会議を開催している自治体も少なからず見受けます。

ここで出揃った地方版総合戦略を見ると、地方創生には「攻める戦略」と「守る戦略」があることがわかります。「攻める戦略」とは地域の質・量を高めていこうとするもので、その代表的なものとして雇用機会や仕事を生み出し所得を高めようとする産業振興に関わる戦略があげられます。インバウンドを中心とした観光振興の数々の戦略もこれに該当するでしょう。これらは、まちの「稼ぐ力」を高めるものです。これに対して「守る戦略」は、現状をなんとか維持しようとするための具体的な施策で、一例として空き家問題への対策があげられます。人口減少に伴う空き家の増加は多くの市町村にとって解決すべき喫緊の課題です。大都市圏では、バブル期における過剰なマンション建設がもたらす問題でもあります。また、ほとんどの地方自治体が取り組んでいる移住施策も人口減少を少しでも食い止めようとする「守る戦略」と言えるでしょう。そして、すべての市町村の総合戦略で記載のある子育て支援策も人口維持のための「守る戦略」に属します。経済学的な観点で言うと、「攻める戦略」が域外マネーを獲得するためのものとすれば、「守る戦略」は地域内でのマネーの循環を図るためのものと解釈できます。

稼ぐ力の正しい理解

地方創生やその総合戦略のなかで「攻める戦略」である稼ぐ力を高めることの必要性やその手立て等が述べられていますが、正確には「地域の」稼ぐ力のことです。これは民間企業が利益を上げるという意味での短絡的解釈ではないです。企業のみならず個人や民間非営利団体、さらに公的部門も含めて「まち」全体が、地域のあらゆる資源（歴史資源、人的資源、社会資本、民間施設、個人の施設）などを有効に活用して、域外からマネーを獲得するということです。経営的視点は重要ですが、企業論や経営戦略論といった民間企業の稼ぐ考え方とは一線を画するものです。

図1・3　分配所得の漏出

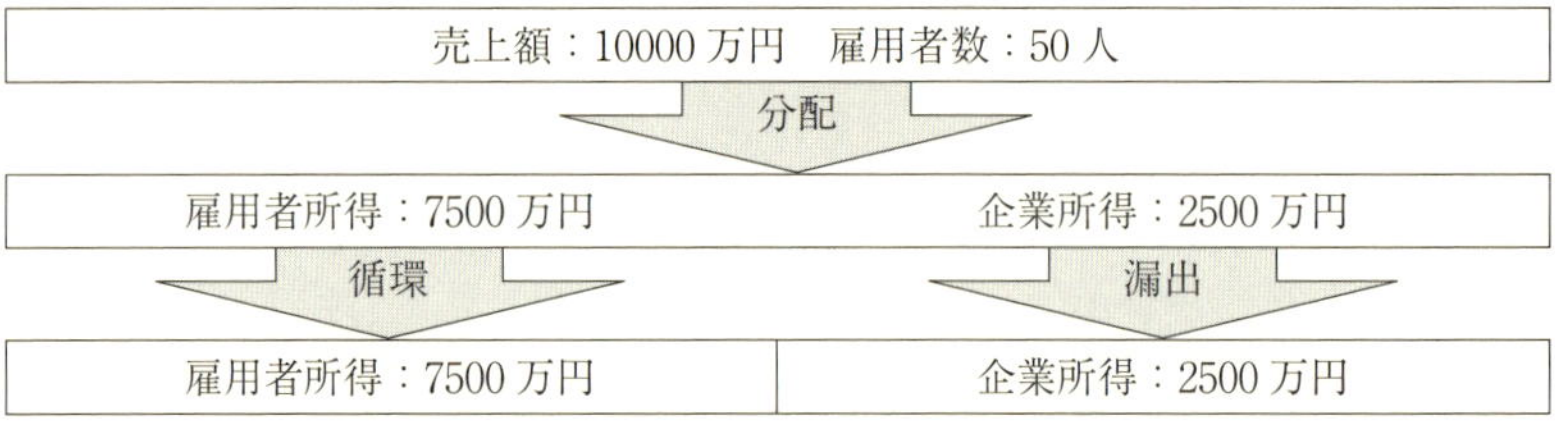

まち全体としての「稼ぐ力」とは、域外にモノやサービスを提供し、マネーを獲得するということです。市町村単位で考えると、これは自治体の歳入を大きくするという自治体経営につながります。そういう意味では、国からの補助金獲得や年金収入なども、地域の「稼ぐ力」の構成要素と言えるでしょう。

　地域の「稼ぐ力」を見るには、どれだけ域外に出荷したか、あるいは地域のサービスをまちの外からどれだけ需要したかを測る必要がありますが、残念ながら市町村ではそういった直接の統計資料がありません。したがって、市町村で独自に調査をするか間接的な手法で推計するしかないのです[*4]。市町村において細かな産業分類でデータが利用可能なものに「経済センサス（総務省）」の従業者数（あるいは雇用者数）があります[*5]。この統計データを使って地域の相対的な集積度である「特化係数」を算出し、それが一・〇を上回っていると移出力がある「稼ぐ力」のある産業と識別することができます[*6]。ただ雇用者数であって金銭データではないので、解釈にはしばしば注意を要します。一次産品と工業製品では製品単価や労働生産性も異なるので、特化係数が同じであっても製造品のほうの稼ぐ力のほうが大きいと予想されます。

　また、地域の雇用対策としていわゆる「コールセンター」の誘致がなされる場合を考えてみましょう。正規・非正規の別を問わなければ、女性の雇用者数はかなり増えるでしょう。となると、「コールセンター」が属する産業中分類の「その他の事業所サービス」においてそのまちの特化係数が一・〇を大きく超えることになります。特化係数が大きいことから、域外へのサービスを実施している（域外マネーを稼ぐ）産業部門として位置付けられます。そうすると、そのサービスによる対価として域外からマネーが地域に入ることになります。確かに就業者数で見ると「稼ぐ力」はあるのですが、問題はその次の段階です。稼いだマネーの営業余剰がしばしば本社のある（大）都市へと移転します。これは利益（収益）分配の問題であり、域外マネーを稼いでいることに変わりないのですが、本社がないことによりマネーが地域に落ちないことになっています。基本的には外貨を稼ぐ移出産業なのですが、実態としては図1・3に示すように分配段階でマネーが漏出していると解釈できます。地方創生で、単なる工場誘致ではなく本社機能の移転を重要視していることは、まさにそれに該当するのです。

＊4　このような問題意識からも市町村で「産業連関表」を作成しようとする取り組みが、地方創生の取り組みのなかで増えてきています。

＊5　経済センサスは事業所に対する調査で、個人や世帯に対する調査である国勢調査とは対象が異なります。したがって、前者の場合、農業や漁業のように個人事業主が多い分野では数字が実際よりも少なめに推計されることになります。

＊6　この解説と使い方については、総務省統計局のＵＲＬ http://www.stat.go.jp/info/kouhou/chiiki/index.htm「地域の産業・雇用創造チャート―統計で見る稼ぐ力と雇用力―」で筆者が詳しく説明していますので、ここでは割愛します。

人口減少時代のまちの振興：ミクロな行動

日本全体で見ると、社会増減というのはそれほど多くはありません。*7 外国からの移民、移住者が諸外国に比べて多くないので、人口増減に大きく関係するのは出生と死亡だけです。ところが、市町村になってくると、人口増減には自然増減だけでなく社会増減も大きな役割を果たしてくることになります。ただ最近の動向を見ると、地方の多くの市町村で転出超過ながら並行的に両者が低減傾向であることがわかります。それは、高度経済成長期に比べて人口移動率の低下という現象で地域間格差の長期的な縮小を示唆しているとも言えるでしょう。

市町村が地方創生の総合戦略のなかで、必ず一緒に考えるようにと国から言われているのが人口予測です。人口予測というのは、自然増減の出生と死亡と社会増減の転入と転出の両方のことを意味しています。転入と転出については、ほとんどの市町村が移住促進、定住促進を施策として考えています。自然増減について、死亡は高齢化社会で元気な高齢者の健康寿命をどれだけ延ばすか、出生は子育て支援や若い女性の働く環境を非常に良くするといった施策を打ち出しています。しかし、こういった子育て支援を担当する課と移住を支援する課が一緒になっている市町村はほとんどありません。

仮にまちの産業振興で雇用が増えて若い人が入ってくれば、それは移住を伴い、すぐに子どもは増えないかも知れませんが将来的には出生率の増加につながるはずです。また、元気なお年寄りがやってくれば、年金受給者であっても少しでも働いて、それが死亡率を下げることになるでしょう。そこでは、社会増減と自然増減はリンクしていることになります。子育て支援と移住促進は一緒の課で考えるべきでしょう。さらに言うと、産業振興についても、それは必ず人口移動に結びつきます。産業振興、移住、子育て支援は、ひとつの屋根の下でセクションが違っていても常に一緒に議論をしてやっていかないとトータルとしての実効性のあるまちづくり（総合戦略）はできないのではないでしょうか。

地方創生の本質

受験勉強には合格体験記がつきものです。誰しも、そのサクセス・ストーリーを自分に当てはめたいと思います。しかし、合格体験記をそのまま真似てやっても、現実にうまくいくことは多くありません。それは個々人の資質や育ってきた環境が異なるからです。ただ、勉強をすることの本質は同じです。地方創生も同じだと思われます。巷には地域活性化の成功例を紹介した報告書や書籍、さらにネット情報が溢れています。いくら境遇がよく似ているからといって成功事例をそのまま真似てもうまくいくことはありません。それぞれのまちは立地環境も異なり、それぞれのまちには固有の歴史と人材も含めた地域資源があるからです。

しかし、地方創生の本質は変わりません。産業と雇用の側面でいうと、基盤産業の素となる有形・無形の地域資源をいかに見つけ、それに磨きをかけ育てていくかです。[*8] これには、弱体化した地場産業を復活させること、

＊7　「住民基本台帳に基づく人口、人口動態及び世帯数調査」（総務省）よると、二〇一五年の一年間で、国内市町村の転入者（社会増）は外国からも含めて五八八万五九九人で、転出者（社会減）は五六七万二四八人で、社会純増加数はプラス二一万五三一人でした。

図1・4　まちの構造改革の流れ

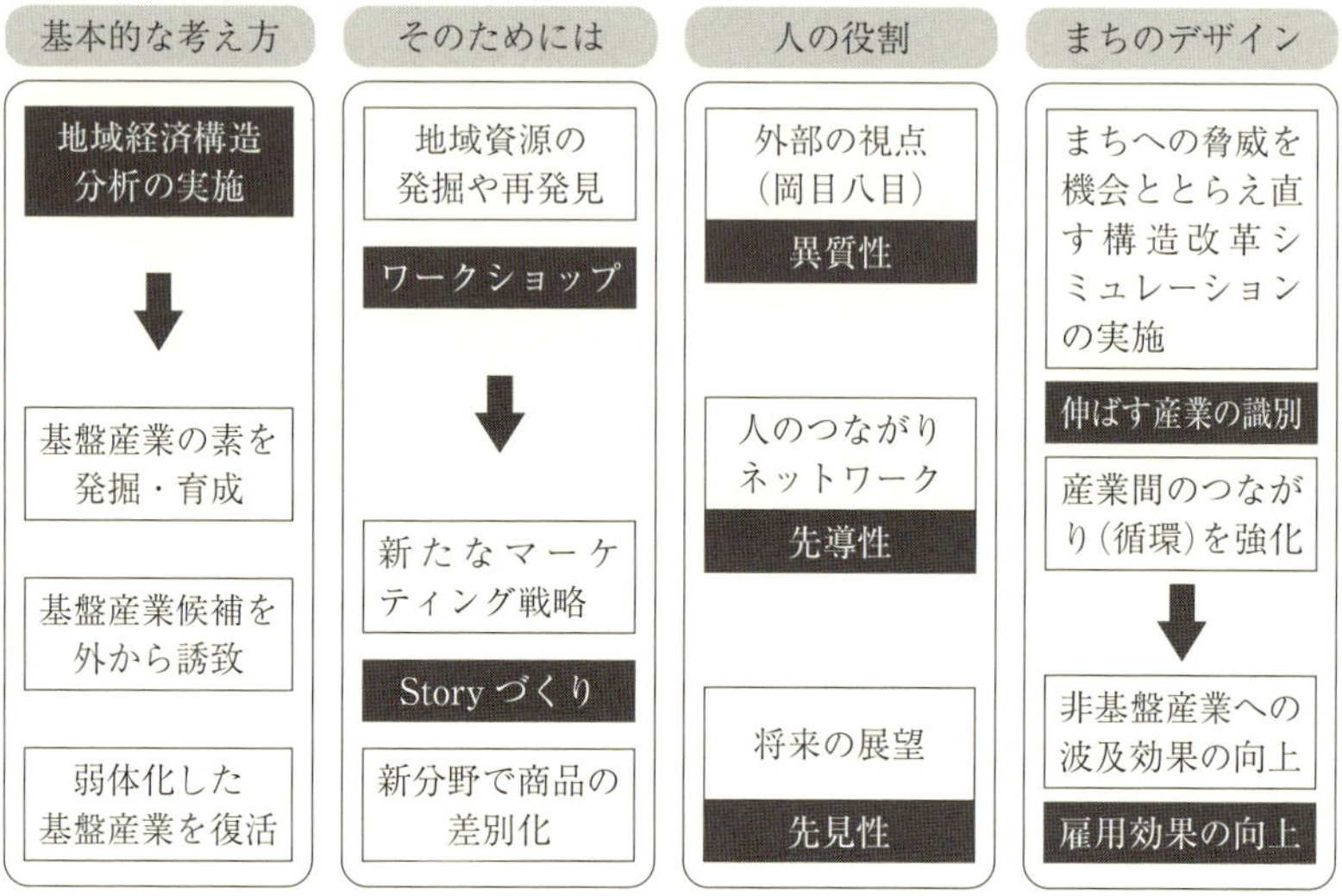

基盤産業候補を外から誘致することも含まれるでしょう。伸ばすべき産業を識別し、産業間のつながり（連関）を強化、非基盤産業への波及効果の向上を目指すことにあります。図1・4でいうと、最初の列（左端）に対応します。[*9]

この基盤産業の育成は、リカードの比較生産費説（比較優位）に基づいた考えであり、一国の産業振興のあり方に対してもこの考え方が使われます。しかし、比較優位な産業に重点化するに当たっては、（潜在）需要が十分にあるか、価格優位性があるかといった市場性の検討が必要です。需要が小さいと、いくら頑張っても稼ぐ力は大きくなれません。

価格優位性とは、市場で直面する他の競合財との相対価格の問題であり、他地域の比較優位な産業と比べて価格的に優れているかという判断です。価格に関して優位性がない場合は、商品の差別化ということで対抗するしかありません。これを経済学の用語で言うと「代替の価格弾力性が小さい」ものとなります。つまり、少々価格変化があっても簡単には需要者の代替品への購入には移らないものを生み出すということになります。これにはイノベーションが必要となってきます[10]。図1・4の左から二列目がこれに対応します。

こういったとき、図1・4の三列目にあるような「人の果たす役割」が重要になってくるわけです。岡目八目を期待できる外部の視点（異質な人材の誘致）、そこから生まれる人のつながりというネットワークは、次々にまちに外部効果を生み出すことが期待できます。そして、展望を持ったまちの将来を考える先見性や先導性もまた人の役割です。そして、これらのことを踏まえて、政策オプション（代替案）の比較シミュレーションをして、まちの構造改革を目指します。これがまちの経済構造のデザインとなります。

これらがトリクルダウン[11]ではない内生型の地域創生を導くことになります。

＊8　「基盤産業」とは、域外からまちにマネーをもたらす産業のことで移出産業とも言われます。これに対して、「非基盤産業」とは域内需要を満たす産業、基盤部門からの派生的産業です。

＊9　ここでの「地域経済構造分析」については、後の章で詳しく述べています。

＊10　例としては、今治市の伝統産業である「タオル」が、製品開発（イノベーション）による製品差別化戦略（あるいはブランド化戦略）によって大きく売上を伸ばしたことがあげられます。

＊11　トリクルダウンとは、地域経済的には、豊かな地域がより成長することで、その果実が雨傘からしたたり落ちるしずくのように、貧しい地域の成長に導くという考え方です。経済学ではサプライサイドに属する考え方になります。

第2章 まちの発展と都市政策

昼食時に賑わうポートランド州立大学近くの屋台（フードカート）
(ポートランド，オレゴン州)

まちの成長と発展

皆さんはまちが発展しているといった場合、何をもってそう判断するでしょうか。まちの人口が増えている、関連して中心部に高層のビルディングが建ち、住宅地が郊外に拡散していくといったことでしょうか？　確かに今から五〇年以上前の高度経済成長期に同じ質問をすれば、そういった返事が多く返ってきたことでしょう。そして、このときの「発展」のイメージには、まちの経済が成長しているということが含まれています。

まちの経済が成長しているということは、まちの生産額が増え、個人の所得も増えるといったことを意味します。もちろん、まち全体の生産額（＝所得）が増えることと個人の所得が増えることは同値ではありません。労働生産性が低いと、雇用が増えた割にはまち全体の所得は増えないということになるからです。成長の量としてはまちの生産額ですが、成長の質という点では一人当たりの生産額になるでしょう。

石油危機やバブル経済を経て、発展というのは必ずしも経済的な成長だけを意味するものではないことがわかってきましたが、まちにとっての発展のバロメータは人口であることに代わりはありません。高度経済成長期では、人口急増都市の存在や過密都市の問題があり、必ずしも人口増加が都市の発展に良い意味では使われなかったです。しかし、住みやすいまちや雇用機会の多様なまちには人口が流入するポテンシャルがあるわけですから、人口増加はやはり発展の指標ということになります。ただ今日では、たとえ転入のほうが転出を上回っていても、高齢化による自然減の大きさと少子化による自然増の低迷で、結果として人口が減少するというまちも少なからずあります。こういったことを考えると、前章の一六頁で述べているように、移住施策と子育て支援施策は連動して考える必要があります。

まちの人口を維持・増加させることはかなり困難な課題ですが、こういったロジックが考えられます。

仮に住むところと働くところが同じまち（同一市町村）であるとすれば、人口が増えるということは、そのまちで住みたいという人が増える、働きたいという人が増えることの結果ですが、自分で仕事を作り出す人は別として、雇用機会という労働需要がないと、いくらこのまちに住んで働きたいといっても叶いません。もちろん、自己資金とか年金で生活する人は別です。雇用機会が増えるということには、新たな仕事が生まれることも必要ですが、まちの「複数」の産業で生産額が増加して、それが労働需要に反映されることに意味があります。「複数」というのは「雇用機会」の意味で重要で、そうなるにはまちのなかの産業（企業）同士のつながり、つまり取引があることが必要です。そして、それに労働供給側がマッチしていくことです。

まちの生産額が増えるということは、このまちで生み出されている財やサービスの需要が増えていることの現れですが、もう少し立ち入って、それがまちの外に対してなのか、まちのなかに対してなのかを考えてみましょう。なぜかというと、それはその行き先によってまちにとって受ける効果が異なるからです。まちの外に販売されている場合は、域外の需要に対応しているので、その対価であるマネーはまちの外からやってきます。その域外からの需要が増えるには、域外の所得が増えるのみならず、供給側からすれば、まちが提供する財やサービスが競合するものとの質の差別化や向上、価格競争力がないとだめです。他方、まちのなかでの需要が増えるには、まち全体の人口や所得が増えることが必要です。そして、まち全体の所得が増えるには、まちの外からお金を稼いでくることが必要です。まちで生み出された財やサービスをまちの人（あるいは企業）が購入することはマネーの地域内循環を意味しているのですが、まち全体の経済力を増加させることにはなりません。やはり、域外からマネーを稼ぐことが成長の原動力となります。

図2・1　まちの経済　産業二分法による発展の概念

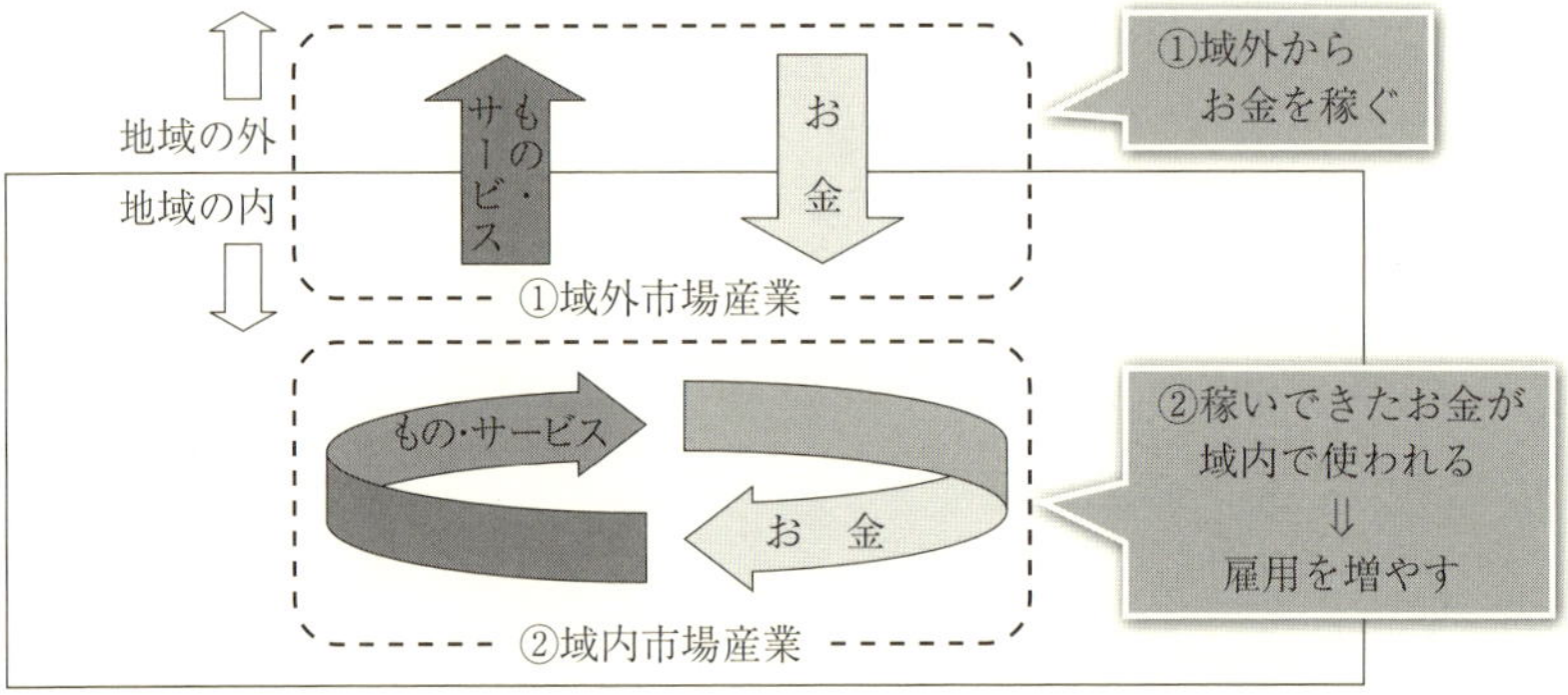

図2・1では、域外を主たる市場とする産業と域内を市場とする産業という二分法に基づいて、まちの経済の発展の概念を示しています。図2・1の「①域外市場産業」は「移出産業」のことで成長の原動力となるので「基盤産業」とも言われます。移出の増加によって域内の関連する産業の生産需要が増えるわけですが、裾野が広いとその波及効果も大きくなります。それは、雇用機会の数が増えることを意味します。そうすると、「まちの経済」が発展しているとは、移出によって域外マネーを稼ぐ力、稼いだマネーをまちのなかで循環させて多くの付加価値を生み出すこと、つまり、「②域内市場産業」の活性化です。そして、雇用もそれに伴って増えてくるということになります。

地方創生と成長

二〇一四年からの地方創生が叫ばれてきたなかで、全国のほとんどの自治体が策定した地方版総合戦略は、国の経済成長戦略の地方版ともいえるもので、地域経済の成長を目指そうというものです。

しかしながら、経済成長を追い求めることには批判的な見解も少なからずあります。地域や国は開放体系でも、地球規模で見ると資源は有限な世界なので、経済成長はやがては行き詰まることになります。新しいアイディアから生まれる新製品やサービスは一つのイノベーションの具現化ですが、そういった場合でも枯渇性のある資源をどこかで使うことになるからです。[*1] しかし、誰だって昨日よりは今日、今日よりは明日、良い暮らしをしたいと思うわけですので、そこには必然的に実質的な経済成長が必要条件となってきます。ただし、それは良い暮らしをするための十分条件ではありません。必要十分条件となるには、非経済的価値も含めた持続可能な成長の道を探らないといけません。言い換えると、総合戦略のなかでも、背伸びをせず正しい身の丈に合った成長を目指すことが肝要となってくるわけです。

もちろん、いくら持続的な経済成長を目指すといっても、まちの外からお金を稼いでこないと、まちの総生産額が実質的に増えることはあり得ません。預貯金という循環から漏れていたお金がそこに再出現することによって増えることはありますが、元からあるまちのなかにあるお金自体は変わっていないわけなので、まち自体が成長する為にはまちの外からお金を稼いでこなければならないのです。

環境への負荷を小さくするための経済循環を重視する施策は大切です。また、非経済面でも、人的資本（ソーシャルキャピタル）などに価値をおくことも留意すべきことでしょう。しかし、その循環型経済が結果的に閉鎖的な経済を目指すことになってしまうことは良くないことですし、同時にすべてを自地域内で循環させることだ

＊1　未来において宇宙開発による新たな資源の発見と活用ということを考えれば、経済成長は無限に近づくかもしれません。

けでは地域は持続しません。地域で自らが供給できないものは沢山あります。経済規模の小さな地域であればなおさらです。無いものを地域のもので代替できる場合とできない場合があるからです。

化石燃料は再生可能エネルギーと代替できますが、かなりのものは外からの移入に依存せざるを得ません。そうすると、地域の交易収支は赤字になり、それが財政バランスを悪くします。そして、交付税のような財政移転で補填することにならざるを得ません。結局、地域の「稼ぐ力」が必要になってくるのです。これは正にまちの外からマネーを獲得する移出産業の必要性を意味しています。過疎地の振興例として頻繁に取り上げられる徳島県の上勝町の場合は、「葉っぱビジネス」が移出産業であり、そこで得た外貨を地域内で循環させて新たな投資に向けていることがポイントです。*2

まちがお金を稼いでいるわけですが、非常にまちの経済が上手くいき、稼ぐ力があれば、それが雇用に跳ね返ってくるはずです。非常に単純な例で考えてみると、まちの外に地ビールを売り、それがどんどん売れてくると生産を増やすようになり、より高い賃金で人をもっと雇用することが可能になります。そういうのが理想的な良い循環です。さらに、稼いだお金がまちのなかの様々な所で使われるでしょう。使われるということは、みんなが何かを買ったり、サービスを受けたりするということですが、そういったものが多くの部門であればあるほど多くの人の所得になります。これが、いわゆる経済の波及効果だということになります。

一九八〇年代に発展なき成長ということが言われました。発展なき成長、つまり国から地方への財政移転、一言でいうと公共事業の原資である地方交付税、補助金といったものが、地方に送られてきて、それでもって地方が発展しているように見えることです。確かに、お金が入ってきているので地域の所得は増加するのですが、本当にそれが地域の自立や発展につながっているのかどうかは疑問の余地があります。

図2・2　地方交付税と1人当たり県民所得の成長率の関係

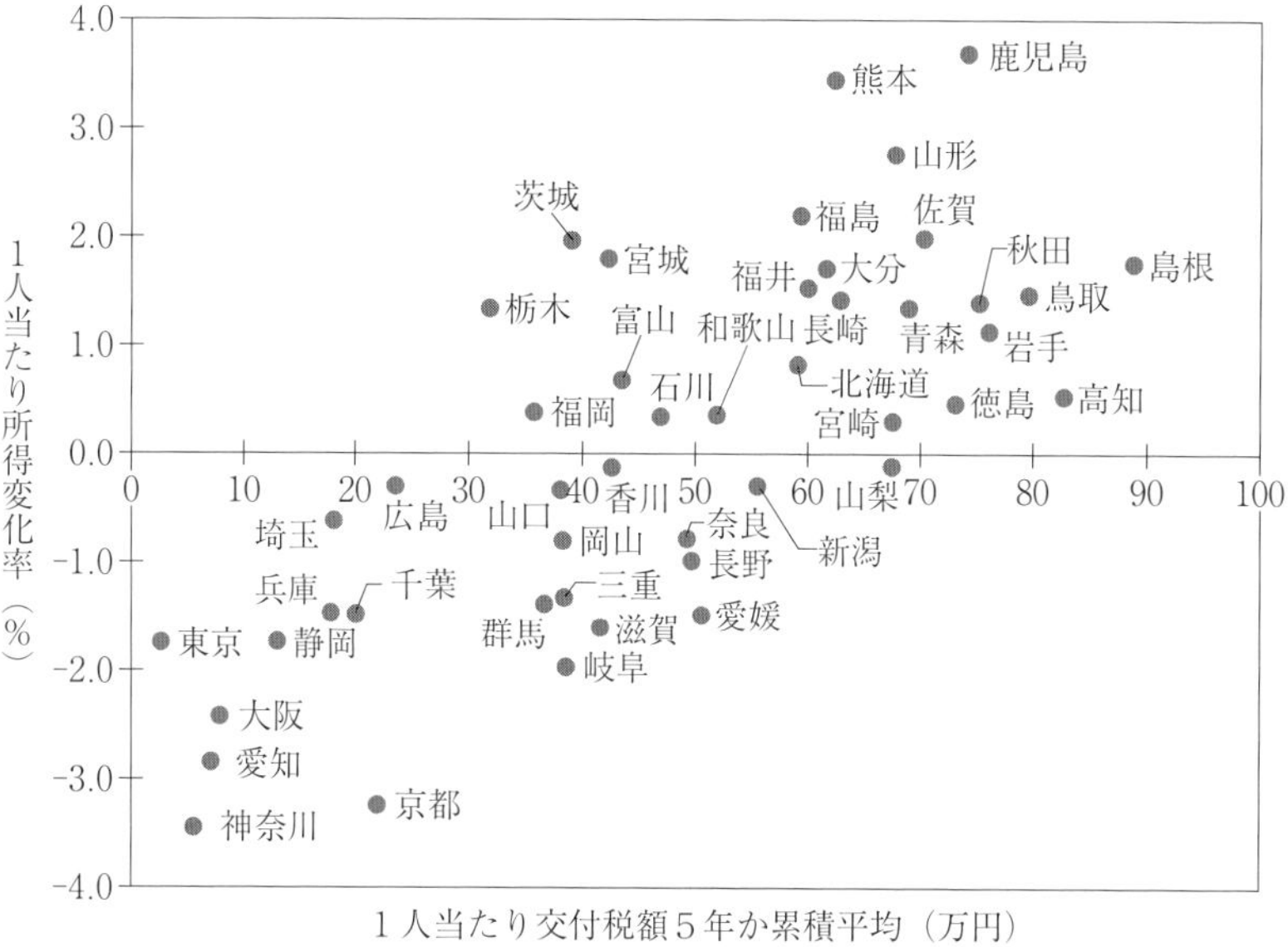

注）「県民経済計算年報」（内閣府）と「地方財政統計年報」（総務省）などより作成。

図2・2はこのことを検証するために、経済が低成長で地域間の所得格差も縮小傾向にあった一九七五年度～一九七九年度について、横軸には五年間の地方交付税の累積額を人口当たりにしたもので縦軸には期間の地域経済の一人当たり所得成長率をとって両者の関係を示したものです。これを見ると、一人当たりで見た地方交付税の大きいところの所得成長率が高くなっていることがはっきり出ています。そして、一人当たり所得の高い東京都や大阪府、愛知県、神奈川県などは成長率が低く、鹿児島県や島根県など一人当たり県民所得が低いと言われる県の成長率が高くなっていることがわかります。このことは、石油ショック後の低成長期においては、大都

＊2　こういった地域経済システムの本質に言及することなく、まちづくりは人の存在がすべてのように語られることが少なからずあります。

市圏の成長率は低下し、交付税を多く受けていた県民所得の低い地域の成長が相対的に高く、こういった地域での発展なき成長の実態を示していると言えます。これは今から四〇年も前のことですが、近年の所得格差縮小が見られた時期においても国からの交付金の多さが成長を支えている実態はあまり変わっていません。

まちの高齢化

財やサービスを生み出すには、その需要先が域外であろうが域内であろうが、人（労働）と場所（土地）、施設・設備（資本）が必要です。より生産性を高めるには技術進歩はもちろん必要ですが、まちのなかでの生産年齢人口の維持と資本の維持と更新が必要になってきます。

我が国の多くのまちは、太平洋戦争によって一旦はその形（建物）と中身（ひと）の多くを失ったわけですが、戦後の高度経済成長を経て新たに創られてきました。そして、そこには数多くの投資が行われてきました。そのまち自体が戦後七〇年以上が経って、いろいろな意味で高齢化してきています。それは住んでいる人の高齢化だけでなく、都市にある諸々の施設の高齢化も進んでいることを意味します。高度経済成長期から次々に公共施設が建てられてきて、それらが年月を経て高齢化してきているのです。また、市町村合併によって余剰となった施設もあります。それらに対して、自治体はファシリティ・マネジメント[*3]という手法を適用しつつあります。それは、地区の人口減少とともに公共施設を縮小や閉鎖すること、あるいは施設群の再配置を具体的に考えようとしているのです。

都市の高齢化（建物、人）の進展、そして人口の伸び悩みが進み、さらに人口減少へと向かっているわけですが、もちろんすべての市町村がそうということではありません。人口が増えている市町村も存在します。しかし、そういった市町村も、やがては自然減が社会増を上回る時代がやってきます。また、都市の内部構造を見ると、合併した自治体では中心部の人口維持に反して縁辺部の人口減も進んできているところが多いです。

そうすると、高度経済成長時代に外延部に拡大してきて、そういった場所に上下水道や道路などインフラ整備を行ってきた都市が、これからは維持管理費の増大と特に縁辺部の人口減少に伴い、人口のみならず施設などの集約方向に向かわざるを得なくなってきています。縮小する（shrinking）都市の時代とも言えるでしょう。

そういった状況のなかで、都市計画的に言うとどういった都市設計をすれば良いのか、あるいは空間的にどのような都市デザインをすれば良いのかということが課題となるのですが、「コンパクトシティ」という概念と、それに向かう政策はその流れのなかに位置付けられるのです。

縁辺部の人口減少

都市政策として、施設を再配置したり、あるいは事業所の立地を誘導します。人の再立地への誘導は容易では

＊3　ファシリティ・マネジメント（直訳：施設管理）とは、一般に、公共施設も含めた建物や構築物などを対象に、企業や自治体経営にとって費用最小化すると同時に利用効果の最大化しようとするための総合的な経営管理活動のことです。

表２・１a　合併に係わる人口推移：岡山市

	2005 年	2010 年	2015 年	2005 ～ 2010	2010 ～ 2015
岡山市	696,172	709,584	719,474	＋13,412（1.9%）	＋9,890（1.4%）
（旧）岡山市	648,779	662,712	674,147	＋13,933（2.1%）	＋11,435（1.7%）
編入４町	47,393	46,872	45,327	－521（－1.1%）	－1,545（－3.4%）

表２・１b　合併に係わる人口推移：福山市

	2005 年	2010 年	2015 年	2005 ～ 2010	2010 ～ 2015
福山市	459,087	461,357	464,811	＋2,270（0.5%）	＋3,454（0.7%）
（旧）福山市	381,775	383,330	387,821	＋1,555（0.4%）	＋4,491（1.2%）
編入４町	77,312	78,027	76,990	＋715（0.9%）	－1,037（－1.3%）

表２・１c　合併に係わる人口推移：高松市

	2005 年	2010 年	2015 年	2005 ～ 2010	2010 ～ 2015
高松市	418,125	419,429	420,748	＋1,304（0.3%）	＋1,319（0.3%）
（旧）高松市	334,457	337,617	341,169	＋3,160（0.9%）	＋3,552（1.0%）
編入６町	83,668	81,812	79,579	－1,856（－2.2%）	－2,233（－2.8%）

注）「国勢調査」（総務省）より作成。

ないのですが、まだ事業所の誘導や施設の再配置はやりやすいでしょう。その施策自体は、都市自体が人や物の再生産を繰り返してやっていけるようにこれからも長持ちしていくことを目指し、延いては持続可能なまちづくりにつながっていくことになります。

これからは、戦後から高度経済成長期を経て郊外化現象が進んだのと同じくらい長い年月をかけて縁辺部から中心部へと人が移動し、縁辺部の人口が減ってくるでしょう。そうなると、解決すべき課題として、そういう状況下で縁辺部の土地を切り捨てないようなコンパクト化が必要となってきます。それは人々がいなくなってきたところに、かつて投資したところを自然に戻すとか、空き家など土地利用の活用法を考えていくことです。前者は、治山治水も込みにした新たな公共事業となります。

そして、都市は生業の場所でもあることから、どのような土地利用をすると都市全体にとって経済の活性化につながるかを考えた施策を目指すべきでしょう。これは都市計画と都市経済という計画と経済を連動して考える必要性を意味しています。

表2・1a、表2・1b、表2・1cは、人口規模が類似して、合併のパターンが良く似たものとして、岡山市、福山市、高松市を取り上げています。そして、表はこれらの都市の合併前の区域での人口と合併後の人口の推移を二〇〇五年、二〇一〇年、二〇一五年の三時点で示したものです。各表の四段目は、編入した町の人口です。ここで、旧市について見ると、いずれの市とも微少ではあるのですが人口は増えていることがわかります。これに対して編入合併の町については、二〇〇五年～二〇一〇年の福山市の例以外はすべてにおいて人口は減少しています。都市の発展段階仮説に従うと、中心部（旧市）の人口が増えて、郊外部（編入の町）の人口が減少、そして全体では人口増加といった「絶対的集中」段階にあると言えるでしょう。高度経済成長初期と似ているようですが、人口成長期ではなく減少期に向かっているという大きな違いがあります。これは好むと好まざるに拘わらず、縁辺部が衰退の構図になっていることを示唆しています。ポジティブに捉えるとコンパクト化が進んでいるようにもうかがえますが、実際は、高齢化による自然減の増加が背景にあることから、良いコンパクト化とは言えないでしょう。

都市計画と都市経済のシンクロ

「都市政策」というと、それは国や地方自治体が行うまちづくりの具体的な方針をいうものとイメージできるのですが、その意味するところは、「住みやすいまちづくり」、「働けるまちづくり」（稼げる都市）を実現していくためのものです。建築規制や線引き、用途規制などを実施する「都市計画」はその一つの具体的手段とも言えます。

最近数多くの自治体がその策定に取り組んできている「立地適正化計画」は都市の人口減少とコンパクト化を考えた「都市機能の再配置計画」という「都市計画」です。[*4]そして、「立地適正化計画」は、居住機能や医療・福祉・商業、公共交通等の様々な都市機能の誘導により、都市全域を見渡したマスタープランとして位置付けられる市町村マスタープランの高度化版と位置付けられています。

コンパクトシティも都市計画の手法ですが、むしろ「まちづくり」の考えともいえます。そして、「都市計画」は我々が住んでいるところの道路状況とか景観、土地利用といった「まちの内部構造」を見ることが中心ですが、もう一つまちづくりにとって重要な「まちの活性化」や「産業振興」ということを積極的に見るものではありません。

例えば、土地利用の線引きにしても比較的現状追随型が多く、線引きをすることでの不動産価格に与える影響がどのようなものかを見るものではありません。実際、土地利用規制をすることによって、規制をしないときよりも土地の価値が上回ることはありません。規制は、最高に土地評価をする潜在的利用主体を排除する可能性があるからです。しかし、これは土地利用の主体間に外部不経済がないことが条件です。もし規制によって外部不経済が軽減される場合だと、環境改善によって土地の評価が場所によっては上昇する場合も出てきます。こういったことは都市のなかでの経済活動に大きな影響を与え、同時に都市の稼ぐ力にも関係してきます。

一般に、まちの産業振興というと、個々の企業の頑張りも当然必要なのですが、基本は「まちのマクロ経済」を見るものです。言い換えると、前者（都市計画）では「まちのなか」の空間的位置、つまり距離の概念が明示

図２・３　産業振興と都市計画、都市政策

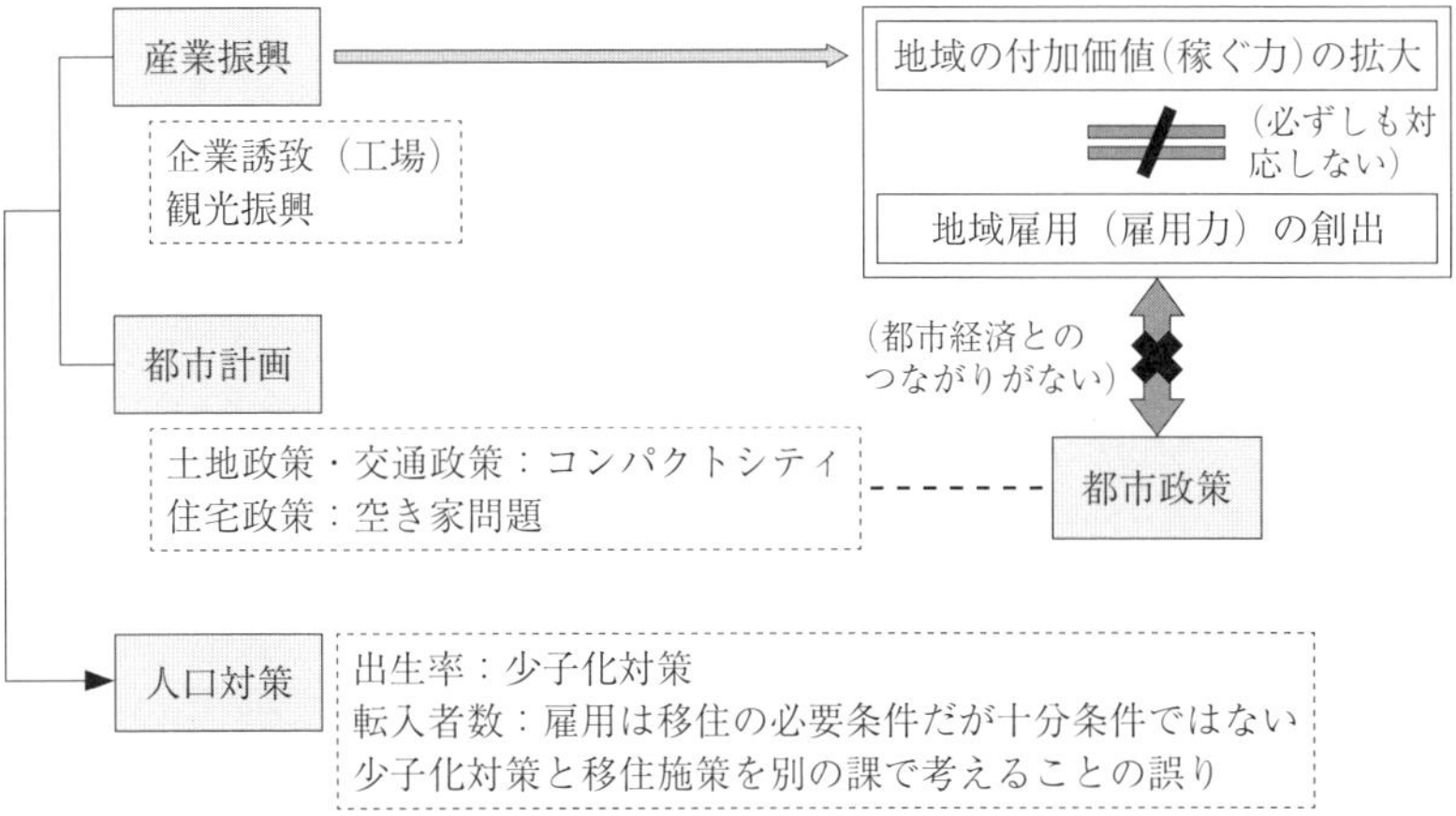

的に扱われることが多いのに対して、後者も「まち」と「まち」という地域間距離は扱うのですが、まちを単体としてとらえることが多いです。

都市計画の考えのコンパクトシティが人口減少や高齢化といった今後の「まちづくりの必要条件」であることは、多くが認めるところです。しかし、それで「まちの経済がどうなる」というイメージは出てきません。そうなるには、都市計画の手法に都市経済学的な分析を導入する必要があります。例えば、「コンパクト化で、新しい仕事を生み出すにはどういう空間立地（配置）が良いのか」という発想をもつことが必要となってきます。都市が「どのような産業に重点をおき、稼ぐ力を顕在化していくか」という「まちの産業振興という都市政策」を考えるときには、都市計画と都市経済の考え方を連動させる必要性があるのです（図２・３）。

＊4　国土交通省のURLによれば、二〇一七年三月三一日時点で三四八都市が立地適正化計画について具体的な取組を行っていて、このうち一一二都市が同年七月一日までに計画を作成・公表ということです。

どのような土地利用をすれば、まち全体にとって経済が活性化するのか。こう考えると、土地利用という都市計画と産業振興という都市経済がどこかで連動して、リンクして考えていかないといけないことがわかります。そうすると都市計画の土地利用で今後考えないといけない都市政策は、都市の価値を高めるための土地利用のあり方であり、そこには産業振興につながる都市経済学の分析が必要となってくるのです。また、産業振興のほうでも前頁の図2・3に見るように地域の付加価値を高める（これは、まちの価値を高めることと同義です）には、「資本投資」の企業誘致だけでなくて、どれだけ良い人材を持ってくるかという「人材投資」にも政策がつながってきます。*5 これまでは、付加価値の拡大は必ずしも雇用を創出することと同値ではありませんでした。また、都市計画から流れてくる都市政策とは必ずしも相容れないところもありました。しかしながら、都市の住む魅力と働く魅力を同時に追求する政策では、都市計画と都市経済のシンクロナイズが不可欠となることは必然と言えるでしょう。

コンパクトな都市は生産性が高い

それでは、コンパクトな都市とまちの産業活性化との具体的な関係はどうなっているのでしょうか。そこには既に述べた都市経済学の集積の経済の視点が不可欠であって、コンパクト化によって都市の生産性が向上することが重要な意味を持ってくるのです。

「コンパクトな都市は生産性が高い」ということがしばしば言われるのですが、一般に、対人（face to face）で経済活動する三次産業（金融保険業、小売業、飲食店、サービス業など）は、人口密度が高いと販売効率が高

図2・4a　DID面積比率と労働生産性の関係
（生活関連サービス、娯楽業）

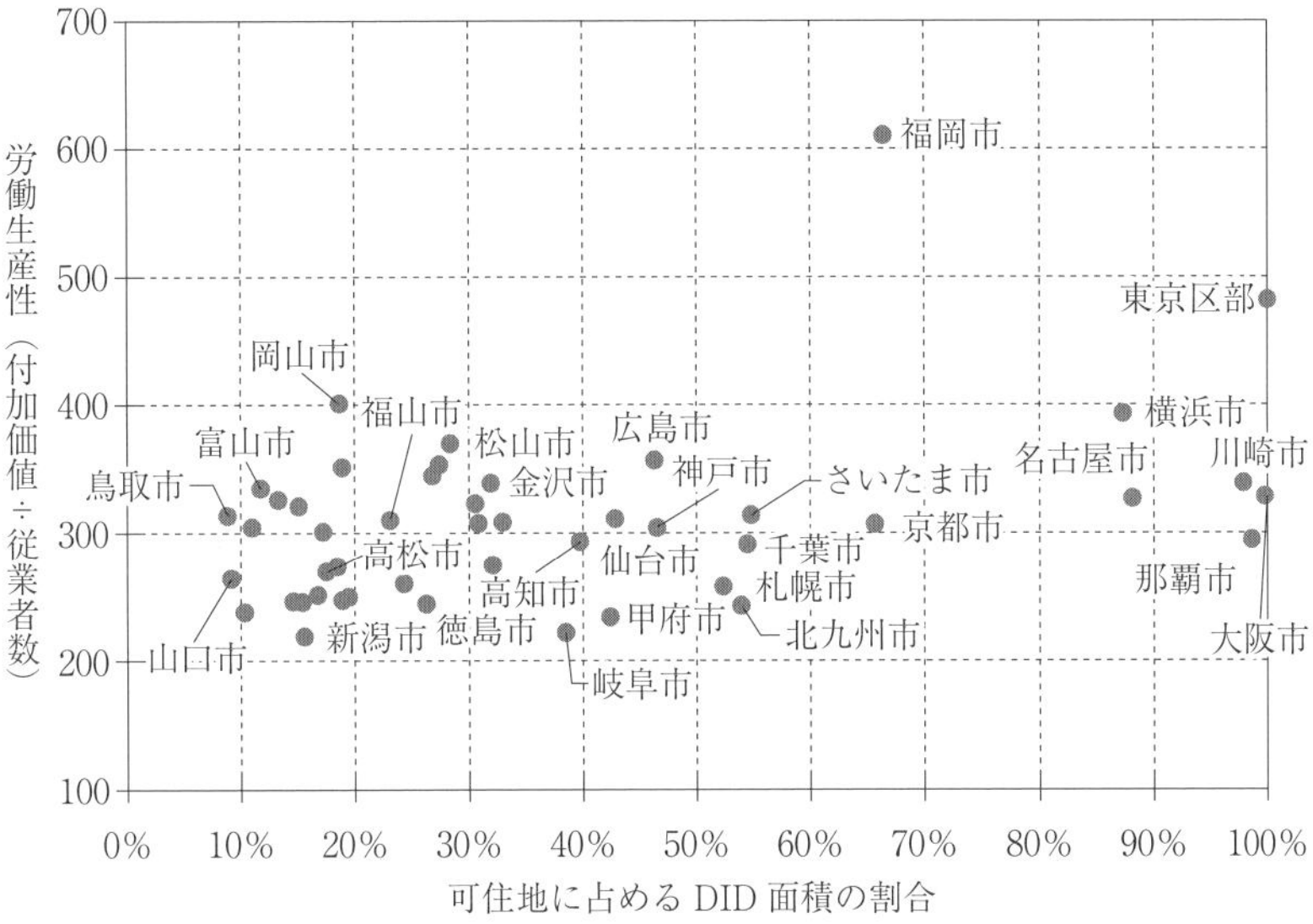

注）「経済センサス活動調査」（総務省、2012年）から作成。

まることが考えられます。在宅の介護サービスを実施する事業所を考えてみると、このことが容易に理解できるでしょう。また、人口集積があると労働生産性も高まることが予想されます。

図2・4aは、産業大分類の「N　生活関連サービス、娯楽業」（経済センサス、二〇一二年）において、主要都市におけるDID面積の割合と労働生産性（万円／人）の関係をプロットしたものです。*6 DIDは人口集中地区なので、都市におけるその割合が高いことは一つのコンパクトの指標でもあることから、それと生産性の関係を見ています。福岡市

*5　生産額は、技術を所与とすれば資本と労働の投入量によって規定されます。企業誘致は資本投入が増えることを意味しますが、人材の誘致は労働の質を高め生産性を向上させる役割を持ちます。

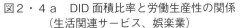

図2・4b　DID人口密度と労働生産性の関係

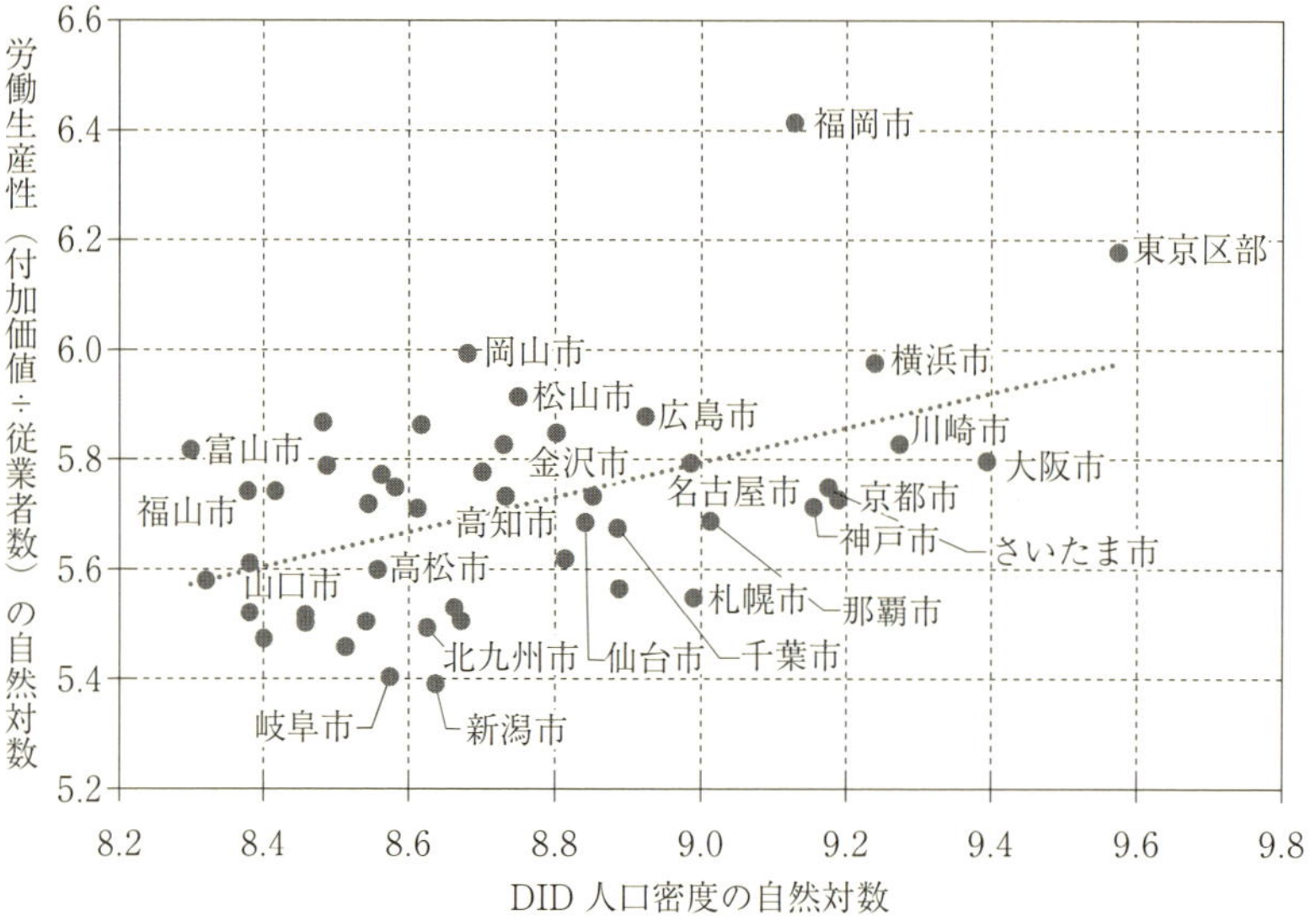

注）「経済センサス活動調査」（総務省、2012年）から作成。
　　破線は、点の縦方向の中央を通る回帰線。

が際立っていますが、概ね右上がりの関係を読み取れます。*7

　また、図2・4bは、横軸にDID人口密度、縦軸に労働生産性のそれぞれ自然対数をとったものをプロットしたものです。ここでは、図2・4aよりも両者に高い相関関係があることが発見できます。

　人口集中地区の集積密度が高いと、サービス業の効率的な生産性が高まることを示唆していると言えます。図2・4bにある斜めの破線は回帰直線と呼ばれるもので、DID密度と労働生産性の関係を示す基準線のようなものです。したがって、この基準線より上方にある都市、例えば東京区部や横浜市、広島市などは、当該都市の人口集積に対して労働生産性がより高いところにある都市であると解釈できます。反対に、北九州市や新潟市、岐阜市などは、DID人口密度の割には、労働生産性が低いまちだと考えられます。

都市政策を考えるうえでの留意点

以上の議論を踏まえると、これからの都市政策を考えるうえでの留意すべき点として次の三つがあげられます。

① 都市成長の原動力としての人

都市成長というと、人口が増加することや所得の増加などを思い浮かべますが、やはり人々が住みたいあるいは働ける機会が多いといったことで人口転入のあるところが成長している都市と言えるでしょう。そうすると、最近の成長している都市というのを世界で見てみると、アイディアや創造性を持った「人的資本（Human Capital）」が都市にどれだけいるか、また、そういった人たちの分野の仕事、業種がどれだけあるかということに突き当たります。三次産業のなかでもアイディアとか創造性、開発力の高い分野における人材の存在が都市を成長させる原動力となります。そういう人たちが自ずから集積をもたらし、それによって都市が自己組織化で発展することにつながります。最近の成長しているまちを見ると、人的資本があるか否かがポイントのような気がします。これは別に芸術家やアーティストを集めれば良いというものではありません。職業にとらわれることな

＊6　ここでの主要都市とは、県庁所在都市に福山市、北九州市、川崎市を加えたものです。また、ＤＩＤ（人口集中地区）とは、①原則として人口密度が一平方キロメートル当たり四〇〇〇人以上の基本単位区等が市区町村の境域内で互いに隣接して、②それらの隣接した地域の人口が国勢調査時に五〇〇〇人以上を有するこの地域のこと。

＊7　福岡市の生産性が高いのは、娯楽業の収益の高さによるところが大きいです。

く、まちづくりに創造力を発揮する人材が必要なのです。人口減少時代におけるまちのイノベーションを生む源泉となります。

② 集積による生産性向上からまちの所得の向上

人口減少時代では、ある程度人為的な集積をはかる施策も大切です。図2・4bからもサービス業では集積の効果により生産性が高まることが見て取れます。生産性が高まることは、所得が上がることを意味します。それには規模の経済性を享受する工場生産の製造業は周辺部に立地し、そして、中心部とのアクセスを高めることです。モノを生産する場合にもサービス部門との連動は必要ですので、それによって雇用効果も高まることが期待されます。都市内での製造部門と非製造部門の投入産出面での連関効果を高めることは、域内での資金循環の意味からも重要なことです。

③ まちのストック価値を高める

都市の価値を何で計るか？　一つにはそのまちに住みたいという人が沢山いれば、そのまちの価値は高いと言えるでしょう。といってもなかなかそれは客観的に指標化できないでしょう。最もわかりやすい指標として、土地の評価（価値）が考えられます。そこの土地に住みたい、そこの土地を利用したいという人が沢山いれば、この土地の評価、価格は上がるはずです。つまり土地価格を適切に高めることが必要な都市開発、都市計画のあり方が政策として大切になってきます。土地の価値が高いと収益還元のため土地が高度に利用されます。もちろん、土地は移動することができないことから外部経済と不経済がつきものですので、誘導とか規制といった公共政策が必要です。

どのような産業がそのまちにとって稼ぐ力を発揮するか、まちの価値を高めるかを考えるときに、それを見出す主体として、行政だけでは無理なので民間の提案が不可欠となるでしょう。そして、データ分析に基づく評価もまた不可欠となってきます。

移住支援と産業振興

詳しくは次章で説明しますが、まちの活力には、その場所での生産・分配・消費がうまく循環していることが重要な条件となります。他方、多くの自治体では地方創生の総合戦略とのからみで移住推進課とか定住促進課のような課を設けて、積極的に転入増加を促そうとしています。この地方への移住ということと経済循環は無関係なことではありません。

ここで移住施策についてきちんと押さえておかないといけないことがあります。それは単に移住で人口を増やすことだけを目的として良いのかということです。まちの人口減少は、転入よりも転出が多くなったことよりもむしろ、出生数が低下し高齢化により死亡者数が多くなってきたことによる自然減が強く影響しています。そうすると、少々移住者が増えて空き家が埋まったからといってもまちの人口減少傾向に歯止めがかかるわけではありません。

このためには、地方創生に関わる地域振興の諸々の施策をできるだけ「人口増加あるいは人口維持に絡めていくこと」が必要と思われます。つまり、人口維持という大枠のなかで様々な地域経済循環を図る振興策が実施され、それが人口に反映するというロジックを実践するのです。

例えば、経済学でいうと「労働」と「資本」は二大生産要素です。これらは大いに地域間を移動します。資本であれば、工場移転、企業の新規立地、大型店の出店や撤退がそれに当たるでしょう。労働であれば、それはまさに人口移動となります。これらを比較すると、これまで多くの自治体は企業誘致に力を注いでいて、人の誘致にはあまり関心は注がれてこなかったことがわかります。

資本はその収益率（収益÷投資）の高いところへ移動します。労働は賃金の高いところに移動します。雇用機会が多い所に行くと言われるかも知れませんが、雇用機会が多いところは労働需要が強いので賃金は高くなる傾向があります。もちろん、賃金（雇用機会）だけではありませんが、これは移動要因の八割以上を占めると思われます。

そこで人の移住を人の誘致ととらえてみましょう。第一章でも述べたことですが、若年層の誘致に成功すれば、それは子供の増加や出生率の上昇につながります。地方移住であるＵＩＪターンを経験や知識、技能を持った人の人材誘致としてとらえると、それはまちの付加価値アップに貢献することでしょう。まちの将来にとって必要な職種を逆指名するくらいの感覚で、まち（の産業）にとって必要な人材を積極的に誘致することです。様々な階層の人が入ってくると、まちに刺激が出て健康寿命も延びることが期待されます。

こういった人材誘致のコンセプトで移住施策を展開すれば、必ずそういった都会でのキャリアを持った人と地域の人々との交流によって、まちに仕事を創り出すことができます。これがまちを変える小さなイノベーションであり、そういう仕掛けと仕組みをまちが作ることが、延いてはまちの活力につながると考えられます。そして、移住者が基盤産業に従事して移出に貢献すれば、それでまちに対する経済効果は一層大きくなるのです。

第3章 まちの経済、見方ととらえ方

朝，池に映えるアンコールワット（カンボジア）

ビッグデータ

情報通信技術の発達で、少し前までは考えられなかった様々なビッグデータの利用が可能になってきています。社会科学の面で言うと、個人や事業所単位のデータであり、それらの活動に関わる移動といった空間的側面も数値情報として利用できるようになっています。例えば、スマートフォンの位置情報を用いて観光客の導線をフォローすることで、観光戦略に役立てることができます。当然、ビッグデータの活用でまちづくりや地域振興のあり方も変わってくることが予想されます。

兵庫県の但馬地方にある豊岡市では、地方版総合戦略において「観光見える化戦略」という基軸を立て、ビッグデータを活用しています。城崎温泉を擁する（旧）城崎町は外国人観光客も多く訪れます。インバウンドブームもあって二〇一四年に一万三八七七人であった外国人宿泊者数は、二〇一五年には三万一四四二人、そして二〇一六年では四万三四五人に大きく増加しました。Wi-Fiとスマートフォンによる外国人観光客のビッグデータを解析すると、京都や大阪方面からの列車で訪れることもさることながら、意外に姫路城の観光を経由してバスでやってくる外国人観光客が多いことがわかったのです。これとチェックアウト時間の分析でバスの発車時間の見直し、また国によって宿泊日数の違いを見出しその理由を分析することで、これまで経験や勘、思い込みなどで施策を考えていた部分を、ビッグデータの利活用によって新たな発見でニーズに合わせた宿泊対策を取れるようになったのです。

こういった観光客の動線に関するビッグデータは、国が提供しているRESAS（地域経済分析システム）にも一部搭載されており、客観的データを活用して施策を考えることの有効性が高まってきています。

規範的見方の必要性

このように地域自らがまちの経済を分析できる知識が必要となるなか、政府の「まち・ひと・しごと創生本部」からRESAS（地域経済分析システム）が提供されています。RESASはその提供開始から次々とデータベースが充実し、ビッグデータを使った地域情報も利用できるようになっています。しかし、なかなかデータだけあっても、分析のための理論（モデル）と道具がなければ具体的な「打ち手」を考える施策にまで到達できません。良好な漁場があって新鮮な魚を沢山捕ってくることができても、魚を上手にさばくことができないと美味しく食べられないのと同じことです。

そこでデータをどうやって読み解いていくかが課題となってくるのですが、それには規範的なモデルについての理解と問題解決のストーリーが必要となります。「ここをこうすれば、ここがこうなる（はず）」、「ここがこうだから、ここはこうなっている（はず）」といった因果関係の明確化、その関係仮説の確認や検証です。実際、地域分析のための知識には、経済基盤仮説に基づく規範的な「経済基盤モデル」の他に、都市・農村の財・サービス供給についての前提条件から導かれる「都市階層理論」や、産業・世帯・地域間の財・サービスのやり取りを記述する「産業連関モデル」など、最近では政策との絡みで比較的わかりやすく示されることも多くなってきています。特に、市町村での開放経済型の地域産業連関表を作成することで、地域経済のつながり（連関）を読み解き、まちの施策に対する様々な経済波及効果を測定することが「地方創生」の実践のなかで広がってきています。

データの見方

そのデータの見方ですが、他市町村との比較、商圏や医療圏域での他市町村との比較、全国平均との比較といった横断面でのものが一つ考えられます。もう一つは、定点観測で全国や都道府県の動向とまちの動向を比較するといった異時点間の時系列でみる見方です。このような場合、異なりの要因は何かということを常に意識しておくことが必要です。具体的には、産業構成など構造的要因や地域固有の特殊要因などが考えられるでしょう。そして、これらについて大切なことは因果関係を必ず念頭においてデータを見ることです。

因果関係のとり方は、例えば図3・1aで見るように、「まちの所得が大きいとそのまちの小売販売額は高くなる（はず）」ということです。この背後には経済学でいう消費関数のモデルがあります。また、一般に機械化が進めば労働力も少なくて済みますので、図3・1bに見るように「資本労働比率が大きいと労働生産性も大きくなる（はず）」という規範的な考え方です。これは、経済学の生産関数の理論からも導くことができます。さらに、対面で直接業務を行うことの多い「対個人サービス業」でいうと、人口集積が高いとサービスの提供効率は高まりますので、一人当たりでみた収入額は人口集積とともに高まる（はず）」という規範的な考えです。これは都市経済学における集積理論に基づく考え方であり、図3・1cに示すようなプロットになるでしょう。

ここで、それぞれの図においてプロットしている点は市町村であって、その間を通る直線もしくは曲線は、縦方向のバラツキをもっとも説明できるように導かれた基準線で、回帰線と呼ばれるものです。計量経済分析では、回帰線の傾きや切片などを推定し、その統計的な有意性の検定や係数の大きさを解釈することが一般的です。そのことも大切ですが、すべての点が基準である（回帰）線上に位置しているわけではありません。多くのまちが

図３・１ａ　所得と小売り販売額の関係

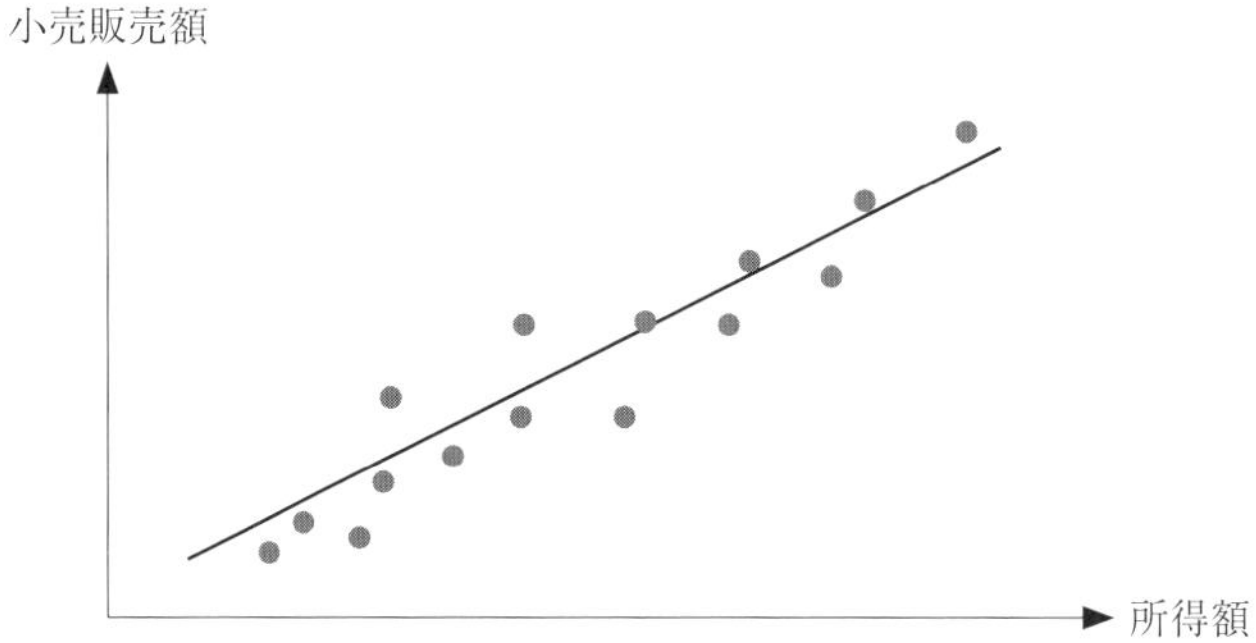

図３・１ｂ　資本労働比率（有形固定資本額／従業者数）と
労働生産性（付加価値額／従業者数）の関係

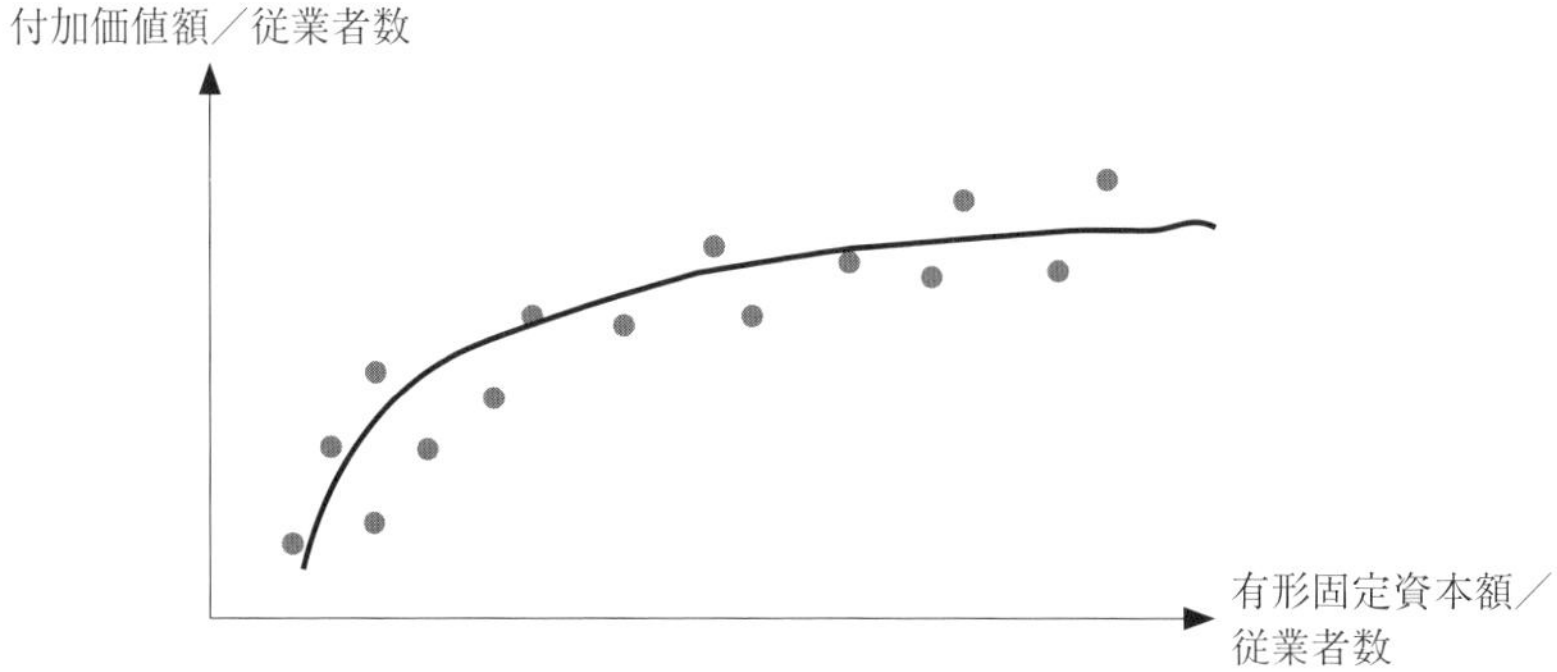

図３・１ｃ　人口集積と個人サービス販売額の関係

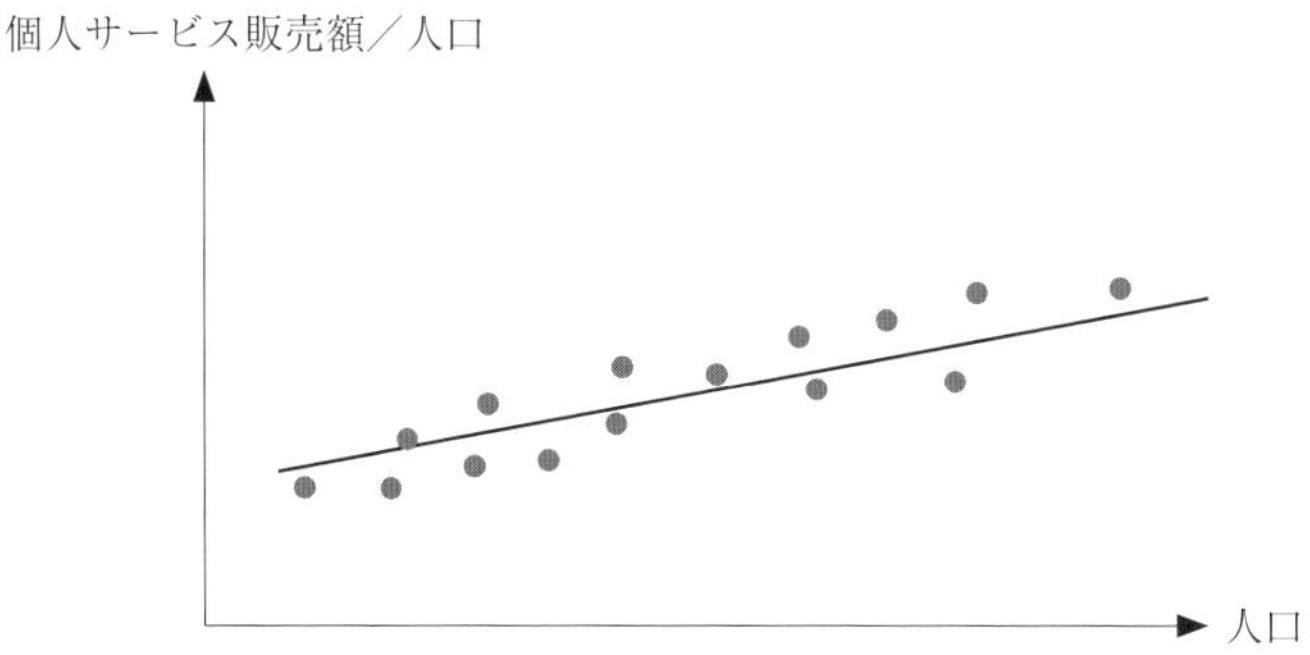

その上下に位置しているのですが、それがどうして乖離しているのかを考えてみることが大切です。

図３・１ｂで見ると、我がまちの〇〇工業の位置が曲線よりも低い位置にあれば、それは資本装備率の割には労働生産性が低いということを示唆しているということになります。そこで、固定資本の新しさや稼働率、また従業者の労働の質というものを精査してみることになるでしょう。また、横軸に付加価値額を従業者数で割った労働生産性をとり、縦軸に一人当たりの賃金をとった散布図を作成してみます。労働生産性が高いと一人当たりの賃金も高くなる傾向が現れるはずです。ここでも同様に回帰線を作成すると、その線の上下に各まちは位置することになります。労働生産性の高さの割に他都市に比べて相対的に賃金水準が低いとなれば、付加価値に含まれる賃金部分のシェアが低い可能性が考えられます。そうならば、次には減価償却や営業余剰（企業留保利潤）のウェイトが大きい理由を探ってみることも必要でしょう。

ここで図３・１ａについての具体例を考えてみましょう。図３・２は、愛媛県の市町村を対象に、横軸には個人所得（課税者所得＋年金所得）、縦軸に小売販売額を取ってプロットしたものです。この図で点線が示しているのは小売販売額を個人所得との関係を示す回帰直線と呼ばれるものです。ちょうど「小売販売額」のバラツキの中央部分を通る線となっています。両者は、おおむね直線の関係になっていることがわかります。[*1]

このことから回帰線より上方に位置するということは、愛媛県の所得・消費関係の基準より、まちの所得に対して消費が多いといえます。その理由としては、まちの外から買い物客が多く流入していることが因果関係から想像できます。そうすると、縦方向の差がまちの外から購買を吸収している金額ということがわかります。この典型例は松前町《まさきまち》です。ここは、松山市にとっての典型的な郊外地域であり、常住就業者の四〇・一％が松山市に通勤しています。[*2] ここに二〇〇八年四月に「エミフルＭＡＳＡＫＩ」という店舗面積が六万八三六〇㎡という巨

図３・２　個人所得と小売り販売額の関係

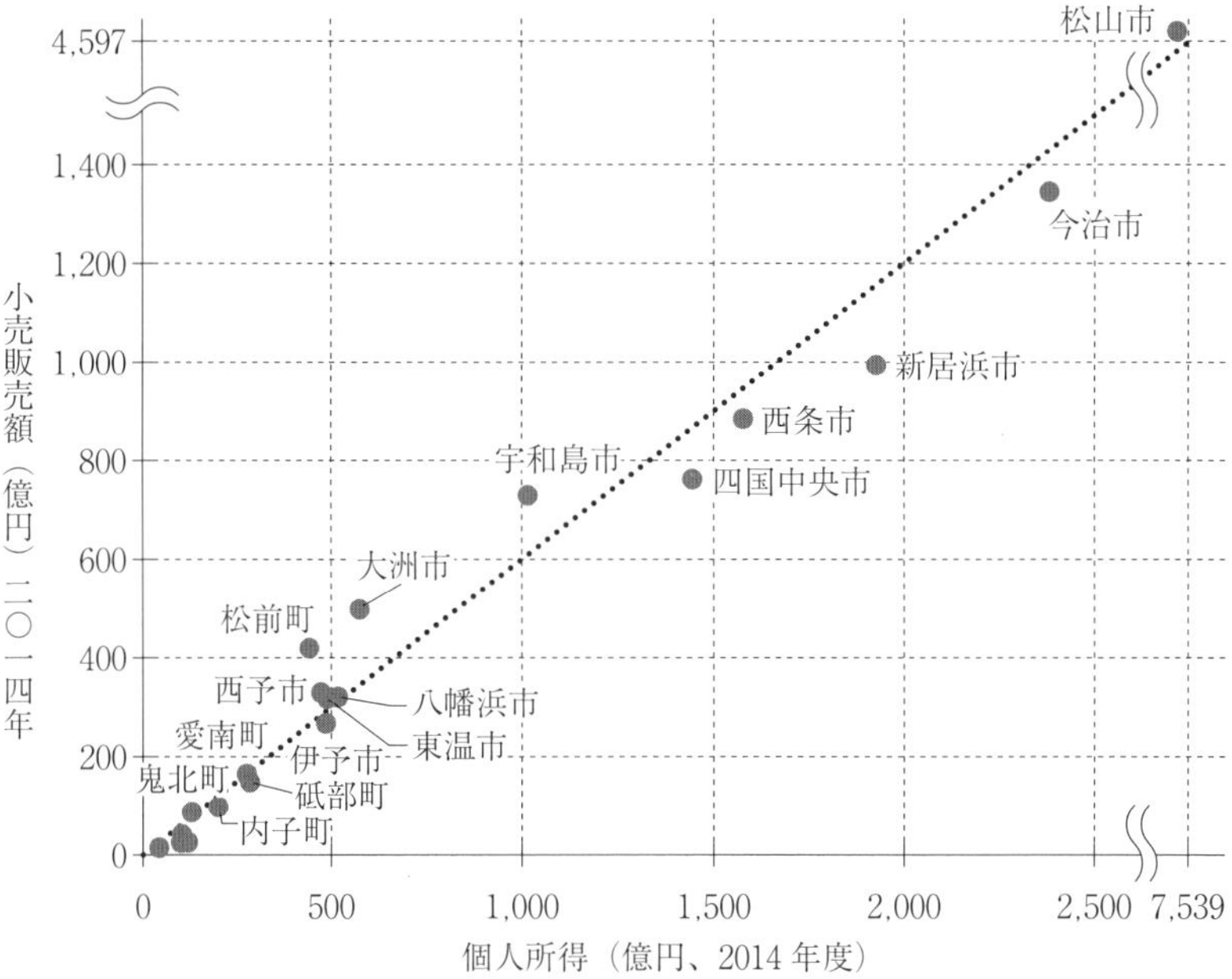

注）「商業統計表」（経済産業省、2014 年）、「市町村別年金」（厚生労働省、2014 年度）、「市町村税課税状況等の調」（総務省、2014 年度）などから作成。

大なショッピングセンターが開業しました。開業前後でのプロットを比較することで、松山市から小売り消費額がどの程度流出しているかが推測できます。

また個人所得水準の高い新居浜市を見ると、回帰線よりもかなり下方に位置しています。新居浜市は昼夜間人口比率も一・〇を超えており、市内には大型ショッピングセンターもあり、西条市、四国中央市から人もやってきています。所得がそのまちで使われていない別の理由があるはずです。その理由として、ここは住友系の大型企業が立地しており、単

＊1　松山市は人口規模が大きいので突出していることから、目盛を分断しています。松山市は回帰線より上に位置しています。

＊2　二〇一五年の国勢調査によっています。

身赴任が多い事があげられます。単身赴任が多いというのは、家族が東京や大阪にいるので自分の月収が四〇万円であっても自分が使わないでほとんど家族に送ってしまうことから消費性向が低くなります。だから下方に位置しているということになります。結果、所得があって外にお金が漏れているのではなく、お金が空間を移動して、東京などの大都市で消費されていると考えることが理にかなっています。そうすると、そのまちならではの有効な対策を考えることができます。

このような規範的見方がきちんとできるには、やはりある程度のトレーニング（研修）が必要になってきます。これは、地方自治体の職員のみならず、地方創生がらみで昨今誕生している関連学部における学生への教育に対しても同様です。こういった人材育成も考えて念頭に置き、地域の発展、成長戦略を練っていくのです。

地域から所得の流出という意味で、これとよく似たことが地方から大都市にある大学進学に見ることができます。文部科学省の「学校基本調査」における出身校の所在地別の入学者数によると、東京都内の平成二八年度に入学した大学生で首都圏以外の高校の出身者は四万七九六七人でした。仮にその八割が平均五万円の仕送りを受けているとすれば、四学年分を考慮して年間の地方からの仕送り金額は約九二一億円になります。これは、人口二三万六千人（平成二八年一月）の佐賀市の歳入総額（平成二七年度決算）九四五億円や人口二五万人の山形市の歳入総額九一九億円に匹敵する額です。一つの地方都市の歳入が、仕送りという形で東京都の居住者に所得移転していることになります。大学生は消費性向が高いので、東京が消費文化の先端を行くのは仕方ないこととも言えます。

もう一つの例として、図3・3に兵庫県の市町について七〇歳以上の人口の高齢化率と要介護者の対人口比率をプロットしたものを示しています。高齢化率が高いとそれに応じて要介護の対人口割合も高まってくると考え

図３・３　高齢化率と要介護率の関係

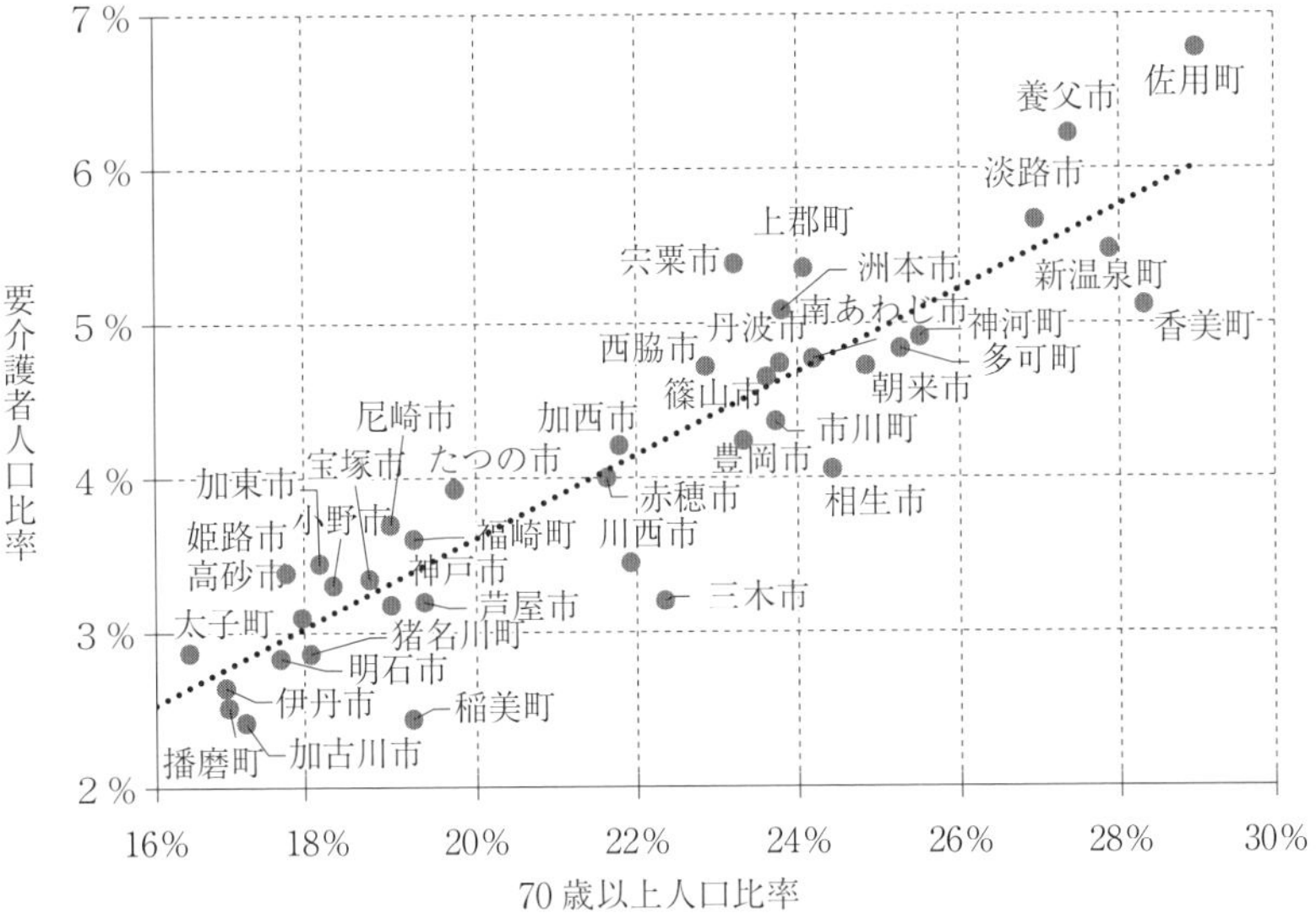

注）「国勢調査」（総務省、2015年）、「介護保険事業状況報告」（厚生労働省、2014年）から作成。

られますが、これは理論というよりも自明のことでもあります。図３・３で見ると、両者には比例関係があることがわかります（相関係数は〇・九二）。もちろんですが、これらはすべて直線上に位置しているわけではなく、佐用町や養父市、宍粟市、上郡町などは高齢者の割合に比べて介護率が相対的に高いところにあることがわかります。逆に、三木市や相生市、川西市などは高齢化率に比べて認定率が低いところに位置しています。また稲美町のように、都市郊外で町外への通勤者の多い比較的若い世代の多いところも特徴的な位置にいます。外部からではなかなかその理由はわからないのですが、市や町の当事者であれば、その原因が施策によるものなのか、まちの特性によるものなのかわかるかも知れません。それによって、まちの高齢者への介護政策を客観的に見直すことが可能となってくるのです。

もう少し深掘りするのであれば、例えば年齢階層で区切って七五～七九歳とか八〇～八四歳人口における、要支援一、二、要介護一～五の七ステージそれぞれの割合（つまり発生確率）を棒グラフにして、市町村比較をしてみるのも面白いと思われます。

近年、健康寿命への社会的関心の高まりと相まって、このような厚生福祉関係の市町村データ、ビッグデータの整備が充実しつつありますので、より現実対応力のある客観的な政策分析ができるのではないでしょうか。

まちづくりとデータ分析

このような規範的な視点からまちの状況を読み解くことは、これまで「まちづくり」を考えるうえで最もなされてこなかったことと言えます。図3・4は、総合戦略など計画を立てる際の広義のまちづくりの流れについて、データ分析の役割を意識して描いたものです。

「まちづくり」と言えば「まち歩き」が連想されますが、事前に調べておいて情報を片手に、まずはまちを歩いてまちを見て観察し、また各地でヒアリングを実施し、そこでいろいろな事実を発見し、また課題を見つけます。そしてその課題の解決のためのワークショップをまち歩きの後に行います。ワークショップでは、できるだけ多くの階層の人々を集めて課題解決のためのアイディア出しをします。これは、「まちづくり」についてよく行われる定型化したアプローチであると思われます。

しかしながら、そこに「何をすれば、何がどうなる」という規範的な考え（理論モデル）と客観的なデータを用いた解析が伴わないと、ワークショップの結論は、一見説得力のありそうな自己主張の強い意見となったり、下手をすると言いたい放題の自己満足として終わってしまうこともあります。

図３・４　まちづくりとデータ

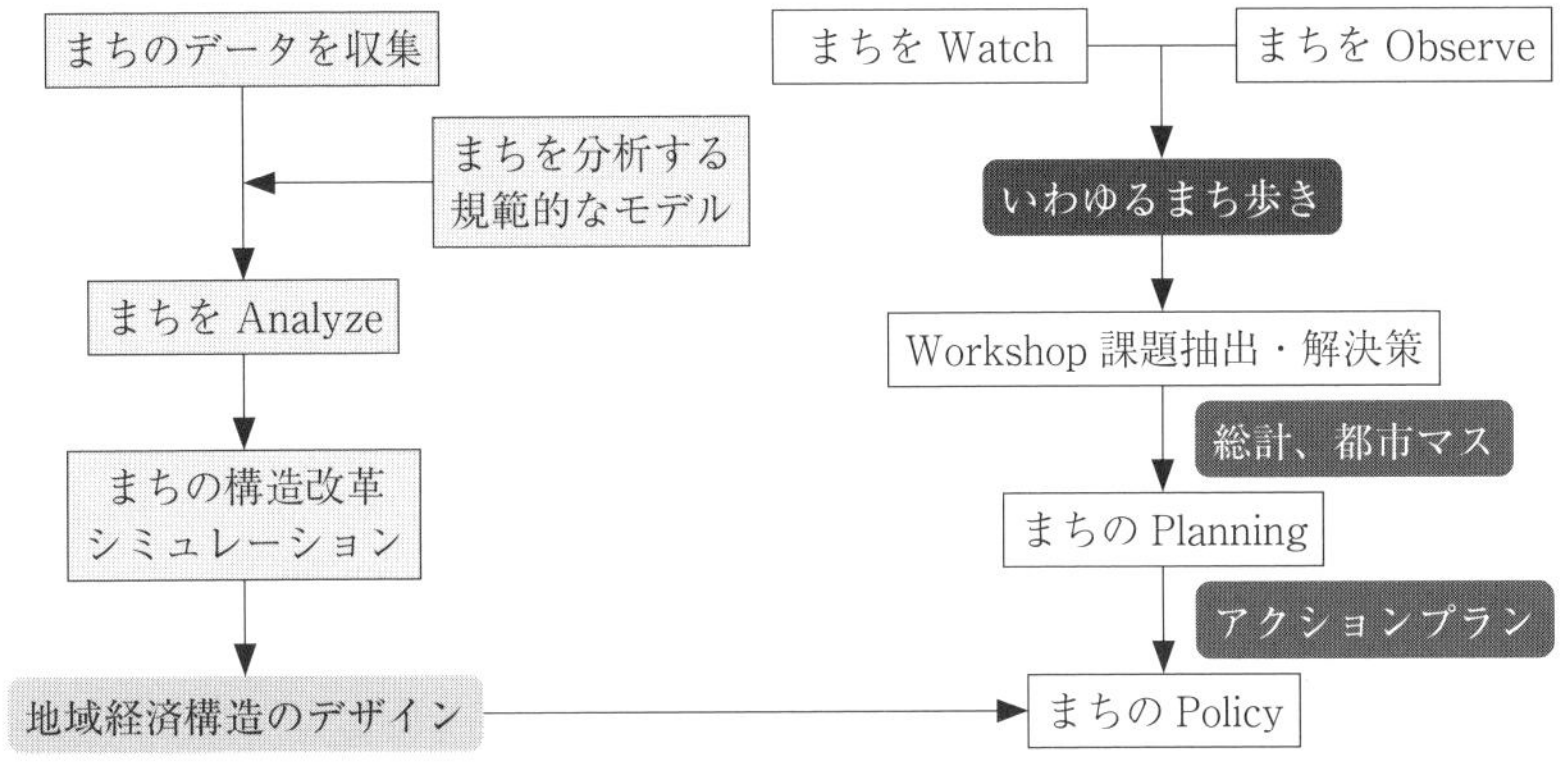

そこにはまちを分析する規範的なモデルをもって、課題解決のために出されたアイディアを実施したときにまちがどう変わるかという「構造改革の事前評価」を行うことが求められます。これが図３・４の左側のフローです。

「正しい」ＫＰＩとは、こういった客観的分析から出てくる数字であるべきです。希望的な目標値を掲げれば良いというのは大きな誤りです。定量的な分析をする際には前提条件もあれば、データにしても集計されていることが多いので、なかなか細かな部分までの分析はできません。これは、基本はまちのマクロ経済の分析なので、経済主体の細かさにも空間的にも限界があるからです。しかしながら、きちんとしたモデルに基づいて分析した結果からは、全体としての方向性が客観的な数字で示されます。それをベースにした政策や個別の施策であれば、必ずその実施結果からの検証・施策再考というフィードバックをすることができ、まちをよりよくする次なる施策へとつながるはずです。

図３・４にある「地域経済構造のデザイン」とは、きちんとした調査と規範的な理論に基づく経済構造分析に基づいて地域社会の新たな産業構造を描くことを意味しています。そこから維持可能な人口なり

雇用が生まれてきます。地域内で希薄な産業間のつながりを改善し、また移入超過という外部依存の経済を改善するための「まちの産業経済構造」はどうあるべきかを考えるわけです。こういった客観的データを活用したまちの構造解析と構造改革のシミュレーションが、都市計画やまちの政策に反映されていくことが求められます。まさに、第2章で述べた「都市計画と都市経済のシンクロ」です。

地域経済の三面非等価

アベノミクスの実践で「経済の好循環」の必要性が盛んに言われています。それは「金融緩和や財政出動などによって企業収益が上がる。それが生産活動に貢献している雇用者への所得として必要十分に分配され、さらに分配された所得（税引き後）の一定割合が確実に消費に回る。また消費に回らなかったマネーは、金融機関に預けられるものの民間企業の資金需要から投資の形で有効需要に戻ってくる。これらのサイクルのなかで雇用環境が改善され、所得の伸びが消費や投資を喚起する。」ということで、これら一連のサイクルを持って「好循環」ということになるわけです。しかしながら、このサイクルで「そうなるはずだ」というロジックが現実として実感できないところに問題があり、その原因がどこにあるのかを突き止める必要があるのです。これは前項で述べた「規範的モデル」での分析をきちんと行うことを意味します。

我々が日々接している「まちの経済」にとってもこの好循環は大切なことです。ただ国と違って、地方債を発行するといった地方版の財政政策はできても、金利を一律的に変えるといった金融政策は地方自治体ではできません。さらに「まちの経済」が対象となると、この循環は単純ではなくなります。生産、分配、支出という循環

図３・５　生産面における出入り

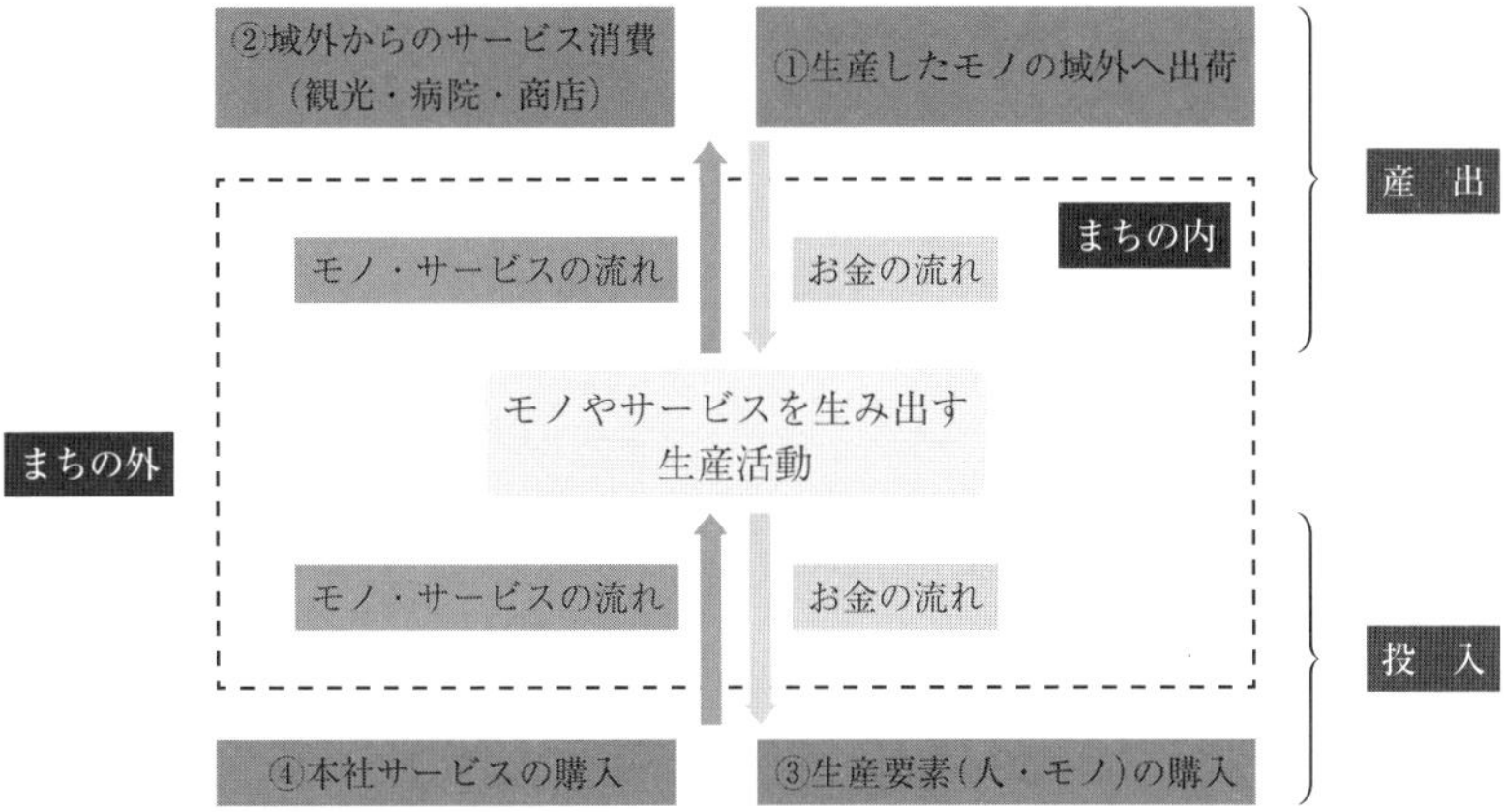

サイクルの各段階において、一国の経済に比べて「まちの経済」は、人の出入りのみならず財貨の出入りもその程度がかなり大きいからです。それは、経済循環の基本である「三面等価」の原則がそのままでは成立しないことを示唆しています。

図３・５は三面における生産面での地域内外の出入りをシンボリックに示したものです。生産したものは、それが財でもサービスでも域外で販売されること（①）や、域外から来て需要される（②）場合と、域内（の人）で需要される場合もあります。また、生産に当たって投入する生産要素は域外から購入すれば、付加価値の分配先もまちの外となります（③）。例えば、まちの外に住んで通勤してくる労働者の市町村民税は当該まちには入りません。もう一つ、図には「本社サービスの購入」というのがあります（④）。これはまちの外との取引ですが、企業内取引ですので少々性格が異なります。まちの工場にとって本社が別の都市にある場合、工場の生産管理や経理、仕入れなどを本社のほうで一括して行っていることが多いです。本社は間接部門ですので、直接、商品を売ったりサービスを提供して収入を得ることはありません。したがって、製造品出荷によって現金を受け取る工場から何らか

図3・6　分配と支出における出入り

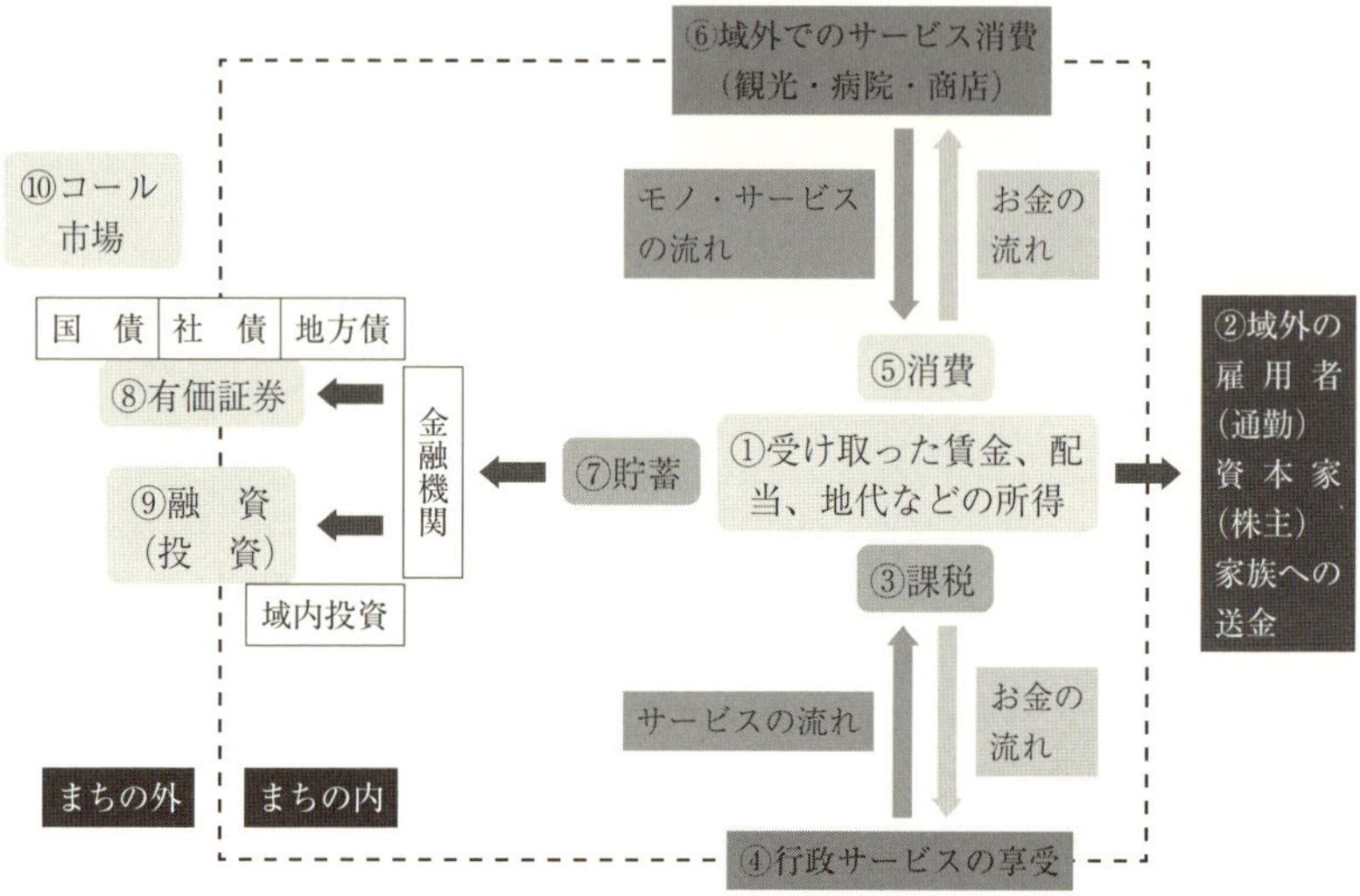

の形でお金を送金してもらう必要がありますが、これは、本社が工場に対して行うサービスの対価としてとらえることができます。

図3・6は生み出された付加価値から分配された所得の行き先を示したものです。得られた所得は課税後では使うか使わないかです。ここで所得に対する課税分は、一旦、資金の経済循環からは漏出することになりますが、間接的に公共サービスの提供という形で反映されます。可処分所得については、使う場合は消費で使わない場合は貯蓄です。

まちにあるお店で消費すれば、それはとりあえず地域内でのマネーの循環にはなります。でも、そのお店がまちの外からやってきた域外資本であれば、その売上金のかなりの部分はまちの外に出て行ってしまうでしょう。もちろん地域のなかにあるお店で消費すれば、それは地域内でのお金の循環にはなりますが、それが域外資本であればその売上金がまちの外に出て行ってしまうのでマネーの漏出となります。貯蓄の場合は、そこで経済循環からの漏出となりますが、それが金融機関の融資などを通して地域への投資

表３・１　会社規模別の東京のシェア

指　標	東京都の割合
100 ～ 299 人規模の会社	18.2%
300 ～ 999 人規模の会社	25.9%
1,000 ～ 1,999 人規模の会社	38.0%
2,000 ～ 4,999 人規模の会社	42.6%
5,000 人以上規模の会社	54.0%

注)「経済センサス活動調査」(総務省、2012 年) より作成。

に向かえば経済循環に再び戻ってきます。しかし、地域に投資先がない場合には、そのお金は有価証券の購入やコール市場での運用に向かい、地域からの漏出となります。

資金移動のメカニズム

それでは、このような状況になっている背後の資金循環（マネーフロー）のメカニズムを考えてみます。東京には大企業の本社が多いことは自明です。表３・１に示すように、会社（法人）の従業員規模別に東京都のシェアを見てみると、会社規模が大きくなるに従って東京都に立地している会社の割合が増えてきていることがわかります。ちなみに従業員規模が五〇〇〇人以上の会社は全国に五八二社あり、そのうち五四％の三一四社が東京都にあります。

企業は生産活動に付随して投資活動を行いますが、それには資金の調達が必要です。具体的には、社債の発行や金融機関を通しての借入などがありますが、その金融機関としては、地方の資金供給が需要を上回るといった状況では、第１章の図１・１からも容易に想像できる資金需要が高い東京で預金を運用することになります。つまり、地方の金融機関の預貸率が一・〇を大きく下回る資金余剰の状況からは、その余剰資金を本支店勘定、コールローン、有価証券保有などの形で中央（主として東京）に流出していることが窺えます。

このことは地方都市の経済では、S（貯蓄）＞I（民間投資）となっていることを意味しており、預金の内、金融市場や証券市場へ行く部分をBとすると、

$$S=I+B \quad (1)$$

で埋め合わされていることになります。さらに、Bのうちには地方債という地域に還元されるもの（B_L）と国債やコール市場など地域から出ていくもの（B_C）に大きく分けることができます。つまり、

$$B=B_L+B_C \quad (2)$$

となります。

B_Cの部分は実物経済ではない金融経済における信用取引です。実物経済の取引の対価以上に、東京にはマネーの流入があることになります。これは、東京にとっては域外への債務増加ということになります。この結果、今度は東京資本による地方への投資は、地方にとっては東京の域外債務を減少させることになるものの、その収益の大半は本社がある東京に還流され、地元では様々な面での意思決定を発揮できない状況となっています。

(1)式における貯蓄Sは、分配所得をY、消費をC、税金をTとすると

$$Y=C+S+T$$

と表すことができます。この式と開放経済における所得・支出のバランス式

$Y=C+I+G+X-M$（G：公的支出、X：移出、M：移入）

から

$$S+T=I+G+(X-M)$$

という関係式が導かれ、さらに(1)式と(2)式の関係を使うと、

$$B_L+B_C+T=G+X-M$$

あるいは、書き換えて

$$B_C=(G-T-B_L)+(X-M)$$

となります。

ここで、もし財政均衡であれば$B_C=X-M$となり、資金の流出、言い換えるとマネーの移出が財貨の交易収支の黒字幅に等しくなってきます。つまり、地方のマネーは大都市、東京へ投資され、それが地域に間接的に還流されていることになります。しかしながら、鶏と卵の関係にも近いですが、一般的に地方では産業力が弱いために交易収支は赤字となっている地域が多いです。つまり、$X-M<0$の状況なので、地域経済が成り立つには$B_L+T=G$ではなく、$B_L+T<G$という公的な支出（財政支出）で民間投資不足をカバーしていることが必要条件となってきます。しかし、それを地域の収入では賄えないので、中央政府からの財政移転Trが

$$(B_L+T)+Tr=G$$

という形で（事後的に）存在し、それが

$$Tr-B_C=M-X=-Q\text{（産出・供給）}+Q^D\text{（支出・需要）}$$

あるいは、

財政移転＝貯蓄マネーの流出＋交易収支の赤字

図3・7　東京と地方都市の貯蓄・投資バランスと地域間の財貨フロー

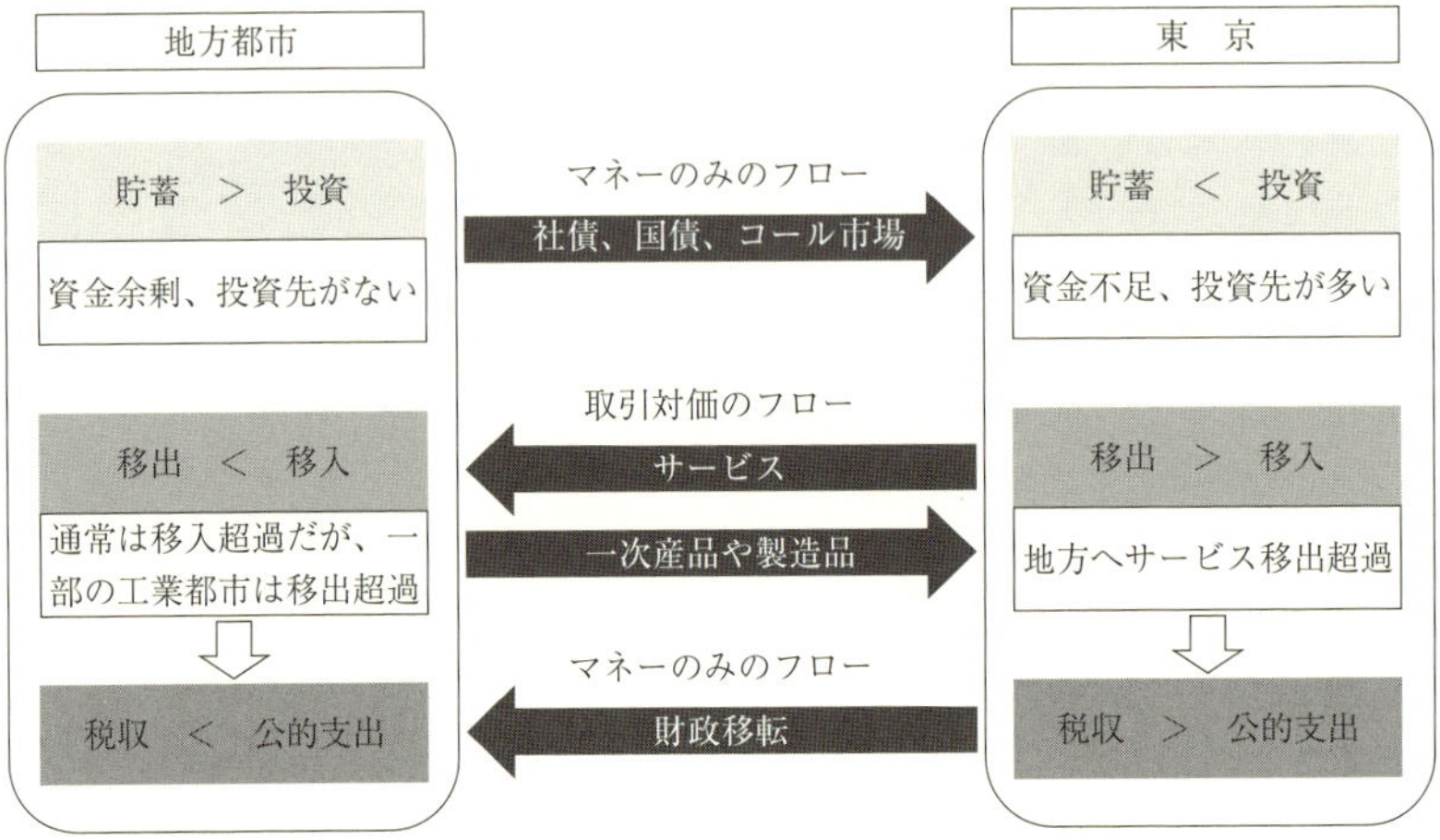

のように、域外へ資金が流出すると、交易収支の赤字（需要に対する供給不足）を補うのにそれだけ財政移転も必要になるという状況になっているのです。

東京と地方との関係

このような資金の流れは、東京とそれ以外の地方（都市）との間にどのような関係をもたらしているのでしょうか。図3・7は東京と地方都市の間の典型的な財貨の流れについて、貯蓄・投資バランス、財・サービスの域内供給と需要のバランス、地方財政の収支バランスの三つの面で示したものです。

地方都市では、一部の工業都市を除いて財・サービス生産供給力と域内需要の関係が移入超過となっている交易収支がマイナスであることが多いのが実情です。逆に東京では、製造品などの移出額は多くないですが、本社サービスなどの移出可能な対事業所サービスについては大きな移出超過となっているのが現実です。

地域経済を持続させるには、地方都市はこの赤字分を補填しないといけません。これは通常、政府からの財政移転（所得移転）によって賄われることになります。しかし、地域に得られた所得は支出されないと貯蓄に回るのですが、その資金で地域に投資される額が少ないと地域は資金余剰となり、金融機関はその活用先を求めて域外に資金が出ていくことになります。これは、資金需要の高い東京へ向かうことを意味します。ただし地域に資金が余剰となっているわけですので、その分、先に述べた財政移転額は少なくなります。東京への人と企業の集積、マネーの集中によって、多くの地方（の自治体）は交易収支の赤字と投資不足を財政移転でカバーしているという構図になっているのです。

地方創生の構造的問題

こう見てくると、市町村から一定の就業圏域へと地域の範囲を広げて捉えても、そこにおける資金の漏出は構造的なものに起因していることがわかります。例えば、地方都市における域外資本の立地、これは自治体の企業誘致策と関係が深いのですが、その立地の背後には地方から流出した資金があり、立地企業の収益の多くは再び本社のある東京に還流するということになっているのです。いずれも東京に企業や人口が集積していること以上にマネーが集まっていることに因っています。

こういった構造的な問題に起因していることは、構造改革を断行することが直接的な解決策です。それは、これまでの地方創生で講じられようとしている地方への本社機能の政策意図を持った移転や首都圏の大学の入学定員の厳格な運用などです。また、地方でもそれなりの構造改革を実行することが必要となってきますが、そのためには、まちの経済構造を読み解くことが先決事項です。

地域資金の好循環に向けて

地方の資金を地方に循環させるのに、今日まで様々な地域活性化のためのローカル・ファンドが考えられてきました。また、地域の資金を循環させるだけではなく、流出したマネーも含めて広く浅く資金を調達するファンド方式もあります。

例えば、岡山県の県北にある西粟倉村の「百年の森林（もり）構想」では、民間会社の「共有の森ファンド」を通じて、二〇一〇年三月末で二五四〇万円に達し、その資金は森林組合で使う機材等の購入に充てられました。これは、いわゆる広義の自然環境の保全という経済的収益ではなく社会的収益性を求めて投資をしてもらうという趣旨のものです。地方は棚田や伝統文化など有形・無形の社会的価値のあるものが多いです。そういった社会的価値財は、直接的な経済的な価値は持たないことが多いですが、長期的には地域経済の価値を向上させ地域の発展に資することが予想されます。それは、これからが人々の心を豊かにする効用効果を発揮するストックであり、地域の効用格差によって長期的に人々は移動するからです。その潜在的価値をいかに認識して地域に投資を呼び込むかは、社会的な制度設計と成熟度によるでしょう。

一般に個人の効用の八割は貨幣所得に比重があり、あとの二割が非経済的価値の部分と考えられます。つまり、移動を実現するには、収入の糧となる仕事の創出が不可欠となります。投資による成果が社会的価値を生み出すのであれば、それによって収益は見込まれます[*3]。

これらはマネーを惹きつける方法ですが、域外資本が投資してきても収益マネーの流出を抑制する方法を考えることも必要です。例えば、事前にまちづくりへの負担金を約束するといったようなその企業が当該地域に再投資する仕掛け、先に述べた本社機能の移転（本社送金の減少）と地域社会での連関構造の稠密化、さらには都会の私立大学の入学実数の厳格化（仕送りの減少）も考えられます。

こういった資金循環が、地域間格差を是正することにつながります。これまで我が国の地域間格差を是正する政策は、地方への工場分散、公共投資の傾斜配分といった地域経済にとっては外生的なものでした。これらは一定の成果を上げたものの、それでも大都市圏と地方圏の人口割合は拡大を続け、多くの地方は大都市圏への人口流出に悩んでいます。地域社会の努力によって内生的に資金循環構造を変えていくことが真の地域創生・地域再生につながります。

＊3　例えば、社会的インパクト投資などがあります。

第4章 まちの経済、稼ぐ力と雇用力

四万十市を走るレトロなしまんとトロリーバス
(四万十市, 高知県)

移出産業のないまちは持続できない

まちの経済で域内循環を心掛けることは資金の漏出を防ぐ観点からも重要ですが、それだけではまちは持続可能にはなりません。第1章では「稼ぐ力」の正しい理解について説明をしましたが、そこには、まちのそとからマネーを「稼ぐ力」が必要です。

域外資本に頼らない内発的な経済発展の重要性がしばしば言われますが、この基本は地域にある資源を有効に利活用して自立的な地域振興を目指そうとするものです。これを突き詰めていったものとして「里山資本主義」があります。「里山資本主義」の考え方は、地域資源を有効活用しつつ環境に負荷を与えず経済循環を重視するもので、それ自体とても素晴らしいものです。また、「マネー資本主義から里山資本主義への転換」というのは、とてもマスコミ受けするフレーズでもあります。

しかし、想定している循環型経済が、外部との取引をできるだけ小さくしてしまうような閉鎖的な経済になってしまうことは良くありません。また、同時にすべてを自地域内で循環させることだけでは、まちの経済を持続していくことはできません。自動車や飲料の例をとってみてもわかるように、地域で生産できないものや供給できないサービスは沢山あります。経済規模の小さい地域であれば、多くの財やサービスを外部に依存せざるを得ません。小さなまちが供給できる財やサービスの種類には限りがあるからです。そういった場合に、小さなまちでも移出できるものを見出していく必要があります。また、それが雇用を生み出す源泉となります。

移出を伸ばすことは経済の発展につながります。これを経済成長至上の考え方と位置付け、自治組織の強化や地域での交通事業、福祉事業に力を入れ、中山間地の地域は一次産業こそが基盤産業となるべきだという論調もしばしば見られます。しかし、これは論理展開に誤りがあると言わざるを得ません。どのような過疎地においても一次産業が活性化しているところでは、そこには必ず移出があり、結果として基盤産業としての役目を担っているのです。地域の交通弱者対策や福祉サービスは、ボランティア的な活動は別として、外貨を稼ぐ力があってこそできるマネーの自立的な地域循環の産物なのです。

図4・1　移出産業主導型の地域経済の成長

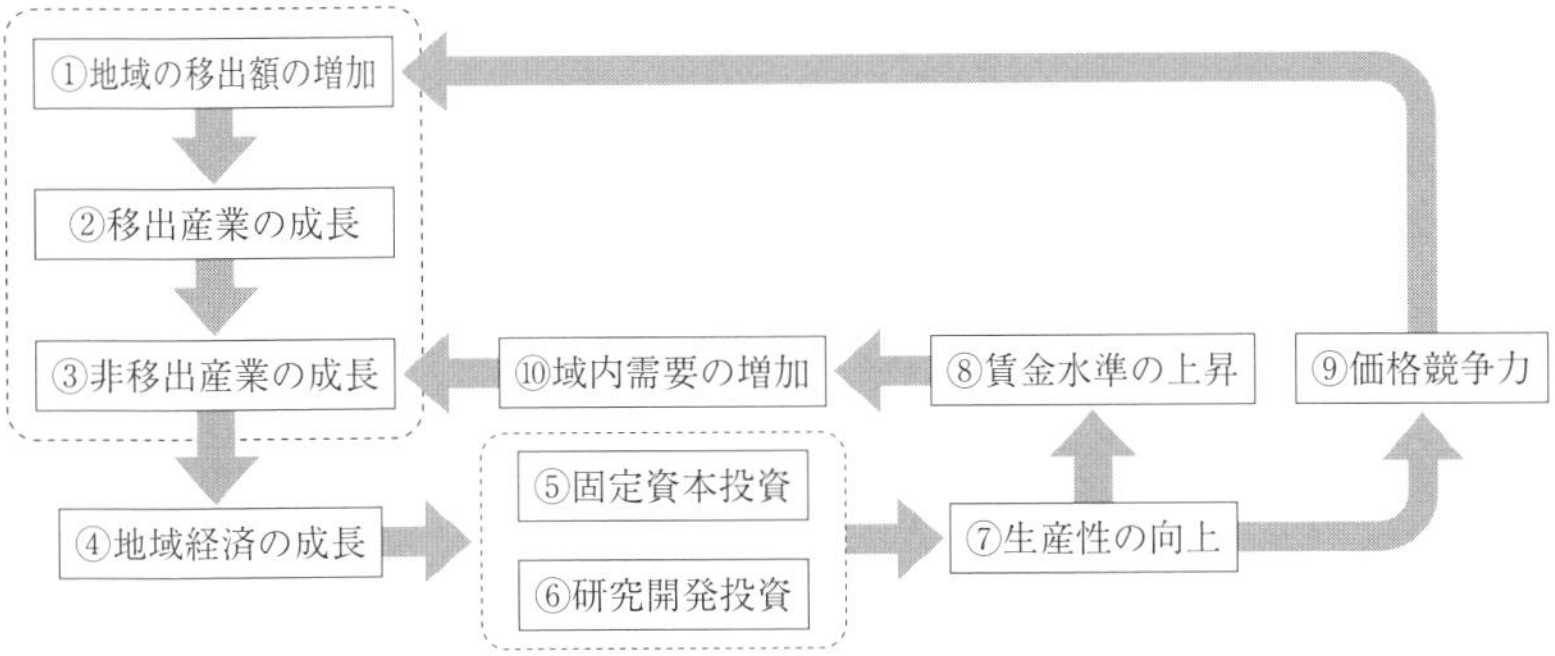

移出産業の役割

域外マネーを獲得するという「稼ぐ力」を持っている産業は、移出型産業で地域経済にとって発展の原動力となる基盤産業です。これの直感的な説明を図4・1に基づいてすると、次のようになります。

まず、当該地域の域外への出荷物、すなわち移出が増加する場合を初期値として考えます（①）。従来、こういった移出産業には製造業や一次産品が該当してきました。また、インバウンド観光が注目されている最近では、観光産業も移出部門に当てはまります。この移出部門の生産拡大は、それに直接関わる部門の成長（②）のみならず、非移出部門であるローカル需要を満たす産業の成長（③）も促し、地域全体として経済が成長（④）することになります。

この地域生産額の拡大は、そこから派生してくる需要として、固定資本の投資（⑤）や研究開発投資（⑥）をもたらすことになるでしょう。その結果、資本労働比率の増加と技術進歩が生まれます。これによって、労働生産関数において労働生産性が高まることになります（⑦）。したがって、地域の生産額の成長が労働生産性の成長をもたらすという因果関係が導けることになります。

他方、ローカル財の価格変化、言い換るとまちの物価上昇は、賃金上昇が労働生産性の上昇を上回る分（⑧－⑦）であると考えられます。つまり、賃金水準の上昇を上回る労働生産性の成長があれば、地域の価格競争力が高まること（⑨）を示唆しています。また、賃金の上昇は域内の消費需要を高め、それが域内産業（非移出産業）の成長を促すと考えられます（⑩）。

そして当該地域の移出が増えることを説明する理由としては、移出が他地域の当該地域の生み出す財やサービスに対する需要であることを考えると、他の競合地域に対する自地域の移出財価格の相対的低下、当該地域の評価や評判の高まり、さらに全国的な所得の高まりなどが考えられます。いずれにしても価格競争力が高まることは移出力が増加することになります。

このような正のフィードバック・メカニズムによって、一度成長し始めた地域がより一層成長し、格差の拡大へと向かうことがあります。このようなポジティブ・フィードバックの考えは、「累積的因果成長モデル」とも言われています。

基盤産業のとらえ方

そうなると、図4・1の③のような「非基盤産業」というものが何であるかを定義することができます。そもそも「基盤産業」と「非基盤産業」という考え方は、産業を二つに分けて定義していることに他なりません。そこでは、主に地域内の人や企業を販売やサービスの対象とする業種と、そうではなく主に地域外の人や企業を販売やサービスの対象とする業種に分けることから出発します。

前者の場合は、域内を市場とするということであることから、人や企業がいないと成立しない産業（人口集積が必要な産業）、すなわち需要者が人（家計）であることから最終消費に対応します。対面で行うサービス業であることから、そこには人口に対してスケールメリットの働く業種ということになります。具体的には、行政サービス、対個人サービス（郵便局、銀行支店、学校、理容店、小売店、飲食店、不動産業、病院）などが該当するでしょう。

また、居住人口ではなく昼間人口の集積、すなわち、事業所があれば成立する産業も同様に考えることができます。需要者が企業であることから中間需要に対応するものとして位置付けられるでしょう。具体的には、保守点検サービス、弁当屋、司法書士や行政書士、会計事務所や法律事務所、広告業、情報処理サービス、輸送業などの対事業所サービスが考えられます。

これらは人や企業の存在があって成り立つ産業なので派生産業とも言われます。これとは対称的に人口集積や企業集積とはあまり関係なく立地できる業種を考えることができます。これは、その産業のアウトプットに対する主たる需要者がまちの外にいる場合です。具体的には、製造業における工場部門、場所（土地、山、海）を必要とする農業、林業、水産業、鉱業などが該当するでしょう。人口集積がなくとも、地域の資源や社会資本、民間資本で成立することができます。こういった産業は派生産業ではない独立型であり、「域外市場産業」とも言われる「基盤産業」です。

基盤産業の見極め

これをいかに見極めるかについては、統計的にさほど困難ではありません。「地域産業連関表」という経済主体間と地域間の取引表を見ることで、地域における移出と移入の結果である交易収支がプラスの産業部門が基盤産業に該当することがわかります。しかし、この表は作成に時間と手間がかかることから、地方自治体が公表する完成時には現在から五年以上の遅れとなっています。そういった時に比較的早期に公表され、信頼度もより高い産業別の従業者数を使って移出産業を識別する方法があります。

これまで基盤産業には、農林水産業、鉱工業、宿泊業（観光業）などが、交易財を生産する産業として先験的に規定されてきました。そこでは、当然のことながら、産業分類の細かさが大いに識別に影響してくることになります。

例えば、飲料という部門には、お茶、ビール、日本酒、ワイン、清涼飲料水など品目の異なるものが含まれています。あるまちでビールや清涼飲料水を生産して、その大半はまちの外に出荷されているとします。しかし、日本酒やワインは製造していないので、まちの需要に応じて域外から移入しています。飲料部門としては域外からマネーを獲得していますが、ひょっとすると移入のほうが大きいかも知れません。そういった場合には、「飲料部門」という分類では基盤産業とは見なされないことになります。

また多くの場合、農業部門や鉱工業部門に属する産業は移出産業と見なされることが多いです。しかし、東京や名古屋、大阪のような大都市を考えてみると、確かに農業も存在しますが、そこでの生産物が移出されている額は非常に小さく、むしろ移入額のほうが圧倒的に大きいと考えられます。そういった場合、東京などの大都市での農業部門は、「純移出がプラスである」という基盤産業の必要条件からすれば、それは基盤産業とはならないのです。

特化係数の解釈

従業者数を使って基盤産業を見極める指標に「特化係数」があります。これは相対的な集積度の指標として、次のように定義されます。

例えば、ある「まち」の製造業の就業者が、「まち」全体に占める割合が二五%であったとします。これに対して、全国では製造業の就業者の割合が二〇%であった場合に、この「まち」の製造業の「特化係数」は、二五÷二〇＝一・二五ということになります。全国水準値を上回った相対的集積をしているということなので、上回った分については、「まち」の外へのサービスや出荷になっていると考えます。したがって、特化係数が一・〇を上回っている産業が、その「まち」の基盤産業として識別されることになります。

これはわかりやすい方法ですが、いくつか問題点があります。まず、日本全体の産業構成を基準にして判断しているのですが、その産業が国内市場だけでなくそもそも輸出型産業であったり、逆に輸入型産業であったりすると「特化係数」の数値で移出を推し測ると偏った結論になります。[*1]

輸出型産業の場合は、そもそも国全体で特化しているわけですので、「まち」単位で測った「特化係数」は本来の移出を示唆する数値よりも過小になり、反対に輸入型の場合は過大になります。したがって、日本全体の輸出と輸入を調整した「修正特化係数」を用いる必要が生じてくるのです。[*2]

例えばある産業部門で、国内需要が一〇〇で、輸出が六〇、輸入が四〇であったとします。このとき国内生産額は一二〇（一〇〇＋六〇－四〇）となります。したがって自足度を上回る程度という意味で、国全体で見た特化度は一・二となります。ここで、ある「まち」でのこの産業部門の「特化係数」が一・五であったとします。そうすると、一国全体での特化度で修正したと言う意味での「修正特化係数」は、一・五×一・二＝一・八となります。

このように従業者数で測った特化係数の解釈にはいろいろと疑問や課題が生じます。これまでに受けた質問から、次にQ&A形式で示してみます。

Q. 観光都市なのに宿泊業の特化係数が一・〇を下回っているが、稼ぐ力がないのだろうか？

A. 宿泊業は確かに域外からお金を稼いでいます。しかし、観光客の消費以上に、このまちの人が域外で宿泊する消費のほうが多い可能性があります。また、宿泊業の従業者はまちの外からの宿泊客に対してサービスするだけではありません。むしろ、宴会やパーティ、催し物といった主にまちの居住者に対するサービスも多くあります。

Q. サービスに関係する業種の特化係数が一・〇を超えているのは、どういう意味だろうか？

A．病院の場合だとまちの外からの通院や入院、学校だと県外からの入学、小売店だとまちの外からの買い物客による消費、他に県庁所在都市だと、郵便局の本局、地銀の本店、県庁、国の出先機関などはこの都市以外に県内各市町村へのサービスを移出していると考えます。

Q．特化係数が大きいと、それだけ域外からお金を稼いでいると考えて良いのだろうか？

A．あくまでも従業者ベースでの判断であることから、稼ぐ力が金銭ベースでどの程度あるかは、改めて推計作業が必要になってきます。農産品と工業製品では商品単価が異なります。また労働生産性も異なるでしょう。したがって、特化度は高いが（製品単価の理由で）純移出の金額はそれほど大きくない可能性もあります。

Q．高齢化率の高い市町村では、福祉・介護関係の分野の特化係数が一・〇を上回り、同時に雇用吸収力も高くなる傾向がある。このような産業部門を、外貨を稼ぐ基盤産業といえるのだろうか。また、そうなるための方策はあるのだろうか？

A．基盤産業とは、それがサービス業であれば、域外からサービスを享受しに来る人のほうが域外にサービスを受けに行く人よりも多いことを意味します。病院のような医療サービスは外からそれを受けにやってくること

＊1　自動車産業のように輸出超過の産業であれば、国内数値を基準とした特化係数は過小推計され、農業のような輸入超過の産業であれば反対に過大推計されることになります。

＊2　「修正特化係数」あるいは「修正立地係数」についての詳しい説明は、和文では中村良平「都市・地域における経済集積の測度（上）」、岡山大学経済学会雑誌、第三九巻四号（二〇〇八年三月）の九九〜一二一頁にあります。また、前著「まちづくり構造改革」（二〇一四年）の九六〜一〇〇頁にも詳しい説明があります。

です。しかし、介護の場合は、基本的には近くであって、あまりまちの外から来ることはありません。そのまちにあまり際だった産業もなく、年金生活者の高齢者と要介護者が多い場合だと、介護の特化係数が一・〇を上回ることが考えられます。これは年金という域外からのマネーが入ってきているとも考えられますが、もともとは自分の掛けたお金がある程度戻ってきているわけです。もっともCCRC（Continuing Care Retirement Community：継続的ケア付きの高齢者共同体）のように政策的に高齢者を集めてコミュニティを作るとなれば、基盤産業と呼べるでしょう。また、建設業の特化係数が一・〇を上回っているということが稼ぐ力があるととらえて良いのかという疑問もありますが、建設事業費が地域外（国や県）からやってきているとすれば、それは域外からマネーを得ていることになります。しかし、これが続くことは地域にとって、あまり望ましいとはいえないでしょう。介護の場合も同様です。

Q．特化係数は相対的な強みを見ることができるかも知れないが、所詮それは過去のことで、現在から将来については何も語っていないのでは？

A．どのような統計的数値も厳密にいうと過去のものです。しかし、だからといって将来のことが見えないわけではありません。直近の二時点の特化係数や雇用割合の変化を見ると、まちの産業がどういった方向に向かっているのかを推察することができます。そして、その変化の理由を解明すれば、きっと今後の動きもつかめるはずです。

図４・２　稼ぐ力と雇用力の４類型

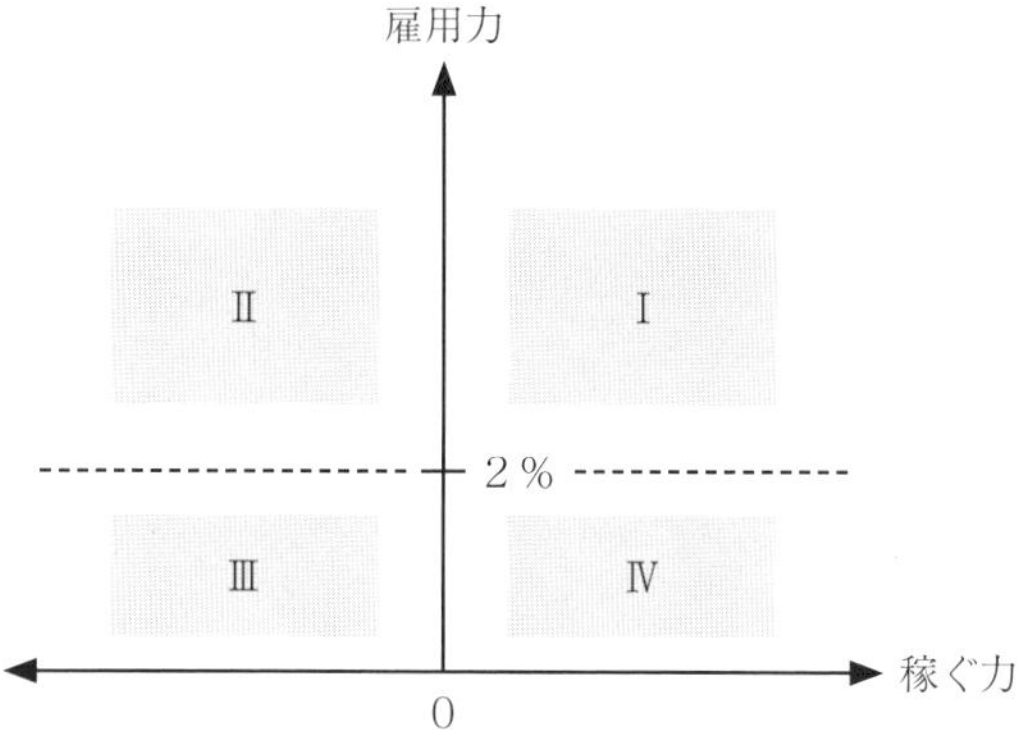

産業・雇用チャート図の読み取り方

地域の稼ぐ力とは基盤産業の力、すなわち純移出額であり、雇用力とは産業別の雇用吸収力です。地域によって、稼ぐ力も雇用力もある産業もあれば、稼ぐ力があっても雇用力の弱い産業もあります。

総務省統計局がそのＵＲＬ（http://www.stat.go.jp/info/kouhou/chiiki/）で「地域の産業・雇用創造チャート」として、経済センサスの都道府県、市区町村の産業中分類での従業者数を使って、横軸に稼ぐ力の指標として修正特化係数の自然対数を縦軸には従業者割合をとったグラフを提供しています。ここで（修正）特化係数を用いて基盤産業である移出産業を識別することの理論的背景は、「全国平均に比べて雇用が相対的に集積している産業は、まちの外に出荷やサービスしている」ということになります。

チャート図の読み取り方として、横軸で修正特化係数が一より大きいか小さいか、縦軸では従業者の構成比が二％より大きいか小さいかによって四つの象限に分類してとらえてみましょう*3（図４・２）。

まず第Ⅰ象限は、修正特化係数が一・〇より大きく、従業者割合も二・〇％を上回っている稼ぐ力と雇用吸収力もともに大きい産業です。

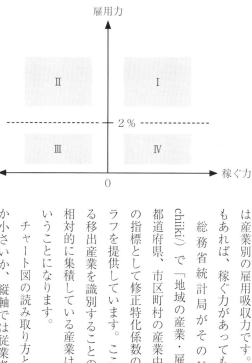

その下の第Ⅳ象限は、稼ぐ力はあるが雇用吸収力は大きくない産業です。これには、資本労働比率が高い機械化された大工場に代表される事業所がある産業分野が該当するでしょう。第Ⅱ象限は、域外からお金を稼ぐ力はさほどないが、雇用吸収力はある産業となります。これに該当するのは、福祉・介護、学校教育、小売業など労働集約型のサービス業に多いです。そして、第Ⅲ象限は、域外から稼いでおらず、雇用力もあまり高くない産業ということになります。

この稼ぐ力と雇用力のチャート図から産業間のつながりを読み取ることができます。例えば、農業や水産業などの一次産品は加工されるために食料品製造業に用いられます。作られた食料品は、卸売業を通じて小売業の店頭に並ぶでしょう。その際には、製品を輸送する運輸業の存在も必要となります。一種のサプライチェーンとも言えますが、これに関わる主体が地域内に立地する個人もしくは事業所であれば、それぞれの特化度や雇用割合についても一定の相関があるはずです。例えば、供給元の農産品が地域で相対的に特化しておれば、それに関連する川下の業種も地域内でつながりがあれば同様に特化していることが予想されます。

しかしながら、「稼ぐ力」のある産業が必ずしも雇用を吸収しているとは限りません。むしろ、ここから派生して生まれる産業で雇用が創出されている場合が多いです。そういった場合には、「稼ぐ力」の潜在性のある産業を見出し、異業種交流などで産業間の域内連関を強めることが肝要となってきます。また、稼ぐ力のあると識別された産業が、ポテンシャルはあるのですが、実際の稼ぐ金額で見るとそうではない場合もあります。こういった場合には、差別化戦略をとり、また労働生産性を向上させ、単価を上げる努力をすることが必要になってきます。

まちの稼ぐ力（基盤産業）と雇用力：福山市

それでは、広島県福山市の産業別従業者数のデータを使って図4・2の実際を見てみることにしましょう。図4・3aは、横軸に修正特化係数の自然対数値、縦軸に従業者の構成比（%）をとって、産業中分類（九七産業部門）における「稼ぐ力」と「雇用力」をプロットしたものです。*4 図4・3bは図4・3aの一部を拡大したものです。

福山市は、周知のように、かつての日本鋼管福山製鉄所、現在のJFEスチール西日本製鉄所という大規模製鉄所（鉄鋼業）が立地するだけでなく、伝統産業としては備後絣《びんごかすり》に代表される繊維、また運輸部門としては福山通運の本社が立地する広島県では人口が二番目（約四六万三〇〇〇人）で、広島県の東部に位置し岡山県と接する地方中核都市です。

図4・3aを見ると、最も特化しているのは「鉄鋼業」で、対数をとる前の値は八・一五です。次いで、「水運業」（特化係数は三・五六）となっています。「水運業」の稼ぐ力が高いのは、福山港が国の重要港湾にも指定されて港湾整備が進んでいることがあげられますが、もともとは鉄鋼業との関連での港湾であることを思えば、

---

*3　この二%という数字には、特に根拠があるわけではありません。感覚的なものです。

*4　自然対数値をとっている理由は、まちによっては特定の産業の特化係数が非常に大きくなりすぎて、他の産業の位置が識別しにくいことと、対数をとることで特化係数が一・〇という値がゼロに変換され特化と非特化がプラス・マイナスで見比べることができることによります。

図４・３ａ　稼ぐ力と雇用力：福山市、経済センサス基礎調査（2014 年）

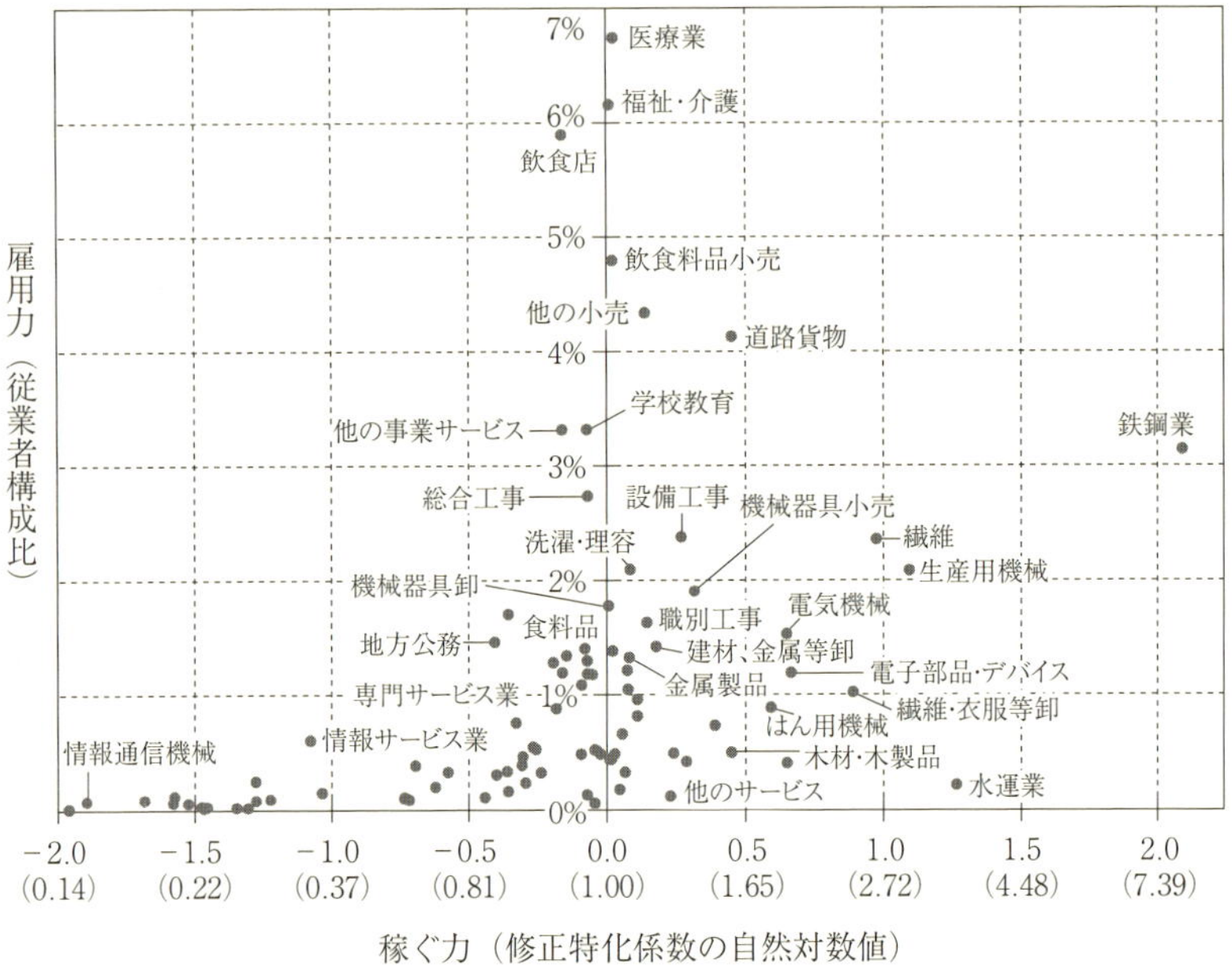

注）修正特化係数とは、通常の特化係数を国内自給率で修正したもの。横軸の（　）内の数字は、修正特化係数の値。

それも産業連関構造のなかに位置付けられます。ただ、両者の違いは雇用吸収力にあります。鉄鋼業の従業者シェアが三・一四％と、近年低下してきたとはいえ市内では九番目の雇用力となっているのに対して「水運業」の雇用吸収力は〇・二一％とかなり低くなっています。

また、福山市では「生産用機械」や「電気機械」、「電子部品」、「はん用機械」など多くの製造業において稼ぐ力の指標（対数値）が〇・〇を超えており、製造業の集積力の高さと稼ぐ力があることが推察されます。そして、これと関連して「建築材料、鉱物・金属材料等卸売業」、「機械器具小売業」、「機械等修理業」なども特化係数が高く、特化係数の高い各種製造業との域内でのつながり、つまり経済循環の構造が保たれていることがうかがえます。修正特化係数の対数値が一・二〇の

図４・３ｂ　稼ぐ力と雇用力：図４・３ａの拡大図

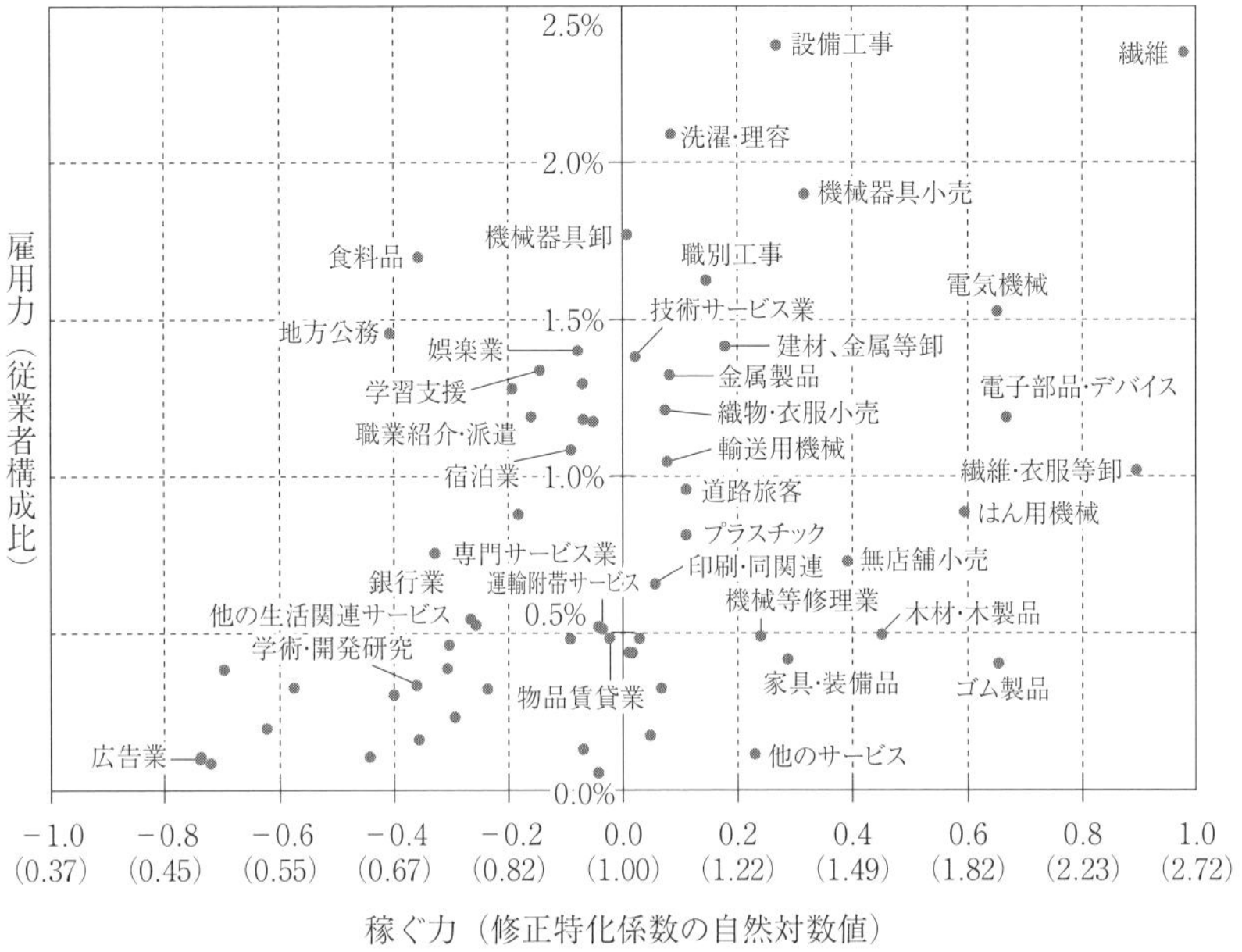

注）横軸の（　）内の数字は、修正特化係数の値。

「建築材料、鉱物・金属材料等卸売業」について、さらに分類を細かくして見ると、そのなかの「鉄鋼製品卸売業」が一・四九と最も高い値を示しており、市内の「鉄鋼業」との取引関係というつながりがあることがわかります。

他方、伝統産業の「繊維」について見ると、これらは機械類に比べて商品単価は低いのですが、修正特化係数での潜在的な稼ぐ力はあると考えられ、また雇用力も決して低くはありません。そして、これと関連して「繊維・衣服卸売業」も特化していることがわかります。

図４・３ｂに目を移すと、「木材・木製品製造業」と「家具・装備品製造業」という産業の川上と川下に位置する両者の存在が見えてきます。雇用力は高くはないですが、双方ともに修正特化係数の対数値が一・五七と一・三四のように一・〇を上回っていることから、稼ぐ力をもった川上と川下の産業部門がつながっている

と見ることができます。

こういった製造業の稼ぐ力とは対照的に、福山市ではサービス業に関して稼ぐ力が相対的に弱いことに気付きます。確かに「他の事業所サービス」は、図4・3aより雇用吸収力も三・三一%と一定程度はあるのですが、修正特化係数の対数値は〇・八五と一・〇を下回っています。また、「専門サービス業」（法律、行政、税理・会計サービス、デザイン業、著述業、コンサルティング業など）や「学術・研究開発」などについては稼ぐ力も雇用力ともに低い状況です。サービス業のなかでは特に、「情報サービス業」（ソフトウェア業や情報処理サービス業、インターネット関連サービス業）について、その集積力が弱いと言えるでしょう。また、その川上にある「情報通信機械製造」についても雇用力、稼ぐ力とも弱いことがわかります。福山市は製造業を基幹産業とするまちで発展してきましたが、生産性を向上させ市民の所得を上げるには、これからはＩｏＴやＡＩ（人工知能）の活用を避けてとおることができません。そういった意味からも、積極的に情報関連産業の立地政策に力を注ぐ必要がありそうです。立地適正化計画においてコンパクトなまちづくりを目指す福山市にとって、サービス業の集積を測ることは、第2章の「コンパクトな都市は生産性が高い」という節で示したように理にかなった施策と言えるでしょう。*5

雇用吸収力の上位は「医療業」、「福祉・介護」、「飲食店」、「飲食料品小売り」などがあり、これは多くの都市と同様の傾向です。また「道路貨物」の雇用吸収力が四・一三%と高いのは、福山通運の本社機能の存在によるところが大きいです。こういった分野でも生産性の向上に向けてＩＴの活用は必要です。それは、決して雇用を減らすのではなく、むしろ収益の増加が雇用維持につながることが考えられます。

基盤産業の新たな識別

基盤産業というものは、本来、まちの特徴によって異なってくることが考えられます。しかしながら、これまで経済基盤乗数の実証研究のほとんどは、交易財を生産する産業と域内を需要先とする産業を先験的に分けて分析してきました。当然のことながら、その識別には産業分類の細かさが影響してくることになります。また多くの場合、農業部門や鉱工業部門に属する産業は移出産業と見なされることが多いです。しかし、東京区部や大阪市のような大都市を見てみると、農業生産額もあるのですが、そこでの生産物が移出されている額は非常に小さいものと想像されます。むしろ移入額のほうが圧倒的に大きいと思われます。そういった場合、東京や大阪での農業部門は、純移出がプラスであることが基盤産業であることの条件からすれば、農業を基盤産業と位置付けることはできません。

そこで、「基盤部門に従事する従業者」という考え方で、特化係数を用いてそれを推計することを試みます。つまり、ある地域において特化係数が一・〇を上回っている部分の従業者は移出部門に相当する人数ととらえるのです。

例えば、図4・4に示しているように、あるまちの繊維工業の従業者数が六〇〇人いて、それがまち全体の従

＊5　福山市の立地適正化計画は、https://www.city.fukuyama.hiroshima.jp/soshiki/toshikeikaku/ から見ることができます。

図4・4　特化係数と移出従業者の関係

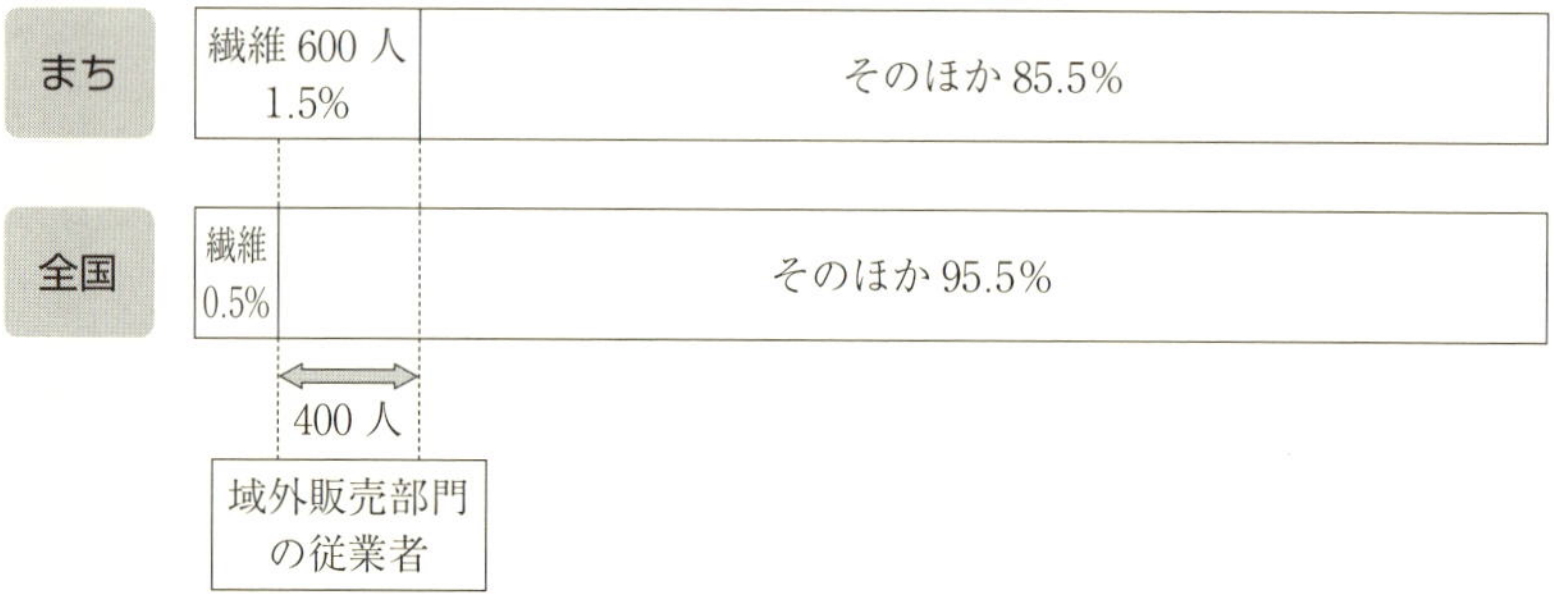

業者数の一・五％であるとします。他方、全国では繊維工業に従業する者の割合は〇・五％とします。このときそのまちの繊維工業の特化係数は一・五÷〇・五から三・〇となります。これは、全国基準で見てこのまちの繊維産業は従業者が三倍集積していることを意味しています。いま、繊維生産販売の市場が国内で閉じていると仮定します。そうすると、このまちの繊維製品はすべて国内へ販売することになります。もし全国の構成比と同じ割合ですと、このまちで繊維産業に従事する人は六〇〇÷三・〇＝二〇〇人となります。しかしながら、現実には六〇〇人が繊維産業で働いているので、その差、四〇〇人がまさに他の地域に販売をしている繊維生産に携わっている移出部門の従業者であると考えることができます。特化係数は産業間の相対的な集積度を表しているので、合計すれば一・〇となります。したがって、どの産業においても特化係数が一・〇を上回ることはあり得るし、どの市町村においても移出産業（基盤部門）の従業者は存在することになります[*6]。

経済基盤乗数の再考

基盤産業の盛衰がまちの経済、雇用、ひいては人口を規定するというのが「経済基盤仮説」です。基盤産業に対する非基盤産業の比率を「経済基盤・非基盤比率」と言います。これは生産額でも計算できますが、利用の容易さからすれば、従業者数や雇用者数で計算する場合が一般的です。そして、この比率に一を加えたものを経済基盤乗数と言います。これは、基盤部門の従業者が一単位増えたときにまち全体の従業者がどれだけ変化するかという比率を意味し、かけ算なので乗数と言います。

この乗数値という雇用波及効果のレベルは、本来、まちによって基盤産業が異なってくるのと同様にその値も違ってくると考えられます。また、時代によっても変わってくるものです。しかしながら、これまで経済基盤乗数（基盤産業の従業者に対する非基盤産業の従業者の割合）の実証研究のほとんどは、事前に交易財を生産する産業と域内を需要先とする産業を先験的に分けて分析してきました。当然のことながら、そこには産業分類の細かさが大いに識別に影響してくることになります。また多くの場合、農業部門や鉱工業部門に属する産業は移出産業と見なされることが多いです。しかし、（六九頁でも述べましたが）東京のような大都市を考えてみると、確かに農業も存在しますが、先にも述べたように、そこでの生産物が移出されている額は非常に小さく、むしろ移入額のほうが圧倒的に大きく基盤産業とはならないでしょう。

それでは、このような基盤産業から非基盤産業への雇用波及効果の程度を意味する経済基盤乗数値の異なりは、どこに起因しているのでしょうか。

あるまちが少数の産業に特化している場合、そのまちの産業間の特化係数の分散は大きくなるでしょう。逆に

＊6　修正特化係数とは、通常の全国基準の特化係数を輸出・輸入依存度で世界基準に調整した数値のことです。

言えば、産業間の特化係数のばらつきが大きいまちは、少数の産業に特化していることが考えられます。こういった場合、まちの産業構成の多様性が低くなり、そのまちの基盤産業からの非基盤産業への波及効果は小さくなる可能性があります。すなわち、経済基盤乗数が小さくなるのです。

また、経済基盤乗数が異なる要因として考えられるのにまちの人口規模があります。人口規模の小さな市町村では産業構造に厚みがない（多様性がないとも言い換えられる）ので、基盤産業から非基盤産業への波及が小さくなると考えられます。そして、そのなかでも一次産業が基盤産業である市町村は、基盤乗数が小さくなると思われます。それは一次産業の出荷額が増えても従業者の増加に直結しないという理由と、一次産業の雇用と二次・三次産業の雇用がつながっていないという理由があげられるでしょう。

一次産業の六次産業化を考えてみると、製造（加工）から出荷に至る工程で、金属製品、プラスチック製品、印刷業、紙類など製造業に属する産業、デザイン業、運輸業、卸売業も関係してきます。こういった産業部門に属する企業がまちに立地して（取引関係という意味で）つながっていると乗数効果も大きくなります。介護施設があれば、食材のケータリング、歩行の補助器具、リネンサービスといったものが必要となります。そうすると、製造業に加えて、飲食サービス業、物品賃貸業などがまちにあると雇用乗数値は高まります。

さらに考えられる要因としては、市町村の通勤流出率と流入率です。通勤流出率が高い場合は、まちの外で働いている人が多いので、まちの基盤産業が活性化してもまちの雇用にさほど跳ね返りません。実は、域外への通勤者が「労働の移出」という基盤部門となっているのです。反対に通勤流入率の大きな市町村では、域外からの通勤者の家族は郊外に居住しており、そのまちの基盤産業からの域内市場産業への派生は郊外地域へ漏出することになります。

図4・5　修正特化係数のばらつきと乗数値の関係

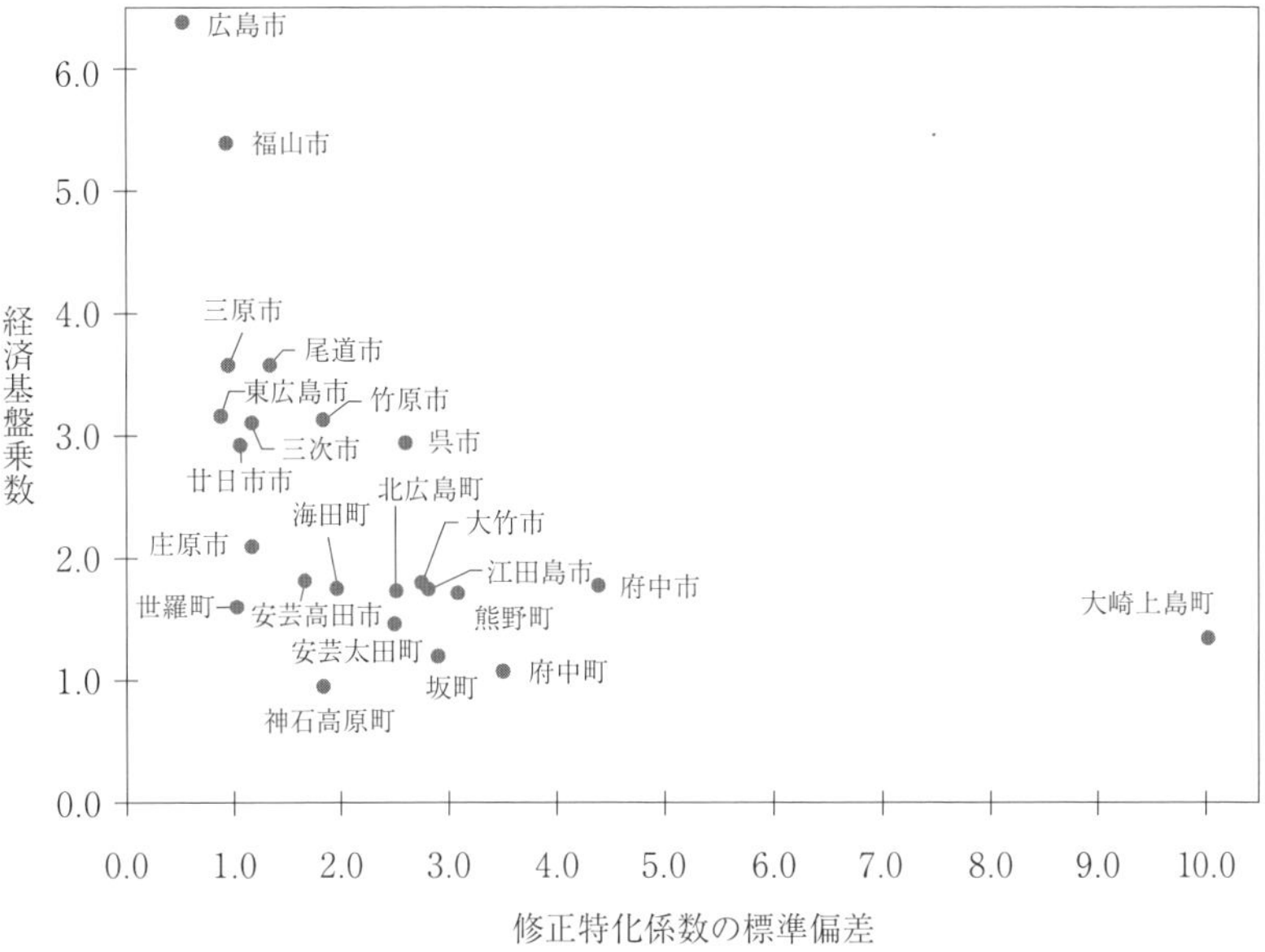

注）一次産業の従業者数については、経済センサス（2014年）ではなく、国勢調査（2015年）の従業地就業者数を採用している。

広島県市町村の例

図4・5の縦軸は、広島県の各市町村について前述の考え方で基盤部門の従業者を求め、それ以外の従業者を域内市場向けの非基盤部門とし、基盤部門就業者に対する全就業者の比率、すなわち、経済基盤乗数を示したものです。これによって、各市町村で、基盤部門の従業者が一単位増えることでの全体産業への波及がわかります。また、横軸は修正特化係数のばらつきの程度を示す標準偏差（分散の平方根）です。一部の産業にまちの経済構造が特化していると特化係数のばらつきは大きくなるでしょうし、反対に多くの産業分野に雇用が分散している場合だと標準偏差の値は小さくなると考えられます。つまり、この値が小さいほど、まちの産業構造は多様性を有していると考えて良いでしょう。図を見ると、標準偏差の小さい（多様性の

多い）市町村のほうが経済基盤乗数も高くなっていることがわかります。

基盤産業からの雇用波及効果が最も高いのは広島市の六・三八であり、次いで福山市が五・三九と他の市町村を大きく上回っています。基盤産業からの雇用の乗数効果の高さは、まちの産業連関のつながり度と産業の多様性を反映したものとなっているので、基盤産業の裾野が広く地域にその産業があること、まちの産業構造が偏っていないことなどが基盤乗数値の大きさの決め手となります。また、乗数値は人口規模とも相関があり、人口規模の小さな町村の基盤乗数が小さいのは産業構成の厚みがないことに加えて、地域の潜在的な労働供給量にも課題があることを示していると言えるでしょう。

坂町《さかちょう》は、常住就業者五七三六人ですが、そのうちの三六・九％が広島市へ、また一〇・三％が呉市へ通勤していて、常住就業者の六一・九％がまちの外に通勤している一方で、広島市や呉市からの通勤流入者も多く、昼夜間人口比率が一・一九五と夜と昼とでは人がかなり入れ替わっているまちです。また、広島市のなかに位置する府中町はマツダの本社工場がある人口が五万人を超える日本で最も人口の多い町で通勤流入者も多いまちです。ここでの基盤乗数の低さは、基盤産業の波及効果が町の周辺に漏出しているからであると考えられます。

雇用力拡大のロジック

産業振興を考える際に、まちの生産額や所得を高めることは重要なポイントですが、むしろそれ以上に重要なことは雇用にどれだけ貢献するかということです。

経済分析で用いられる雇用効果の考え方として、「一単位の生産をするのにどれだけ雇用者が必要か。」という

図4・6　雇用力拡大のフロー：産業連関と経済基盤モデル

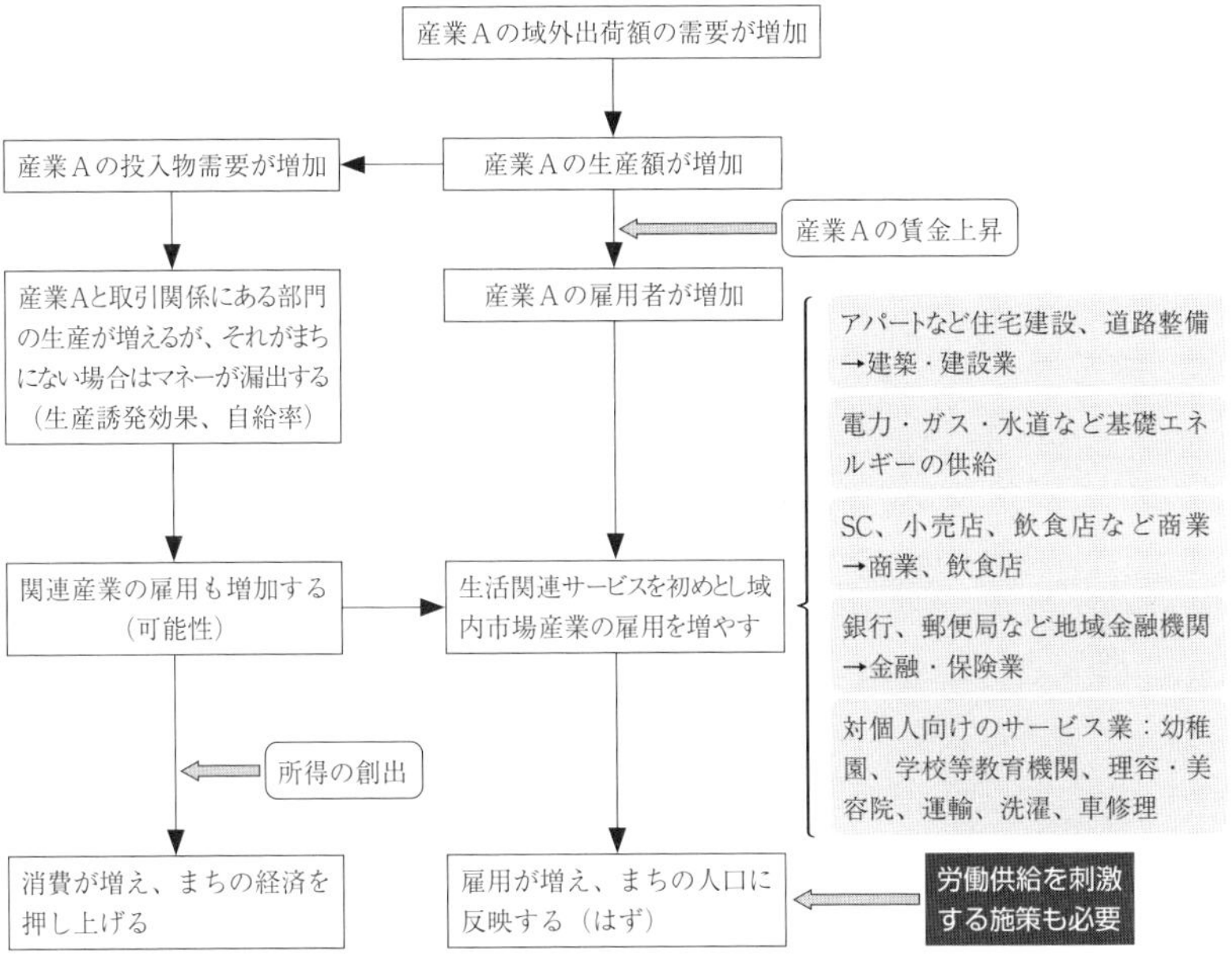

概念をしばしば用います。これを「雇用係数」と言います。例えば、一〇億円の出荷額を出している事業所で八〇人働いているとすると、雇用係数は八〇人÷一〇〇〇百万円＝〇・〇八（人／百万円）となります。この係数を使って考えると、この事業所の生産額（出荷額もしくは販売額）が一億円増えると雇用は八人増えるということになります。

　この考え方を経済波及効果に絡めてチャート化したものが図4・6です。ここでは、産業Ａの移出額が増加したことから始まり、それによる生産額の増加が賃金上昇をもたらします。[＊7] 賃金が高くなることは、産業Ａへの労働移動が起こると考えられます。雇う側からすれば、人を増やす余力ができたことに

＊7　この点は、図4・1で示した移出主導型モデルと同様ですが、以下に労働移動の概念を導入しているところが異なります。

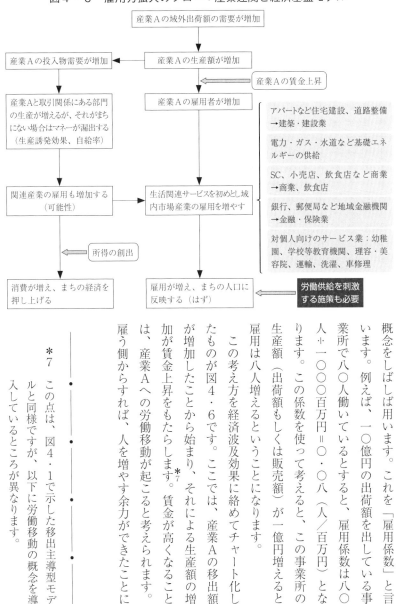

なります。結果的に、それが雇用を増やすことにつながります。

産業Aの雇用増加は、生活関連サービスを初めとする域内市場産業の雇用を増やすことに波及します。これは、経済基盤仮説の考え方です。他方で、産業Aの生産活動の活性化は、その上流産業にも後方連関効果として影響が及ぶことになります。これによって、所得・消費の波及効果が生まれ、全体としてまちの経済水準を押し上げることになります。ただしこれは、あくまでも需要から見た雇用効果の理想型です。生産需要が高まった場合、実際に企業の多くは、

- 生産増加に対しては、機械設備の稼働率を上げる。
- あるいは、臨時雇用の増加で対応する。
- 中長期に生産増が見込めると判断すれば設備投資に踏みきる。
- 本当に人が必要となると雇用者を増やす。

のような対応をするでしょう。反対に、雇用者を増やしたくても労働供給が少ないという実態もあり、それは最近の建設業や福祉・介護分野において顕著です。

実際の雇用量は、労働需要と労働供給のバランスで決まるので、そこには供給が増えない背景を精査する必要があります。賃金の低さがネックであれば、賃金プレミアムを考える必要がありますし、また同時に就労環境が厳しいという問題があればIoTやAI、ロボットなど、投資費用は必要ですが、ある程度の資本代替で対応して、従業者により専門性の高い仕事に従事できるようにして労働生産性を上げ賃金を高くする方向へもっていくことを考える必要があるでしょう。

第5章 まちの構造改革の落とし穴

飛騨の里　世界遺産の白川郷（岐阜県）

図５・１　経済循環と波及効果の流れ

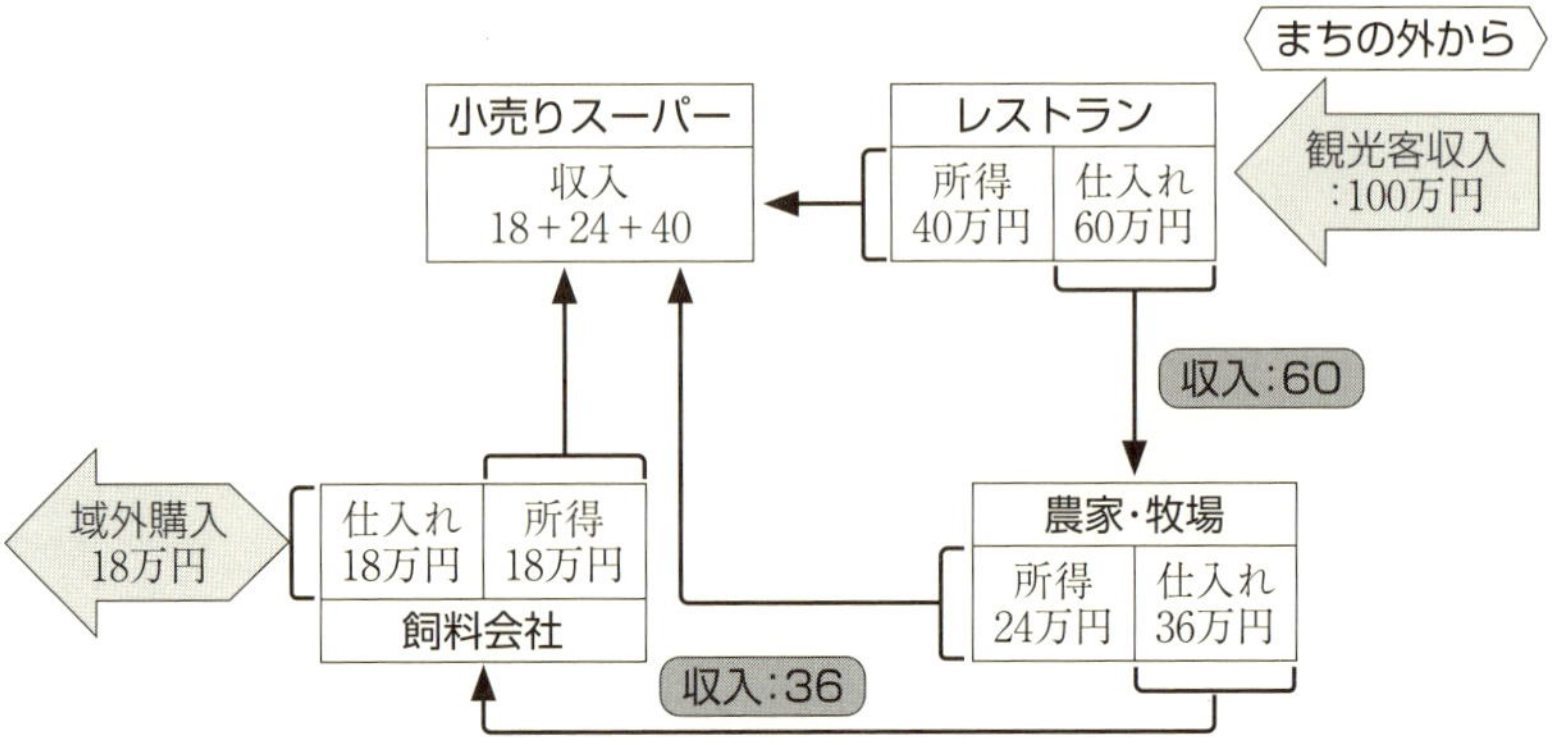

まちの経済循環をこのように考えてきても、地方創生をめざすまちづくりには、幾つかの落とし穴（ピットフォール）が存在しています。それは大きく分けて、「政策の考え方に関する誤解」からくるものと「施策実施に関する落とし穴」の二つが考えられます。

考え方の誤解として、域内循環に関すること、比較優位の誤解、域際収支の誤解などがあります。また施策実施に関しての落とし穴としては、企業誘致について、地域連携の困難さなどがあります。

循環と経済波及効果

まちの経済を活性化させるには、経済波及効果を高める施策が欠かせません。それには、地域内経済循環を向上させることが必要です[*1]。単純に言えば、域外に漏れているマネーを減らすことで、まちのなかで使えるお金を増やすことです。つまり、できるだけまちのなかで調達し、まちのなかで消費することによって域外依存を減らし、まちの所得を増やそうということです。しかし、そこには生産波及効果と所得効果の混同がしばしば見受けられます。これを観光収入の例で見てみましょう。

図５・１は、まちの経済の循環と経済波及効果を見るフローチャート

表5・1　生産波及効果と所得効果の違い

	収　入	所　得
レストラン	100万円	40万円
農家・牧場	60万円	24万円
飼料会社	36万円	18万円
合　計	196万円	82万円
効果倍率	生産波及効果 1.96倍	所得効果 0.82倍

です。まず、まちにやってきた観光客がまちのレストランで一〇〇万円を消費したとします。これは、まちにとっては域外マネーを獲得していることを意味します。このときのレストランの収入は一〇〇万円ですが、材料を農家・牧場から六〇万円で仕入れているので、レストランの所得は四〇万となります。

同時に農家・牧場のほうは六〇万の収入を得るわけですが、他方で農家が飼料の購入をすることで三六万円を充てたとします。そうすると、農家の手元に残る所得は二四万円です。そして、飼料会社はその原材料をまちの外から一八万円で購入して賄っているとします。この場合の飼料会社の所得は一八万円となります。これら三つの段階で生まれた所得は、最終的にまちのスーパーで消費されます。

ここまでのまちの経済効果を表にしたのが表5・1です。このときこの観光収入に関わった主体の収入の合計は一〇〇＋六〇＋三六＝一九六万円で当初にまちに入ってきたお金の一〇〇万円に対して一・九六倍となっています。この収入額に応じて生産活動をしていますので、これがいわゆる「生産波及効果」と言われるものになります。

＊1　地域内経済循環には、九四頁の「域内経済循環の落し穴」があることに留意しておくことが大切です。

しかし、各段階での所得を合計した金額は四〇＋二四＋一八＝八二万円と一〇〇万円を下回っています。この理由は飼料の原材料がまちの外からの購入（移入）に頼っていることによっています。このときの所得効果あるいは付加価値効果は〇・八二倍となります。もし、まちのなかで飼料の原材料が調達できていれば、この所得効果は一・〇倍です。一〇〇万円というまちに入ってきたお金は当然それ以上に増えることはあり得ませんので、最大の経済効果倍率というのは一・〇です。しばしば、経済波及効果が一倍を超えていると報じられることがありますが、それは誘発された生産額であって、所得額あるいは付加価値額が初期のまちに入ってきた金額を上回ることはあり得ません。

それでは、生産波及効果は意味が無いのでしょうか。決してそうではありません。この「生産波及効果」の金額が大きいことは、多くの主体が、この場合観光客の支出に直接・間接に関わっていることを意味しますので、それだけまちのなかでの経済循環率が高いということが言えるでしょう。

経済循環と移出効果

循環することの意義はわかったわけですが、ここでの「循環」とは主としてマネーの循環を対象としています。他にも、ものの循環もあります。リサイクルやリユースなどがそれに相当します。最近はやりのシェアリングエコノミーでも循環が実践されていると言えるでしょう。

地域経済におけるマネーの循環は、体内の血液の循環と同様、とても大切なことです。持続可能な地域経済にとっての必要条件とも言えるでしょう。その典型的なケースとして、「地産地消」があげられます。ただし、「地産地消」の推進も、それがあまり行き過ぎると閉鎖経済のようになってコスト高の状況に陥り消費者の便益が低下します。

そして、「地産地消」の究極の姿は「自産自消」です。つまり、自分の裏庭で生産し、それを消費するということです。でも、これでは「付加価値」は生まれません。自分の生産した物を他人に売ると生産コストに加えて付加価値という利益が生まれます。この利益というのは、購入する側の「便益」に相当するものとして評価されます。つまり、「自産自消」は自分で便益を吸収していることを意味します。これは、持ち家の「帰属家賃」の考え方と同じです。*2

他人に売ることによって得られるマネー（収入）は、さらにその販売先がまちの外であれば、そのマネーはまちにとっての外貨獲得ということを意味します。これは「地産外商」ということになります。まちの経済は「循環」だけでは持続可能になりません。例えば、固定資本は減耗しますので、たとえ人口が増えていなくても経済を維持するには更新投資が必要になってきます。したがって、移出で域外マネーを獲得する必要がでてくるのです。移出を主体的に増やそうとするには、財やサービスの質的向上を伴った多様化、差別化が必要です。そういった努力をすることが、まちのイノベーションにつながることになります。したがって、移出によって域外マ

＊2　賃貸住宅では住宅サービスの対価として家賃を支払いますが、持ち家住宅の場合は住宅ストックから得られるフローとしての住宅利用サービスの価格を自分に支払っていると考えます。これが「帰属家賃」の考え方です。こういったことから「帰属家賃」も自己生産の対価としてまちの生産額に算入されます。

表5・2　雇用が派生する部門

派生する経済活動	産業での対応
住宅建設、道路整備など公共事業	建築・建設業
中間製品の投入での派生	製造業
基礎エネルギーの供給	電気・ガス・水道業
スーパー、飲食店	商業、飲食業
銀行、郵便局など地域の金融機関	金融・保険業
広告、運輸、保守・点検など	対企業向けのサービス業
学校、理容、クリーニング、車修理	対個人向けのサービス業

ネーを増やそうとすることは決してゼロサムゲームではなく、中長期において社会全体としてプラスサムに向かうことが期待されます。まちの経済が自立し持続可能になるには、移出と循環の二つのバランスがその必要条件です。

第2章で示した図2・1は、移出と循環という地域経済の二つの経済要素の役割を、基盤産業と非基盤産業という産業特性に対応して示したものです。基盤産業とは、域外に財やサービスを提供することで域外マネーを獲得する移出産業ともいわれ、地域経済発展のドライビング・フォースとなるものです。一般に農林漁業、鉱業、製造業、宿泊業、運輸業（特に水運）などが該当しますが、大きなまちでは一部のサービス業も移出産業として成立しています。これに対して非基盤産業とは、域内を主たる販売市場としている産業で、建設業、小売業、対個人サービス、公共的サービス、公務、金融保険業（支店、営業所）、不動産業などが該当します。先に定義した基盤産業によって外貨が獲得され、そこから派生需要で生まれる産業であることから非基盤産業とも言われています。

例えば、まちに企業が進出して雇用が新たに一〇〇人増えたとしましょう。この従業者はまちへの転入者で賄われています。また、この企業の製品はすべてまちの外へ出荷されていると考えます。雇用者が一〇〇人増えることとは、当然その家族もいることなので、これによって表5・2のような分野への雇用が生まれることが考えられます。これが、〇・七五倍の七五人であるとします。そうすると、まち全体で一七五人の増加ということになりますが、そこで留まるものではありません。派生された部門で新たに働く従業者も当然こういった派生部門への需要が生まれます。それが同じ割合であると仮定すれば、さらに派生される雇用は〇・七五×七五人ということになります。これが続いていくと、

$$100+0.75\times100+0.75(0.75\times100)+L=100(1+0.75+0.75^2+0.75^3+\cdots)$$

となり、これは無限等比級数の和となるので

$$100\left(\frac{1}{1-0.75}\right)=4\times100$$

となります。つまり、基盤部門である移出産業の雇用者の三倍が派生雇用として誘発され、基盤部門の一単位増加に対してまち全体の雇用者は四単位増えることを意味することになります。これが経済基盤乗数です。

表5・2は、基盤部門の活性化の影響で派生する経済活動と、それに対応した雇用が増えると考えられる産業部門を示した表です。これは正に産業連関表を使った分析につながることを示唆しています。

こういった考え方を経済基盤モデルと呼んでいますが、注意すべき点もあります。域外からお金を稼ぐこととはいわゆる「移輸出主導型」の経済を意味するので、これは別の面で域外経済依存型でもあるのです。したがって、国内経済ならまだしも世界経済の影響を受けることが考えられますので、基盤産業でも国内という内需型と海外という外需型のバランスが地域において必要になってきます。これは、「地域経済構造分析」における「産

業構成のポートフォリオ」を考えることを意味しています。また、成長国へのサービス輸出、成熟国への食材や文化の輸出など、地域資源に由来するものを輸出することも考える必要があります。

域内経済循環の落とし穴

日本全体でのモノやマネーの循環を「大きな循環」とすれば、市町村レベルではもっと身近な意味で「小さな循環」を考えることになります。規模の小さなエリアでは、小水力とか小さな観光サービス（田舎暮らし体験、エコツーリズム）、自地域の木材での住宅建設といった小地域でも可能な「小さな循環型経済」に取り組むことも大切で、地域通貨もそれに該当するでしょう。しかし、気をつけるべきこともあります。

しばしば小規模のまちでは、その具体策として、まちで稼いだマネーの漏出を防ごうと、できるだけ地元産品の購入を心掛けることや地元の小売店での買い物を推奨することが言われます。いわゆる地産地消の実践です。確かにこれによって所得の漏れは小さくなり、まちの経済循環効果も大きくなるでしょう。

ただ、これを追求することが正しい地域経済循環の姿なのかについては、疑問の余地があります。同じ品質であれば価格の安いものを、同じ価格であればより品質の良いものを消費者は選択したいでしょう。域内調達で確かに所得の域外への流出は防げますが、それが行き過ぎると高コスト構造になり、地域居住者の効用はかえって低下することになります。高いものを買うことは地元の生産者の利潤を増やす反面、消費者の効用を低下させることになります。しばしば、主張される域内循環の欠点は、そこに「価格」の概念が欠落していることです。[*3]

同じ品質で高いものを買うことは消費者にとって効用は下がることになり、同時に消費量も減ることになります。生産者にとっては価格が上がると利潤は増えますが、需要量が減ると利潤は増えません。また、それが生活必需品であって消費量を減らすことが困難な場合は、他の物の消費を断念することになり効用は低下します。

そして、得てして見逃しがちなことですが、このまちでの循環効果が上がることは、このまちへ商品を売っていた他地域の移出効果が低下することにつながります。つまり、このまちの所得が上がった分かそれ以上に移出元の所得が下がることになります。経済循環の一面だけを見て判断をしてはいけません。正しい経済循環とは、比較劣位や地域でないものは域外に依存する一方で、地域のなかで優位なものを磨いて外からのマネーを獲得することです。こう言うと、中山間地の小さな村では大都市に対抗できるような優位なものは見つからないという反論もあるかも知れません。しかし、それは比較優位の考え方を間違ってとらえているのです。他都市と比べるのではなく、我がまちのなかでの相対的に得意なものを磨くということです。これは品質のみならず価格優位性も含めてのことですが、それに「より特化する」（資源を集中する）ということでの移出の強化（外貨の獲得）です。

また、外貨獲得のために移出産業を育成することは必要ですが、地域経済の規模が小さい場合（産業集積が薄い場合）は、移出を増やそうとすることで、その財の生産に必要な仕入れの多くを域外に依存することになって

＊3　ものやサービスの消費量で満足度は決まりますが、ここに予算の制約を考慮すると財やサービスの価格が高いと満足度は低下することになります。前者を直接効用と呼び、後者を満足度が最大化されたことから導かれる間接効用と呼んでいます。

しまい、その結果、移入が増加し、かえってまちの交易収支が悪化することがあります。これは移入代替の落とし穴です。これを回避するには、移入代替を試みる財について、どのようなものをどこから調達しているかといった投入産出構造を把握しておく必要があります。ここを見ておけば、重点的な施策をどうすれば良いのかがわかるはずです。地域の身の丈に合った自給が大切なのです。

比較優位の再検討

できるだけ域内循環を高めたい、しかしコスト高の経済は避けたい。それには、どうすれば良いでしょうか？一つの考えは、まちの得意なものやサービスを域外に提供することで外貨を稼ぎ、それでもってまちの不得意なものを域外から購入することです。

それでは、特化係数が一を上回っている産業を稼ぐ力がある産業として、これをさらに伸ばしていくことが良いのでしょうか。あるいは、いまは稼ぐ力はないけど、やがて伸びる可能性があると思われる産業の育成に取り組むべきなのでしょうか。

地方版総合戦略を読むと、しばしば「まちの比較優位な産業を伸ばしていこう」といったフレーズがあります。このときの比較優位とは、例えば、ある産業の出荷額が他の地域と比べて多いというような優位性をいうものではありません。あくまでも自分の地域のなかでの相対的に生産性が優れているもの（産業）のことです。それは、自地域のなかで労働生産性のより良いもの、その進展型として全要素生産性のより高いものが該当します。*4 そういった産業を見つけ育てていくこと、さらにそれに特化していくことが大切であるという意味です。これはリカードの比較生産費説に基づいた考えであり、一国の産業振興のあり方に対してもこの考えが使われることもあります。

しかしながら、多くの場合はその比較優位な産業に市場性があるかどうかまでは言及されません。比較優位な産業に特化するに当たっては、(潜在)需要が十分にあるか、価格優位性があるかといった市場性の概念が必要であるかどうかの判断が大切です。いくら優位性があるからといってその財の生産に特化しても売れなければ意味がないからです。また、売れても潜在的な需要が小さいと、いくら頑張っても稼ぐ力は大きくなれません。価格優位性とは、市場で直面する(他の財との)相対価格の問題であり、他の地域における比較優位な産業と比べて価格的に優れているかという判断なのです。仮に価格に関して優れていない場合は、製品差別化ということで対抗するしかありません。これは、経済用語で言うと「代替の弾力性が小さい」、つまり簡単には取り替えがきかないものを生み出すということであり、これにはイノベーション(技術力)が必要となってきます。実際、今治タオルは、高品質素材に向けてブランド化し、大きく回復した経験を持っています。

地方創生では、まちの比較優位なものに磨きをかけてブランド化し、外貨を稼ぐ産業に持って行こうとするこ

＊4　労働生産性は生産額を労働者数と労働時間の積で割ったものです。これだと、労働から機械への代替が進むと労働生産性は高まります。資本生産性は、生産額を資本ストックで割ったものです。労働の質が高まれば、資本生産性は高まるでしょう。それでは、労働と資本を合わせた全投入要素に対する生産性とは何でしょうか。これは生産における全投入要素の貢献を除いたもの、すなわち技術水準だということになります。異時点であれば、技術進歩です。

とがあります。特に、地方や中山間地の自治体では、前にも述べましたが、比較優位なものとして「外貨を稼ぐ一次産業」に期待をします。しかし、一次産品は製造品とは異なり一次産品は供給時期の問題がつきまといます。また、労働に見合う収入が見込めないことから担い手の問題も生まれています。こういった供給の側面についても、ＩＴ関係の設備投資などで労働生産性を上げていく工夫とそれに対する財政支援が必要でしょう。

域際収支の解釈

このように移出をすることで外からお金を稼いでくるということは大切なことであり、それに関連して地域経済の自立性を見る尺度として「域際収支」がしばしば用いられます。「域際」とは「国際」に対比した「地域間」のという意味を持っています。そのときに使われる収支とは、地域が地域外に販売した額や地域外の人や企業にサービスを提供した額と、地域外から財やサービスを購入した額との差として定義されています。確かにこの数値がプラスで大きいほど地域経済は黒字であり、それは自立していることの一つの証と言えるでしょう。

しかしながら、これはあくまでも域際収支を構成する一つです。そこには地域間の所得の移動である所得収支、地域を越えて投資が行われる資本収支の概念が抜けており、域際収支を国際収支のアナロジーとして用いるのであれば、交易収支に加えて個人や企業の所得移転や域外からの投資なども考慮に入れておく必要があります。産業連関表で移輸出から移輸入を引いたものを域際収支として使われますが、正しくは交易収支と言うべきでしょう。

生産活動から生まれた付加価値額が所得として分配されるのですが、それが地域外に出て行くほうが入ってく

図５・２　通勤流動と所得の流出入の関係

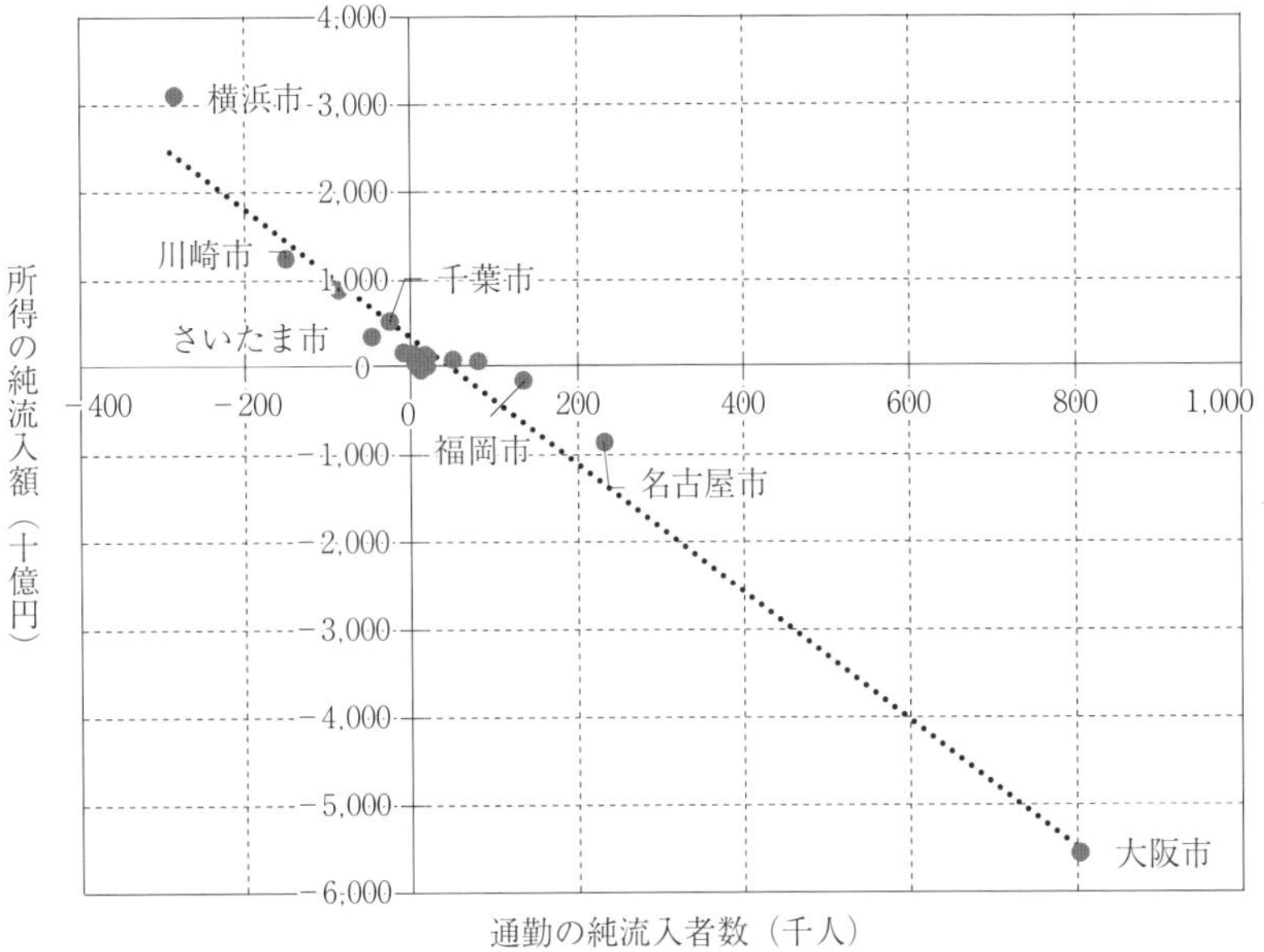

注）政令市の市民経済計算と2015年の国勢調査（総務省）の統計数字から作成。

る額よりも多い場合は、地域での使える所得は生み出された所得より小さくなるので所得収支はマイナスとなります。一つの地域就業圏域のなかでの中心都市は、そこでの従業者の多くが周辺の自治体から通勤していることが多いです。合併によってその程度は小さくなりましたが、周辺の市町村に所得が流出しているほうが流入しているより多いです。

図５・２では、市民経済計算の支出項目が推計されている政令市を対象に、横軸に市への通勤純流入者数、縦軸に市外からの所得の純流入額をとってプロットしたものです。ここで、「市外からの純所得」というのは、市民が市外から受け取った雇用者報酬や財産所得と、市外居住者に市内から支払われた雇用者報酬や財産所得との差額です[*5]。これは通勤だけに由来するものではありませんが、図５・２からは、両者に非常に高い相関関係があることがわかります。最も通勤純流入の

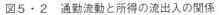

多い大阪市は八〇万一〇〇〇人で五兆五〇九〇億円の所得の純流出となっています。反対に、横浜市は二八万九〇〇〇人の純流出に対して三兆一二一〇億円の所得の純流入となっています。

実際に回帰線を引いてみると、その決定係数は〇・九六七で直線の傾きは、マイナス七・四三と推計され、ここから一人当たり年間で七二七万六千円の所得移動であるということが読み取れます。

また、投資についてですが、地域の貯蓄に対する投資需要の不足は、第3章の図3・6で示したように有価証券やコール市場での運用という形でまちの経済循環システムからの漏出となります。このように資金が外に投資されている場合は、まちにとっての資本収支は赤字となり、逆に域外からの投資であれば黒字となります。結果、域際収支の赤字分は、国からの財政移転や将来世代からの借金によって賄われています。いま必要な資金を他地域や将来世代に依存して、なんとかやりくりしている経済となっています。

スモール・オープンの意味

ところで、まちの経済は国民経済に比べて人や物の出入りが多いという意味での開放性が高いのが特徴です。そこでは、しばしば、「スモール・オープン」ということが仮定されます。これはもともと国際経済学における小国の仮定によるものです。例えば、人口が一〇〇〇万人程度の小さな国の経済が活性化しても世界全体の経済に影響は与えることはないというスモール性が一つです。そして人口の出入りが自由というところでのオープン性があれば、小国の経済が活性化するとその国の所得水準が高まることで人口の流入が生まれますが、やがては世界の所得水準と等しくなるところで落ち着きます。ここに（この国の経済変化が世界経済に与える影響は無視できるくらい小さいという）スモール性の仮定があります。また、限界生産性が逓減するという新古典派経済学の暗黙の前提もあります。

この考えを地域経済に適用した典型的なモデルがArmstrong and Taylor（翻訳は二〇〇五年刊）による基盤と非基盤の二部門モデルです。[*6]そこでの基盤産業（製造業とは限りません）は、移出産業です。移出需要が伸びればその産業の労働需要が高まり、同時により高い賃金をオファーすることが可能となります。当初は、基盤部門と非基盤部門は賃金水準の観点で均衡状態ですので格差はありませんが、この段階で基盤部門のほうが高くなります。これが地域内での部門間の労働移動、つまり域内市場産業である非基盤部門から域外市場産業である基盤部門への移動を引き起こします。しかし、やがては限界生産性逓減の前提があるので、出て行く部門の賃金が上がり、流入する部門の賃金が下がることで、新たな部門間の均衡状態に行き着きます。そこでは、まち全体として当初より少し高い賃金水準になっています。そうなると今度はオープン性の仮定から域外からの人口流入が起きます。しかし、スモール性の仮定があるので、少々高くなった賃金水準は、まちに人口の流入によって、それまで一国全体が持っていた賃金水準とやがて同じところに戻ることになります。もちろん、結果としては、基盤産業の発展で地域の人口が増えることになります。

この理論はとてもスマートですが、背後にはいくつかの前提があります。まず、現代の都市経済において、基

＊5　概念上、市民の所得と要素所得表示の市内純生産の差額に等しくなります。

＊6　詳しい説明は、「都市と地域の経済学」（有斐閣ブックス）の二〇五～二〇七頁にあります。

盤産業の移出需要が増えるとはどういうことでしょうか。確かに、周りの地域の嗜好の変化や所得の向上もあるかもしれませんが、多くは移出財の品質向上や差別化があるからで、そこには技術の進歩があるはずです。このときに資本への代替が起きる技術進歩であれば人は減りますが、中立的であれば人は減りません。雇用効果を考えるには、労働生産性の高まりだけではなく、資本生産性も考慮した全要素生産性の向上でとらえることが必要ということになります。

移出需要の拡大で限界生産性価値が高まるので、賃金は上がることになります。そして、これによって同じ就業圏域のなかで産業間の労働移動が起きるということですが、観光需要から派生する労働需要の場合は別として、移出財の生産にはどちらかというと専門・技術職的な労働力であることが多いので、そう簡単には域内での労働移動が生まれるとは考えにくいです。むしろ域外からの流入によって賄われるケースが多く、その場合でも職種によっては賃金が下がることはなく、集積の経済効果で収穫逓増によって賃金は上がる可能性もあります。

他方、現実に目を向けると、労働需要が強いのは介護関係ですが、労働集約的であるため賃金は高いとは言えません。もちろん、賃金が高いと、オープン性によって域外からの従業者の流入は見込めます。ただこの場合は基盤産業からの派生というのではなく、長寿社会という社会潮流による需要です。また、介護・福祉関係の分野は域外からマネーを稼ぐ部門とは考え難いですが、こういった分野での利用者には年金受給者が多いということを考えると、介護・福祉分野も域外からのマネーの流入を伴っている活動と位置付けることもできるかもしれません。[*7] そうであれば、これを基盤産業と位置付けて、そこから派生する分野を域内で賄えるようにすることが地域経済循環を高めるやり方になってきます。

派生という観点からすれば、移出が増えると製造現場だけではなく、関連するサービス業など非基盤産業へも生産需要は波及しますので、そこでも雇用が増える可能性があります。ここでの非基盤産業の生産や雇用の増加の程度は、正にまちのなかでの基盤と非基盤の連関構造が構築されているかどうかに依存します。一次産業が基盤産業のまちで、（非基盤÷基盤）という経済基盤比率を計算すると、製造業を基盤とするまちよりも基盤乗数値はかなり小さく出ます。これは、一次産業から下流へ行くサプライチェーンができていないからです。つまり、農産物や海産物をそのまま移出していることを意味しています。あるいは、他のまちで加工されていることを意味しています。

まちの生産性と雇用の誤解

我が国の経済では、従来からサービス業の生産性の低さが課題となっています。これは先進の諸外国と比べて頻繁に言われるのですが、サービスの質を考慮すると必ずしもそうでもない気もします。ただそうであっても製造業に比べると、サービス業は対人型で労働集約的な業態が多いことからどうしても労働生産性は低くなります。例えば、兵庫県の県民経済計算で二〇一四年度の労働生産性を産業別で比べると、製造業が一二〇七万円であるのに対して、卸・小売業が五〇七万円、サービス業が四〇八万円と三倍近い開きがあります。しかし生産額の構成比では製造業が二五・四％ですが、卸・小売業の九・五％とサービス業の一七・七％の二つを合計すると製

＊7　ただし、自治体にとっては健康保険や介護保険などの保険料の負担が増えるマイナスの側面もあります。

造業に匹敵するのです。県のＧＤＰへの貢献度も大きいことから、サービス業の生産性を高くすることは地域政策的にも重要な課題と言えるでしょう。

サービス業の生産性は、製造業のように簡単に考えることは難しいかも知れません。製造業では、性能の良い機械が導入されると人件費を削減することが可能です。同じ付加価値で少ない労働力ですから、労働生産性は上がります。サービス業の場合ですが、介護の分野にロボットが導入されたとします。その分人減らしが可能になるかも知れませんが、サービスというのは物の生産とは違って質的には無限の可能性を持っていますので、労働の質が向上すれば、（今までできなかったようなあるいは考えられなかったような）もっと高質なサービスを提供できる業務に就けます。これは、サービス業における供給面の進化（イノベーション）であり、これがあれば決して人減らしにはつながらないでしょう。

物の生産における品質の向上は資本設備の進歩が可能にしますが、サービスの質の向上には人が必要です。そのぶん、製造業ほどは人減らしにはつながらないと思います。もう一つ人減らしにならない理由としては、高齢化の進展で福祉・介護分野を中心とした労働需要が増えるスピードが、生産性を高めるような技術進歩を上回ることも考えられます。

サービス業の生産性向上

これはあるアパレル関係の小売りに関する話です。店では店員は接客業がメインの仕事ですが、現実には接客以外に一万点に及ぶ商品の管理に追われていました。これまで商品のバーコードを一枚ずつ読み取っていたため、一つのコーナーで一時間かかっていました。しかし、ＩＣタグを導入し、なかのアンテナから電波を発する専用機械を商品に向け電波を受信することで、一度に複数の商品を読み取ることができるようになったのです。かかった時間は三五秒。その結果、作業時間は店舗全体で三〇時間から三時間に短縮されました。これによって、スタッフはより接客に時間を向けることができ、それが販売力の強化につながったのです。

一般に、アパレル販売の仕事は付帯業務が多くなりがちで販売員としてやりたい仕事が削られてしまうのですが、接客による効果で売り上げが向上し、労働力を削減するどころか従業員を増やせるようになります。また生産性向上で、隙間の時間が生まれ新サービスが生まれる可能性もあるでしょう。こういったことは、人手不足と言われるサービス業、特に介護関係の分野でも十分可能性のある話です。

宿泊業でも観光地の旅館の場合は、結構労働集約的なところがあります。これは、箱根のある老舗旅館の例ですが、ここでは生産性を上げるために、これまでの当たり前であったサービスが本当に必要か一から見直しました。一つは従業員の仕事を減らしたことで、もう一つは働き方を見直したことです。前者については、お客の靴の上げ下げ、部屋への案内、部屋の布団を敷くことなどをセルフサービスにし、それを宿泊費に還元しました。これによって従業員の仕事の時間は二時間以上削減され、また宿泊代も半額となり競争力が向上したのです。働き方の見直しでは、フロント係がチェックインのピークが過ぎた後にはレストランで夕食の配膳係も兼務、フロントにいればレストランに来たお客の顔もわかっているのでより良いサービスができます。これらのことで一人当たりの生産性が、これまでの三・五倍の五千円にアップしました。そして、従業員はこれまで以上に休日を確保可能となったのです。

おもてなしの内容が客の本当に望んでいたものかどうかを見極め、そこから生産性を上げたことで従業員の満足感が向上します。そしてお客の印象も良くなり、収益も伸びるという好循環をもたらしたのです。

まちの生産性

このように一つ一つの事業所が自らの生産性を高めていくことは産業振興にとって重要なことですが、市町村の立場からすれば、これらを集計した「まち全体」として見たときの生産性のほうにより関心が注がれます。

中小企業が多いまちの場合だと、大企業の大型工場が立地するところと比べれば、どうしても労働生産性が低くなります。中小企業と大企業を比べた場合、従業員あたりの資本装備率が大企業ほど高い傾向があるからです。しかしながら、大企業の工場はそれ単体で生産できるものではなく、仕入関係など中小企業と有機的なネットワークを形成しつつ生産活動が行われていることから、まちの中小企業の存在は、大企業の高い生産性に間接的に貢献しているといえるでしょう。

また多くのサービス業は対人で行われることからその生産性は、人口集積や密度にも依存します（第2章の図2・4を参照）。したがって中山間地など密度の低い地域は、人口集積のある高密度な都市部に比べてサービス業の生産性はどうしても低くなります。それを補うには、まち全体としての生産性を上げる工夫が必要で、それには人口集積度に規定されないＩＣＴを活用したネットワーク型サービスの創出とそれに基づく他分野の産業との連関効果を生み出す産業構造の構築が求められます。

ＩＣＴを使える人材は高い付加価値を生み出すので労働生産性も高くなるでしょう。地方移住戦略などで人材誘致を積極的に行うことによって、地域の生産性向上に結びつけることが可能です。人口集積に弱い地域ながら

図５・３　付加価値の変化率と労働生産性の変化率の関係

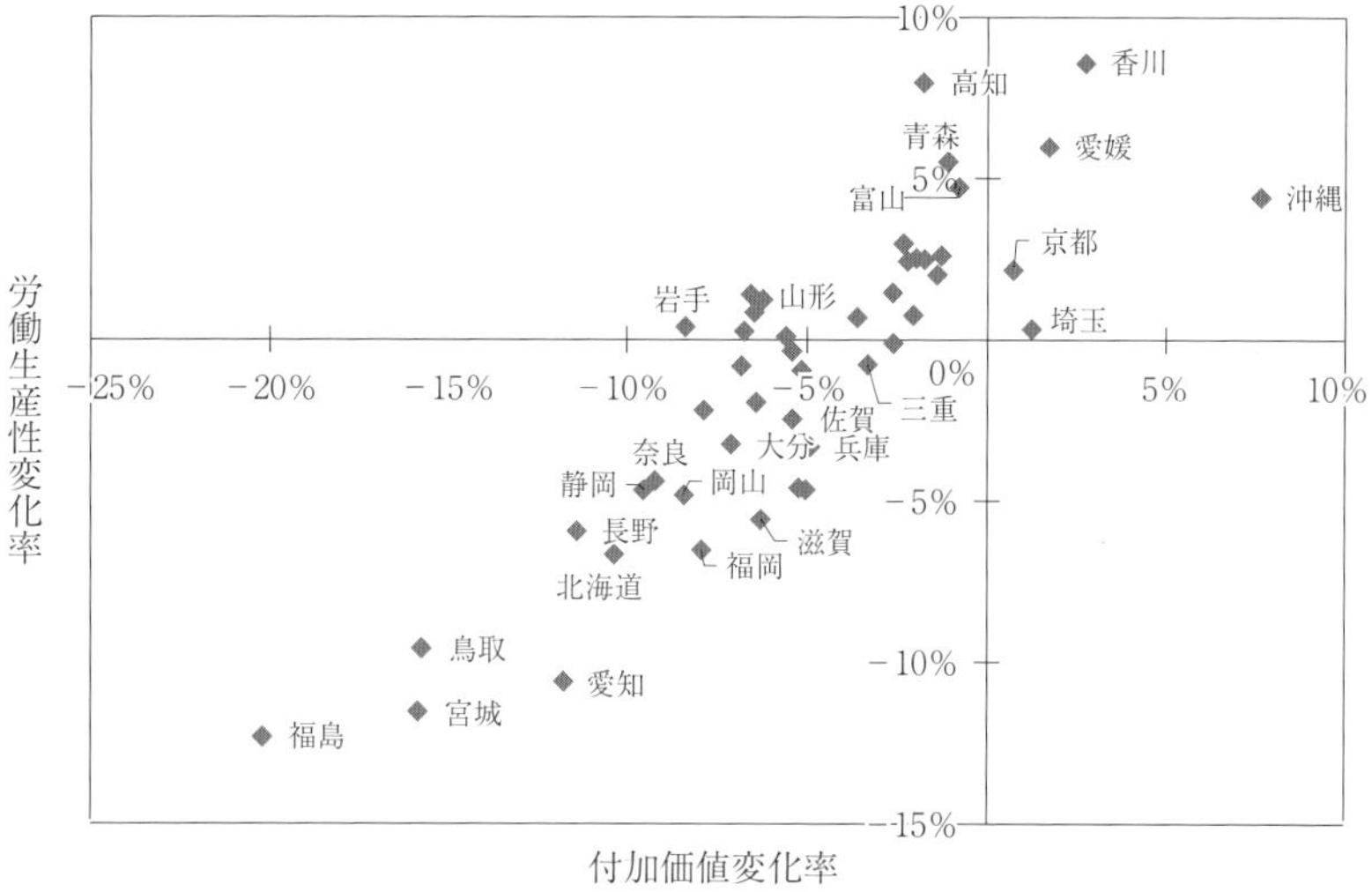

注）2005年と2011年の各都道府県の産業連関表の計数に基づいて作成。

も「まちの創造性、イノベーション」を人材誘致で発揮して、生産性を向上させる。併せて、域外へ財やサービスを提供する「稼ぐ力」を身につけ、それによって稼いだマネーをまちのなかで循環させていくのです。

図５・３は、都道府県単位ではあるのですが、その産業連関表から二〇〇五年～二〇一一年の付加価値額と労働生産性の変化率の関係を見たものです。両者の相関係数は〇・八六と有意な関係を示しており、付加価値の伸びは労働生産性の向上に寄与していることが読み取れます。

企業誘致の落とし穴

今日もなお、ほとんどの地方自治体では企業誘致に熱心です。たとえ、誘致企業は景気が悪くなるとまちから出て行ってしまうといわれても、まちの雇用吸収に即効性があって、地域の生産額も視覚的には増えるからです。

確かに生産額（出荷額）は増えるでしょうが、雇用は

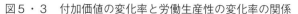

本当に増えるのでしょうか？　まちの雇用が増えるということの意味は、求職中の人の雇用先となるとか新卒者の就職先になる、まちの外からの転入者が増えるといったことです。それまで別の企業で働いていた人が転職で移ってくるということは真の雇用増加にはなりません。

また、誘致した企業がどのような人材を必要としているのかも留意しておくべきです。地元で人材が供給できるかどうか。せっかく雇用の機会が増えても、地域にそれに見合った労働供給ができないと地域振興にはならないからです。こういったことを疎かにして、企業誘致すればなんとかなるという考えは改めるべきでしょう。

そもそも、企業誘致には戦略が必要です。一つは、いまある企業の景気変動に対する反応とはできるだけ逆方向になる企業の立地を考えるべきだということです。例えば、輸出企業は円安には良いが円高には打撃を受けることになります。こういった企業が地域経済の中心であると、地域経済は為替レートに敏感となり、安定性を欠くことになります。したがって、地域の産業構成には、できるだけ多様性を必要とします。

もう一つは、地域の経済循環を考えた誘致施策です。誘致した企業の生産活動で、仕入れ品の多くが地域外からで、地域に落ちるのは従業員の給与だけだという話は少なからずあります。地域に供給源がない場合は仕方がないですが、食料品製造業の場合は地元からも供給が可能な場合もあるでしょう。こういった現実を考えないで、誘致した企業の経済波及効果を推計すると過大評価になってしまうことがしばしば見受けられます。データは、あくまでもこれまでの趨勢です。具体的な立地企業に経済循環の構想を念頭においた調査・ヒアリングやグローバル情勢を読んだマーケット分析が必要となります。

図５・４　市町村間の外部経済と不経済

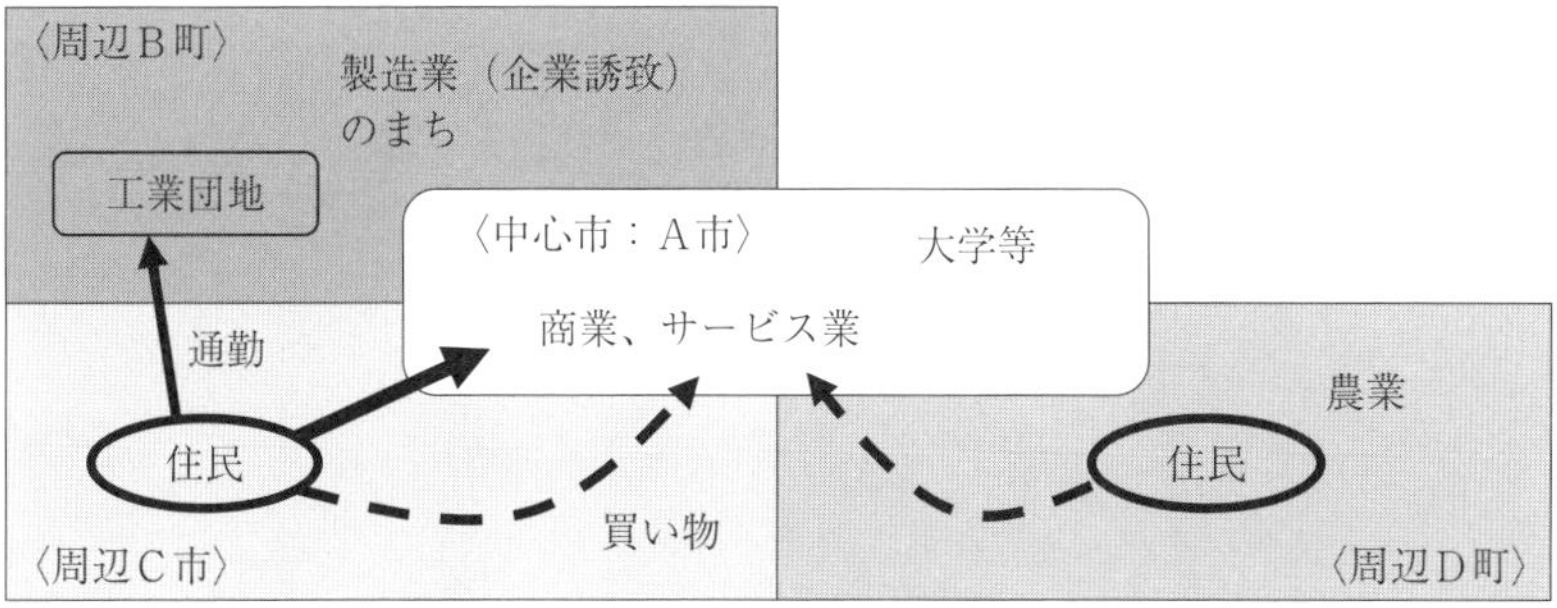

自治体政策の落とし穴

地方自治体の政策の落とし穴は、どうしても他の自治体との連携が考えにくいというところです。市町村長さんはそこの住民の投票によって選ばれていますので、我がまちのことが最優先です。これは当然のことですが、このことがしばしば誤った地域間競争を生み出すことになります。

図５・４は、自治体間の連携の困難性を示すその一つのモデルです。図のＡ市は地域就業圏域のなかの中心的まちで、商業活動も活発です。このＡ市の商業活性化を考えると、隣接するＤ町の農業従事者の買い物は重要な収入源であり、逆にＤ町の農業振興は（町の所得を向上させることで）Ａ市に対して消費の外部経済をもたらすことになります。

しかしながら、Ａ市は隣町であっても異なる自治体であるＤ町の農業振興は行わないでしょう。仮にＤ町の農業振興がうまくいかないと、町は宅地化と大規模小売店の誘致を推進するかもしれません。その結果、Ａ市の中心部が空洞化という外部不経済も生まれます。

また、周辺のＣ市は郊外の住宅都市です。その多くの住民がＢ町の工業団地に通勤しており、従業者がＢ町で稼いだ所得について、その住民税はＣ市に入ります。この意味でＣ市にとってＢ町の製造業の出荷額が増えることは意味があります。B町は税収増と雇用創出を考えて工場をもっと誘致しようとしますが、B町の固定資産税は増えても雇用はC市で増えることになります。つまり、B町にとってあまり雇用効果が生まれないことになります。それに対して、郊外住宅地であるC市は工場誘致で雇用創出をしようとする施策をとるとは考えにくいでしょう。

総合戦略の実施は、基本は市町村単位なので、このようなことが生じる可能性は否定できないでしょう。繰り返しになりますが、それぞれの自治体の首長は、その自治体の住民によって選ばれているのだからです。こういったことを克服するのに地域連携が意味を持ってくるのですが、各自治体の建て前と本音が交錯するなかでは、実効性のある地域連携を行うにはもっと広域的な自治体である都道府県が本来調整すべきことでしょう。*8

連携の経済的便益

さてこういった地域連携をすることのメリットはどこに見出すことができるでしょうか。個別の市町村で見ると、エリアが小さくなればなるほど産業構造には特化傾向が出てくる（生産できない物が多くなる）ので、特化係数のバラツキは大きくなるでしょう。それは他地域依存型の漏出経済を示していることでもあります。しかし、就業圏域や都市圏域で経済をとらえると、産業の特化係数の変動は小さくなってきます。

次頁の表5・3は、経済センサス基礎調査（二〇一四年）の産業中分類（九七）の従業者数で求めた特化係数九七の分散、国勢調査（二〇一五年）からの常住人口、常住就業者、それと松山市への通勤流出率を表したものです。これをみると、最も人口規模の大きい松山市の特化係数の分散（ばらつき）が小さく、人口の少ない砥部町の特化係数のばらつきが大きいことがわかります。分散（ばらつき）が小さいということはそれだけ産業が多

表5・3　松山間就業圏域の特化係数の分散と人口・就業者、通勤流出率

	特化係数の分散	常住人口	常住就業者数	松山市への通勤流出率
松山市（中心都市）	0.65	514,865人	234,503人	—
伊予市	0.93	36,827人	18,310人	27.5%
東温市	1.57	34,613人	16,192人	34.3%
松前町	1.40	30,064人	13,948人	40.1%
砥部町	1.83	21,239人	10,489人	39.5%
松山地域就業圏域	0.46	637,608人	293,442人	

様化しており、域際収支のバランスが取れていると考えられます。また、松山就業圏域全体での特化係数の分散の値を示していますが、この数値はすべての市町において分散は小さくなっており、広域圏で考えることで地域の特化度は低下するものの産業の多様性が高まることで基盤産業からの波及効果も漏れが小さくなり、互いに連携していくことの経済的なメリットがあることを示唆していると言えます。

広域連携のメリットとして、市町村の枠を超えた広域連携によって経済主体間のつながりを高めることができれば、一つの自治体ではない多様性をもつことができ、結果的に雇用乗数値を高めることにつながることがあげられます。地域はつながりの多様性を持つことが必要ですが、人口規模の小さい自治体では容易なことではありません。広域連携というつながりによって特化係数のばらつきは小さくなり雇用の乗数値は上がることになります。

＊8　地域連携を地方創生の加速化交付金においても申請のキーワード（要件）に「連携」がありました。自治体間の連携や企業、大学との連携も掲げられています。

第6章 地方創生の原点：まちの存在理由

大航海時代を象徴する石碑「発見のモニュメント」
(リスボン，ポルトガル)

地方創生との関係

多くの地方自治体では、高齢者は増える反面、若い人が雇用機会の多様性を求めてより都会へと流出していきます。前者は亡くなる人の数が増えていることを意味し、後者は出生数の減少につながります。結果として自然減となります。

図6・1は、二〇一七年の市町村と東京特別区の二三を合わせた一七四三の自治体数を基準として、住民基本台帳で捉えた自然増加数（＝出生者数－死亡者数）がマイナスとなった自治体の割合を示したものです。一九七九年度（昭和五四年度）では八％（一四六自治体）であったのが一九八七年度あたりから急速に増え始めてきたことがわかります。一九九七年度にはほぼ半数の自治体でマイナスとなり、その後も一貫して自然純減の自治体は増え続け、近年の二〇一六年では八九％の一五四四自治体で自然減となっています。

また、若い人は今の居住地よりもより都会へという転出傾向が続いているので、若い人たちがまちから減ってきました。その結果として、そのまちを出て行く人の全体数も減ってきました。若い人の転入には、産業を創り雇用を生み出し、定住促進に向けた有効な施策を実施したいところです。それには、その施策に至るまでに問題となっている事象の因果関係を客観的数字に基づいて把握しておくことが施策の有効性を高めることになります。これを突き詰めていくと、我がまちの存在基盤、生活の糧が何なのかという「まちの存在理由」に立ち返っておくことになります。地方創生の原点は「まちの存在理由」、もう少し突き詰めると「まちの存立基盤」を把握しておくことなのです。

中山間地にある市町村では、しばしば林業、農業、鉱業に代表される基盤産業の優位性が失われたことでまち

図６・１　自然増加数（出生－死亡）がマイナスの市区町村の割合

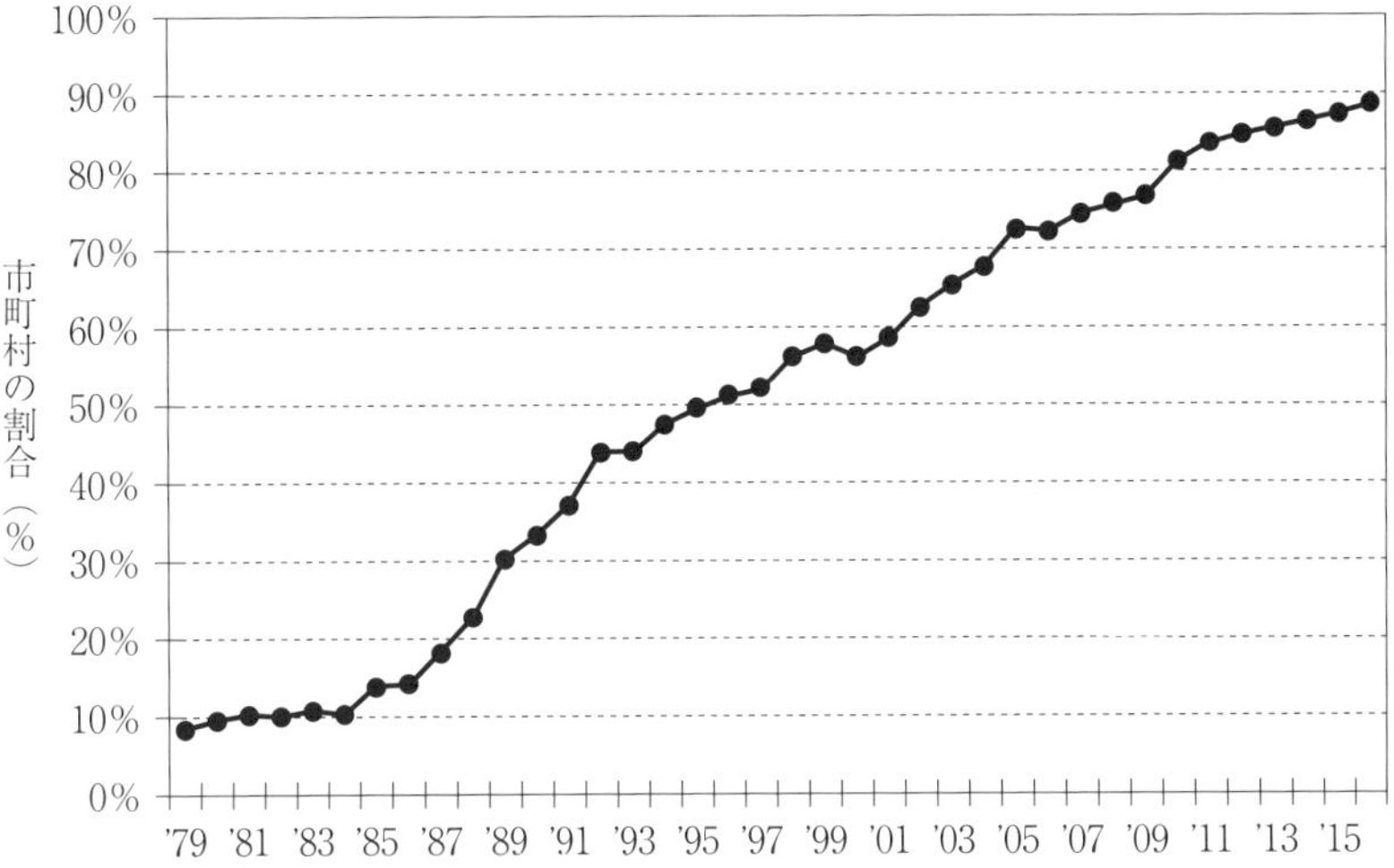

注）「住民基本台帳に基づく人口、人口動態及び世帯数」（総務省）からの数字に基づいて作成。

の活力を失ってきたところが多いようです。そこから派生する産業が見い出せないことから、家を継ぐことのできない長男以外がより雇用機会の豊富な大都市圏へ転出していくことになり、これが高度経済成長期以降も長く続いてきました。もし生活の糧となる基盤産業をきちんと認識していて、そこからの派生産業がまちのなかで多く生まれていたのであれば、雇用機会も維持でき、若い人たちの都会への流出はもっと防げたでしょう。

まち（都市）の存在理由

それでは、その「まち」はどうして存在するのでしょうか？　これは「都市の存在理由とは何か」ということにも言い換えることができます。そして、これを考えることは持続可能なまちづくりや都市の形成を目指すことへの出発点といえます。

「まち」あるいは「都市」というのは人口が集積しているところです。つまり、相対的に人が集まっているところで、人口密度の高いところといえます。人々は一般に生活の糧を得るために働き、生活を楽しむために消費をします。反対に、生活のために消費をし、消費をするために生産活動をする人もいるでしょう。「まち」とは、人々が消費する場所であり、人々が生産する場所でもあるのです。そういった場所には、いろいろな店舗ができてきます。まちの存在を考えることは、どうして人は集まって住むのか、どうして人は集まって仕事をするのかということを考えることと同義なことといえます。

それでは、なぜ人は集まって住むのでしょうか。一言でいえば、それはバラバラでいるよりも集まったほうが良いという「集積の効果」があるからです。具体的に言うと、規模の経済と無視できない移動費用の存在です。もし規模の経済がない世界だと、各世帯はそれぞれが自分の裏庭で生産活動をし、それぞれが離れて住んでいても自家生産・自家消費をしているのでデメリットはないでしょう。人々が集まって働くのも同様の理由です。仕事上のコミュニケーション費用の存在、特にフェイス・トゥ・フェイスの重要性があげられます。

集まるというメリットは、一般に居住空間よりも業務空間において大きいと考えられます。そうすると、業務機能（生産機能）は自ずから中心部に位置し、その周りに居住空間、すなわち住宅地が形成されていくことになります。[*1] 中心部の業務的機能が高ければ、それだけ土地は高度利用されることになり、それが居住空間の郊外化現象をもたらすことになります。

岡山県のまちの例

住む人々や働く人々が集積したまちといっても、それぞれ集積の要因は様々です。県庁所在都市といった行政上の役割を持ったまち、大きな工場が立地し、それと関連した事業所などが立地してまちが形成されている企業城下町と呼ばれる工業都市、地場産業や伝統産業など軽工業を中心に発展したまち、雇用機会のある中心業務機能のある都市へ通勤者を送り出す郊外の衛星都市、そして都市と言えるまでの人口集積には至っていませんが、林業や農業を基盤産業とする中山間地に位置する町村も広義のまちとなります。それぞれ立地環境や産業構成などに特徴があるのですが、共通しているまちの存立基盤は何かしらの移出部門を持っているということです。

これらについての理論的な説明をする前に、岡山県内の市町村を例にとってその都市集積の要因を考えてみましょう。

次頁の表6・1は、岡山県内で平成の町村合併で新市となった以外の市に対して、第4章で解説した特化係数を用いて、まちの存立基盤となる移出産業を抽出した表です。

岡山市は県庁所在都市であるので、全国展開企業の支社・支店のみならず、岡山県内で活動している企業の本社立地、国立大学、大病院あるいは中央郵便局のように県内での拠点施設が集積しています。これは多くの県庁所在都市にとって共通にいえることです。これらの存在は、岡山市のみならず県内の他の市町村に対してサービスを提供していることを意味しています。表の特化係数でも、岡山市内に中央郵便局がある理由で郵便業は二・

＊1　これは都市経済学で都市内の土地利用を記述する際に用いる「付け値地代理論」で説明されます。一定の効用水準もしくは利潤を前提として、当該地点に対して支払える（最大の）金額という土地利用価値を評価した結果です。

表6・1　特化係数が上位の産業（中分類）

	岡山市		倉敷市		玉野市		備前市	
	上位10産業	特化係数	上位10産業	特化係数	上位10産業	特化係数	上位10産業	特化係数
1	郵便業	2.46	石油製品	8.14	輸送用機械製造	8.04	水運業	34.74
2	繊維・衣服	2.04	鉄鋼業	7.43	水運業	7.76	窯業・土石	26.87
3	貸金業、クレジット	1.64	繊維・衣服	4.84	繊維・衣服	5.54	水産養殖業	11.85
4	放送業	1.59	ゴム製品製造	4.11	木材・木製品	3.08	はん用機械	11.26
5	無店舗小売業	1.56	化学工業	3.00	化学工業	2.74	倉庫業	7.01
6	印刷・同関連	1.46	運輸附帯サービス	2.63	機械等修理業	2.42	木材・木製品	4.97
7	繊維・衣服等卸売業	1.45	輸送用機械	1.99	娯楽業	2.27	化学工業	4.15
8	銀行業	1.34	郵便業	1.85	水道業	2.13	ゴム製品製造	3.76
9	道路貨物	1.33	設備工事	1.79	廃棄物処理業	2.10	パルプ・紙・加工	3.45
10	機械器具小売業	1.33	機械等修理業	1.70	技術サービス業	2.08	協同組織金融業	2.55
	特化係数の標準偏差	0.41	特化係数の標準偏差	1.25	特化係数の標準偏差	1.31	特化係数の標準偏差	4.69

四六と最も大きい数値となっています。また、放送業（一・五九）や地方銀行の本店もある銀行業（一・三四）も上位にあります。岡山県南の伝統的産業である繊維産業も移出による都市基盤となっており、同時に関連する卸売業の特化係数も高いということは産業間のつながりがある状況を意味しています。上位一〇産業には入っていませんが、鉄道業（一・三三）、保険業（一・二五）、医療業（一・二二）などのサービス産業も特化係数が一・〇を上回っています。県庁所在都市の存立基盤は、こういった都市型サービス業の移出であることがわかります。

次に人口規模の大きい倉敷市はどうでしょうか。倉敷市は、水島工業地帯の造成を大きな契機として一九六七年（昭和四二年）に旧倉敷市、児島市、玉島市が合併して誕生し、その後もいくつかの周辺町村を編入してきました。倉敷市内には美観地区と呼ばれる県内屈指の観光地、旧玉島市には港湾、そして旧児島市は繊維産業としてジーンズ製造企業の集積があります。水島コンビナートの存在の大きさについては、石油製品、鉄鋼業、化学工業、輸送機械（自動車）など水島地域に立地する企業群の規模を従業者数で測った特化係数の大きさがそれを反映しています。運輸付帯サービスの特化係数の高さは、港湾を有する玉島地区の特徴が反映されています。繊維・衣服の特化係数が四・八四と高いのは、児島地区の繊維産業集積の反映です。倉敷市は、大規模工場と地場産業というタイプの異なる基盤産業によって都市が支えられているといえます。[*2]

岡山市の南二八キロメートルに位置する人口約五万九〇〇〇人の玉野市は、三井造船の立地する造船のまちとして知られています。[*3] いわゆる企業城下町ですが、四国方面へのフェリー発着点でもあり、水運業の集積もあります。岡山の伝統産業である制服製造の工場も移出部門としてあり、これらがまちの基盤産業となっています。しかしながら、石油危機以降の造船不況の影響で、玉野市自体の人口も七万八五一六人をピークに減少傾向が続

＊2　倉敷は美観地区を中心に毎年多くの観光客が訪れていて、観光業も移出産業となっていますが、観光産業という分類はないので、旅館業や飲食サービスの集積度で間接的に計ることになります。特化係数の性質から、水島に立地する企業の従業者がかなりの人数のため、宿泊業や飲食サービス業の特化係数は一・〇を僅かながら下回ってしまいます。

＊3　二〇一六年の経済センサス活動調査（総務省）によると、標準産業小分類「船舶製造・修理業、船舶機関製造業」での従業者数は三三一七人で、うち一〇〇人以上の規模で二四二二人います。これらは、公務を除いた民営部門の従業者数二万三〇一〇人の一四・四％、一〇・五％を各々占めています。

いている状況です。また、岡山市へ二一・二％（五七六八人）という高い通勤流出率であることから、玉野市は「労働サービス」が一つの移出部門としてあることがわかります。

玉野市と同じ岡山市から二八キロメートル、今度は東に位置するまちの備前市も玉野市と同様で人口減に歯止めがきかないまちです。国勢調査によると人口のピークは一九七五年の五万七四五人で二〇一五年では三万五一七九人と三〇・七％の減少率となっています。表6・1の特化係数からも明らかなように備前市は備前焼と耐火レンガ、漁業などを基盤産業として栄えたまちであるといえます。

玉野市ほどではないのですが、岡山市への通勤流出率は一三・九％（流出二二〇二人）で、労働サービスの移出をしています。先の玉野市と異なるのは、（大企業の）企業城下町ではないことでしょう。同じ経済センサス活動調査の産業小分類「陶磁器・同関連製品製造業」では、事業所数九〇のうち従業者数一〇人未満が八四、「耐火レンガ製造業」は逆に従業者二〇三一人のうち、六割の一二八一人が一〇〇人以上規模の事業所です。業種の性格上、後者は工場型ですが、前者の陶磁器については、まさに小規模の同業種の集積で移出品が生まれている状況といえます。

なお、表6・1の最下段にある特化係数の標準偏差は、産業中分類項目九七産業の特化係数のバラツキを数値化したものです。この数値が大きいと産業に偏りがあるという特化型のまちを意味し、低いと産業に多様性があるまちと考えられます。都市規模による違いもありますが、まちそれぞれの産業構造の特徴を示している指標といえるでしょう。

以上、岡山の市で説明したまちの存在理由、成立要因をまとめると、次の表6・2のようになります。

ここでは岡山県の市町村を例にとって説明しましたが、皆さんの住んでいる都道府県の各まち（自治体）につ

表6・2　まちの存在、成立要因

市	まちの存在、成立要因（稼ぐ力）
岡山市	制度的要因（県庁所在都市、県内市町村へのサービス移出）
倉敷市	天然の条件（港湾の存在）、大工場（群）の存在、同業種の集積（繊維）
玉野市	大型工場の存在、郊外的位置（労働サービスの移出）
備前市	天然の条件（港、漁業）、同業種の集積（窯業・土石製品）、郊外的位置（労働サービスの移出）

いても、まちの存立基盤を特化係数から識別するという同様のアプローチがとれます。次に岡山の例を念頭において、まちの存在理由について整理してみます。

天然の条件と制度的要因

まず、人口集積地の多くは、大きな河川、天然の良港、広い平野・盆地といった地形条件（の複数）に恵まれていることがわかります。大きな河川や港湾の存在は、輸送の結節点としての機能があるので、生産活動における財の輸送コストを抑えるメリットがあります。こういった天然の条件は、第一の自然（First Nature）と呼ばれています。

そして、そういったところでは、道路や港湾の整備、空港の建設といった主に交通インフラがしばしば整備され、企業や住宅の立地を促すことになります。また、観光のまちと銘打つところは、地域資源と言われる歴史的な観光資源の存在もあります。これらは、人工的なもので天然のものではありませんが、生産活動や消費活動にとって動かすことのできない生産要素（Immobile Factors of Production）として企業活動や家計行動にとって所与と考えられることから、第二の自然（Second Nature）と呼ばれています。

河川や港湾といった財の輸送の結節点に生まれたまち、交通の要衝としての江戸時代の参勤交代によって生まれた宿場町があります。ここでの旅籠や飲食店、両替商などは、宿場町の基盤産業であり、それがまちを存立させてきた要因といえます。

空間的に不均一な分布となっている天然の条件だけでなく、制度的要因というのも都市集積ができる条件になります。岡山市の例でわかるように県庁所在都市は、県都であるがゆえに多くの事業所が集まってきます。それは県庁という存在が県下市町村への行政サービスの移出を行う基盤産業の役割を持っているからです。つまり、そこから派生して多くの事業者が立地していることになります。多くの県庁所在都市は江戸時代から藩の中心的まち（城下町）であったことが多いのですが、廃藩置県後の多くの県庁所在都市は、その県のなかで最も人口集積のあるところとなっています*4*5。

行政の意思決定機構の存在とその権限の程度によってまちの人口集積が決まってくるといえるでしょう。県庁に加えて中央官庁の出先機関（局）のある都市は、より人口規模が大きくなります。これらは県をまたぐ広域経済の中心都市ともなり、北海道の札幌市、宮城県の仙台市、広島県の広島市、福岡県の福岡市などはその代表例です。県境を越えての広域的な行政サービスを提供することで移出部門としての大きな役割をしているからです。そして、日本やフランス、イギリスのように中央官庁と中央政府のある首都が国内最大規模の都市にあると、国内では一極集中型の都市規模の分布になります。一極集中型の都市分布の構造を持つ国は、その首都の経済活動が国の経済に大きな影響を与える事になります。前章で述べたまちのスモール・オープンのうち、スモールの仮定が満たされない状況です。

大工場の存在

生産活動には規模の経済を伴うものが多くあります。岡山県の玉野市の例でも述べましたが、まちにある大きな工場の存在はその典型例でしょう。我々はまちを形容するときに、繊維のまちとか焼き物のまち、鉄鋼のまち、造船のまちなどといった呼び方をします。特に、重工業の大企業（大工場）が立地することで「まち」の生計が成り立っているところを「企業城下町」と言います。これは、昔、殿様がお城を建造して、その周りにお城で働く人々が住み、その生活のためにいろいろな商売が生まれ、お店ができて町ができた城下町に由来しています。もちろん、その当時のまちの生活の糧はお米、基盤産業は農業であったわけです。

企業城下町とは、その成り立ちが一企業（あるいは一工場）における生産の規模に関しての収穫逓増（Increasing Returns to Scale）がある状況に加えて、そこへの原材料や部品といった中間財の供給を行う関連業種の立地もあってできているまちです。企業活動を営むには、一定の規模をもつ設備や建物が必要となります。それはしばしば任意の大きさに分割すると利用価値がなくなります。このことから、不可分性（Indivisibility）による固定費用が発生します。しかしながら、このことは産出量が増大するにつれて、生産物一単位当たりの固

＊4　横浜市や神戸市、長崎市のような海外に開けた港まち、京都市や奈良市のような「都」のあったまち、札幌市のような新しいまちなどは城下町ではない道県庁所在都市です。

＊5　県庁所在都市が県内の第一規模の都市でないところの県内最大都市として、福島県のいわき市、群馬県の高崎市、静岡県の浜松市、三重県の四日市市、山口県の下関市などが該当します。

定費用が逓減するので、生産の平均費用は減少することを意味します。つまり製造単価の低下です。これが費用面からみた規模の経済の説明です。

その産業が成長している時期においては、生産の拡大に伴い従業員も増加し、これがまちの人口集積に反映されます。まさに、第4章で説明した経済基盤モデルの典型例といえるでしょう。しかし、あらゆる規模において常に規模の経済が支配的であるとは限りません。仮にすべての労働力を吸収して収穫逓増が支配的ならば都市の数は一つになってしまうでしょう。これは数か所でなく一か所で大規模生産を行うことが効率的であることの証です。

ただし、一企業の規模の経済によって形成された都市は、大都市にはならないことが多いです。*6 それは、一企業の生産する財の需要には限りがあり、規模の経済についても限界が存在するからです。これは、工業団地も同様です。

具体例として、北海道の室蘭市を考えてみます。一九六九年（昭和四四年）の「事業所統計調査」（総理府統計局）によると、北海道の室蘭市の事業所数は五九五三で、従業者数は六万五九四一人でした。当時、第三次産業の従業者数は三万八二五三人と全体の五八％を占めていました。ここで、第三次産業は基本的には都市内のサービス需要に応じるので、人口規模に依存すると考えられます。他方で、製造業の鉄鋼業は、事業所数が僅か一三であるのに対して、従業者数は一万三三七七人で、第三次産業の従業者数を除く二万七六八八人の四八・三％、製造業全体の六六％を占めていました。また、一九七〇年（昭和四五年）の国勢調査で室蘭市の人口は、約一六万二〇〇〇人でした。結局、当時は、鉄鋼業（新日本製鉄とその関連）の従業者約一万三〇〇〇人強で、人口一六万の都市（企業城下町）を支えていたといえるでしょう。図6・2は、室蘭市における住民人口の推移と

図６・２　鉄鋼業従業者数と住民人口の推移：室蘭市

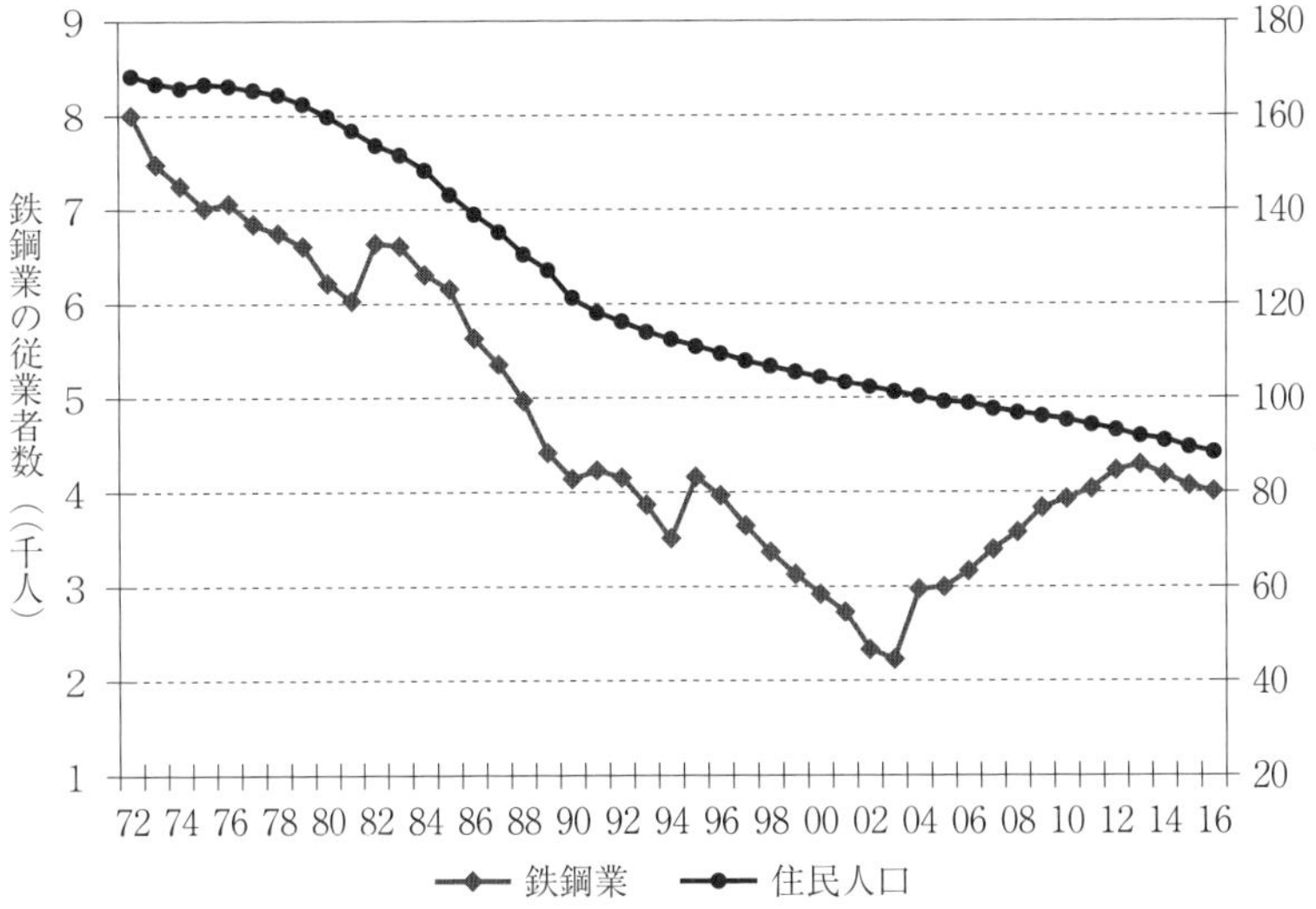

注）「住民基本台帳に基づく人口、人口動態および世帯数」（総務省）と「工業統計市町村編」（経済産業省）の各年版から作成。工業従業者数は前年末の人数。

鉄鋼業の従業者数の推移をオーバーレイしたものです。双方の動きが連動している状況がよくわかります。まさに第4章で説明した経済基盤モデルのとおり、鉄鋼業が基盤産業としてまちの人口を規定してきたことがわかります。

　このようなまちは、高度経済成長を経験した我が国に少なくありません。ＴＤＫの秋田県にかほ市、

＊6　鉄鋼のまちで知られた北九州市は大都市と言えるでしょう。ただ北九州市は一九六三年に五つの市が合併して誕生したまちで、当時の八幡製鉄所のあった八幡市の人口は一九六二年で三四万五〇〇〇人でした。北九州市は、その後高度経済成長での鉄鋼需要などで人口は増加し、一九八〇年に一〇六万五〇〇〇人に達しました。しかし、その後は減少傾向が続いており、二〇一五年の国勢調査では九六万一二八六人と合併当初の人口を下回る状況となっています。

表6・3　大工場の立地するまち

	最盛期の人口	2015年人口	特化係数	主工場の企業
にかほ市	35,944人 (1955年)	25,324人	14.62 電子部品・デバイス	TDK 創業の地
太田市	219,907人 (2015年)	219,909人	8.82 輸送機械器具製造業	SUBARU 創業の地
黒部市	43,019人 (1965年)	40,991人	33.73 その他の製造業	YKK 創業の地
安来市	54,889人 (1955年)	39,528人	35.53 鉄鋼業	たたら製鉄法 日立金属
宇部市	182,771人 (1995年)	169,429人	7.57 化学工業製品	宇部興産 創業の地
延岡市	15,4881人 (1980年)	125,159人	2.9623.90 化学繊維	旭化成 創業の地

注）人口は「国勢調査」からの常住人口、特化係数は経済センサス（2014年）の産業中分類の従業者数に基づくもの。YKKファスナー製造は、中分類では「32　その他の製造」であるが、詳細分類では「3224　針・ピン・ホック・スナップ・同関連品製造業」に属しています。

SUBARUのある群馬県太田市、YKKの立地する富山県黒部市、日立金属のある島根県安来市、宇部興産のある山口県宇部市、旭化成の工場群の立地する宮崎県延岡市など枚挙にいとまがないくらい沢山あります。

これらの都市の人口はどうなっているでしょうか。表6・3では、それぞれの都市のピーク時と直近の人口、そして工場立地の特徴を示しています。宇部市は一九九五年の一八万三〇〇〇人、延岡市は一九八〇年の一五万五〇〇〇人がそれぞれピークとなっています。また、二〇〇五年一〇月に三町合併で誕生したにかほ市は三万六〇〇〇人、YKKの黒部市は四万四〇〇〇人、安来市は四万九六〇〇人が、それぞれピーク時の人口となっています。表6・3にあるように、いずれもピーク時は過去の年です。このなかでは、太田市のみが人口が二〇万人を上回り、かつ人口増加の状況となっています。

にかほ市、黒部市、安来市と、太田市、宇部市、延岡市の人口規模の違いは基幹工場の規模の大きさによるものだけではありません。太田市は、自動車製造の関連メーカーも多く立地しており、自動車関連産業の一大集積地となっています。[*7] 自動車製造業の特化係数が一〇・五七であるのに加え、関連産業の「潤滑油・グリース製造業」（産業小分類）の特化係数は七・七一、「工業用プラスチック」（産業小分類）のそれも七・五七と高い集積を示しています。また宇部市の宇部興産や延岡市の旭化成は、従来から製品の多角化に取り組んできており、中分類で見た特化係数はさほど大きくありませんが、産業分類を細かくしていくと特化係数の大きい分野が複数出てきます。宇部市では、従来の「セメント製品製造」（特化係数：五・五五）に加えて、「無機化学工業製品」（同：二一・九七）、「有機化学製品製造業」（同：一八・八五）などが大きな特化係数として現れてきます。延岡市でも「化学繊維」（同：二三・九〇）や「有機化学製品」（同：五・九八）、「電子デバイス製造業」（同：八・二五）などが細分類でみる高い特化係数の産業部門であります。

ここからわかることは、単一企業では、その工場が大きくなってきても、やはり一工場の規模の経済には限界があるということです。二〇万、三〇万といったより大きな都市になるには関連企業の集積が必要となってきます。

表6・3にある都市は太田市を除いては素材型製造業の都市ですが、太田市のように組立加工型といった裾野の広い製造業では、生産工程における分業もまちが大きくなる集積の要因といえます。太田市以外でも電気機械

＊7　太田市はSUBARUの他にも日野自動車の大きな工場の存在があります。また、金属製品やプラスチック製品製造などの事業所も多く立地しており、市内で自動車関連のサプライチェーンも形成されています。

や輸送機械の製造業が立地する日立市や豊田市では、親企業と下請工場が近接立地していて、これによって企業間の取引費用や輸送費用が節約されるだけでなく、企業間で行う垂直的分業によって効率的で柔軟性のある生産ネットワーク・システムが構築されています。これは一企業における規模の経済と、それにともなって発生する関連業種の集積という地域特化の経済の複合した形態といえるでしょう。豊田市のように人口が四〇万人を超えているところもありますが、それは本社機能を備えた大工場の存在と中小の規模の関連工場が数多く立地していることによります。

また、重化学工業では、国策的に形成された工業地帯、コンビナートを形成している都市があります。代表的なものとして、茨城県鹿島市、三重県四日市市、そして旧徳山市を中心とする周南市などがあげられます。これら都市の成立条件はまず前項に示した「港湾という天然条件」によるものですが、一つ一つの工場がそれぞれ大規模経済を発揮することで複数の規模の経済が都市の成立基盤になっています。

範囲の経済

一企業における規模の経済とは概念が異なりますが、一企業における範囲の経済も都市集中の要因となります。範囲の経済とは、複数の財・サービスを別々に生産するよりも（同じ投入要素を利用して）同時に生産したほうが費用の節約ができることです。例えば、鉄道会社は旅客を運ぶだけでなく貨物の輸送も兼ねることがありますが、それはレールや車両などに共通費用が存在するからです。鉄道会社がデパートやプロ野球の球団経営を兼ねるのも広告宣伝費という共通費用が存在するためです。このような共通費用の存在が範囲の経済を生み出す源なのです。例えば、大田区や東大阪市のように関連の強い工業系の中小企業が集積する地域では、しばしば共同あるいは共通の機械設備を使って金属製品だけでなく電機部品や機械部品を製造することがありますが、それは範囲の経済性があるからといえます。

これを一つの都市という器で考えると、そこにある道路は人の移動だけでなく貨物の輸送にも活用されており、一つの投入要素で複数のアウトプットを生み出していることになります。まさに、都市空間におけるこのような社会資本としての地方公共財の存在は人口集積をもたらす要因であるとともに、人口集積がこのようなサービスの供給を可能にしているといえるでしょう。

人口集積の低いまち、中山間地でも「範囲の経済」を考えてまちの付加価値生産性の向上を図ることができます。例えば、まちにある稼働率の低い自動車を活かした高齢者へのサービスをすることも、同一投入要素で複数のアウトプットを生み出す範囲の経済性です。廃校を利用したミニシアターや地元資源を使った商品作りも同様の考えです。また、最近はやりの「地域商社」というのも、卸売業者が地域で生み出された個々の品目を一か所で同時に扱って効率的に移出していくという意味では、卸売業が潜在的に有している範囲の経済性を具現化しているものといえるでしょう。[*8] こういった範囲の経済性を顕在化させるには、その可能性を客観的なデータで可能な限

＊8　二つのアウトプット Q_1 と Q_2 を考えます。これらを同時に生産するときの費用関数は $C(Q_1,Q_2)$ となります。いずれか一つだけを生産するときの費用は $C(Q_1,0)$ もしくは $C(0,Q_2)$ となります。このとき範囲の経済性が存在するということの意味は、$C(Q_1,Q_2)<C(Q_1,0)+C(0,Q_2)$ というように表現できます。

り示すことで施策にもっていく説得力を出すことです。

同業種の集積：地域特化の経済

岡山の備前市の例で見たような地域資源を活用した地場産業や伝統産業の場合にも規模の経済性が生まれます。個々の中小の事業所には規模の経済性はないのですが、特定地域に同業種が集積することで、互いの近接性を利点として地域全体としての生産活動の効率性が高まることが期待されます。つまり、一つの産業集積として、産業全体で規模の経済を享受できるということを意味しています。

同業種が集積することで個々の事業所が享受すると考えられる便益は、次の三つがあげられます。

(i) 投入要素の共有化（Input Sharing）
- 原材料の調達を共同ですることによって投入費用を削減
- 製品の出荷を共同で行うことによって輸送費用の削減
- 共通費を共有することで施設や機械を共同で購入し利用

(ii) 共通の労働市場（Labor Market Pooling）
- 同じ種類の労働力を共有化でき投入費用や探索費用が削減可能
- 労働の質の向上に対して共通の努力を払える

(iii) 知識（技術）の漏出（Knowledge Spillovers）
- 近接していることで他社の技術を対価なく利用できる

・模倣（imitate）、技術移転（technological transfer）

もちろん、同業種集積による競争環境が厳しくなるという個々の企業にとってはデメリットもあるかもしれませんが、産地間競争が厳しくなるなかで生産性の低い事業所が地域市場から撤退していくのは地域経済の生き残りのためには必要なことであり、また自然の流れではないでしょうか。

同業種集積のまち

地域特化の経済で、いくつか具体的なまちをあげて考えてみましょう。一つ目は、光学レンズ（眼鏡）の事業所の集積する福井県鯖江市です。ここは、ＪＫ課という女子高校生をまちづくりに積極的に関わってもらうというユニークな試みを行っています。二つ目は金属洋食器を中心とした金属製品を製造する事業所が数多く立地する新潟県燕市です。そして三つ目は、家具の産地で有名な福岡県大川市です。ここは、同業種が集積してまちが形成されている典型例といえるでしょう。いわゆる地場産業のまちということでもあります。

福井県の鯖江地域を中心とした眼鏡枠製造は、一九〇五年（明治三八年）に増永五左衛門が農閑期の副業として、少ない初期投資で現金収入が得られる眼鏡枠作りに着目し、当時眼鏡作りが盛んであった大阪や東京から職人を招き、眼鏡の製造技術を伝えたことが始まりといわれています。

地域特化の経済性の(i)については、一九六三年に福井県眼鏡工業組合、福井県眼鏡光器輸出協同組合設立、一九八二年に社団法人福井県眼鏡協会設立、一九八七年には市役所に「めがね課」（～一九九八年四月）などが、そのエビデンスといえます。

表６・４ａ　鯖江市の製造業：眼鏡製造（フレーム含む）ほか

福井県鯖江市（人口 68,284 人）			
産業分類	出荷額	事業所数	従業者数
全産業民営		3,520	29,663
E　製造業	1626.6 億円	1,056（30.0%）	10,659（35.9%）
11　繊維工業	418.9	107（ 3.0%）	2,133（ 7.2%）
329　その他の製造業でさらにその他	482.7	447（12.7%）	3,972（13.4%）
内）100 人以上規模	—	3	671

注）「経済センサス活動調査」（2016 年、総務省）より作成。括弧内の％の対象は市内全事業所。

表６・４ｂ　事業所集積と生産性：眼鏡製造業

地域	事業所数	従業者数（人）	事業所当たり平均従業者数	労働生産性（万円／人）
全国	246	7,838	31.9	594
埼玉県	5	844	168.8	549
福井県	194	4,305	22.2	632
長野県	3	382	127.3	458
愛知県	10	1,034	103.4	756
大阪府	14	368	26.3	551

注）2014 年版の「工業統計表：産業細分類編」（経済産業省）より作成。

表６・４ａと表６・４ｂは、「経済センサス活動調査」で見た鯖江市の眼鏡製造業の状況です。日本標準産業分類では、詳細分類コード 3297 が「眼鏡製造業（枠を含む）」となっていて、レンズではなくフレームを中心に製造する鯖江市の出荷額の対全国、フレームの場合の九六％よりも低いです。それでも全国出荷額一〇七二億四〇〇〇万円（二〇一四年）の約四六％、事業所数では七〇％を占めています。一事業所当たりの従業者数では全国値が一二・七六人であるのに対して八・八九人と、規模の小さい事業所が数多く集まっていることがわかります。産業小分類で見ても一〇〇人以上の事業所は三つに過ぎません。

地域特化の経済効果があるということは、一つに地域全体としての眼鏡製造業の生産性が高まるということでもあります。そこで、工業統計調査の詳細を使って、他の産地と比較してみました。これを見ると、小規模事業所が多いのに対して労働生産性が全国値を大きく上回り、愛知県について高い水準にあることがわかります。[*9] まさに、地域特化の経済性を生み出す集積地であると言えるでしょう。[*10] これなど地域特化の経済効果を示している好エビデンスでしょう。

同業種の集積のまちで二つ目は新潟県の燕市です。燕市は隣接する三条市とセットで金属製品製造業、特に洋食器製造の集積地として紹介されることが多いまちです。まちの面積や人口規模としては三条市のほうが大きいのですが、金属製品製造業の事業所数と産業小分類で見た製造品の多様性からは燕市のほうが多いので、燕市を取り上げています。

三条市と燕市は江戸時代からの三条城の城下町で、当時、江戸から和釘の鍛冶職人を招き、農民の副業として和釘製造を奨励したのが三条鍛冶の始まりとされています。江戸時代からの城下町に金属製品製造業が集積し、さらに情報通信機器や電気機械器具の大きな工場の立地などで今日の都市が形成されたといえるでしょう。製造業で複数の基盤産業を持っている都市と見なすことができます。

次頁の表6・4cによると、金属製品製造業の事業所は、従業者数で測った平均規模が六・四三人と小さい事

＊9　愛知県の労働生産性が高いのは、岡崎市にある従業者数が三〇〇人を超える眼鏡レンズ工場や蒲郡市のコンタクトレンズ工場の存在などが影響しています。

＊10　我が国の地域特化の経済効果を詳細に分析した最近の研究例としては、Ryohei Nakamura, (2012) 'Contributions of Local Agglomeration to Productivity,' *Papers in Regional Science*, Vol.91, No.3, pp.569-597. があります。

表6・4c　燕市の製造業：金属製品ほか

新潟県燕市（人口 79,784 人）			
産業分類	出荷額	事業所数	従業者数
全産業民営		5,748	43,035 人
E　製造業	4413.2 億円	1,940（35.4%）	18,765 人（43.6%）
24　金属製品製造業	906.3 億円	1,216（22.2%）	7,828 人（18.2%）
内）100 人以上規模	—	4	441 人（ 1.0%）
29　電気機械器具製造業	719.6 億円	40	2,013 人（ 4.7%）
内）100 人以上規模	—	4	1,327 人（ 3.1%）
30　情報通信機器製造業	887.3 億円	11	670 人
内）100 人以上規模	—	1	423 人

注）「経済センサス活動調査」（2012 年、総務省）より作成。括弧内の％の対象は市内全事業所。

業所が多いことがわかります。また製造品出荷額では、金属製品以外に情報通信機器製造業や電気機械器具製造業の出荷額も多く、これらもまちの基盤産業として位置付けられますが、同業種の集積というよりは、むしろ大きな工場の規模の経済というべきでしょう。

二〇一四年の工業統計調査の詳細分類では、「金属洋食器製造業」を県レベルで捉えることができます。全国に出荷額のある事業所（工場）が五七ありますが、そのうち五〇が新潟県にあります。そのほとんどは燕市と三条市です。全国値に比べて一事業所当たりの平均規模は一五・四人と一人程度大きいですが、労働生産性は七九四万円／人で全国集計値よりも二五万円高くなっていて、地域特化の経済効果をうかがえます。

三つ目の大川市は、福岡県の南西部に位置し、福岡市から鉄道とバスで一時間強のところにあります。市の西部を筑後川が北東から南西へと流れていることで、昔から上流の木材産地である日田から水運でくる木材の集積地であったこと、これが家具のまちを形成した遠因とされています。まさに「第一の自然」条件があったのです。市内を中心に木工関連産業や関連の商業施設も多数集積しており、福岡都市圏とは独立した経済圏を形成しています。

表6・4d　大川市の従業者数、家具製造業

福岡県大川市（人口 34,838 人）			
産業分類	出荷額	事業所数	従業者数
全産業民営		2,316	15,774 人
E　製造業	445.9 億円	669（28.9%）	4,067 人（25.8%）
13　家具・装備品製造業	316.9 億円	391（16.9%）	2,543 人（16.1%）
内）100 人以上規模	—	1	140 人

注）「経済センサス活動調査」（2012 年、総務省）より作成。括弧内の％の対象は市内全事業所。

表6・4dを見ると、鯖江市の眼鏡フレーム工場や燕市の金属洋食器工場に比べて、事業所の規模が全体的に小さいことがわかります。また、鯖江市が繊維製品、燕市が情報通信機器や電気機械器具の製造工場があるのに対して、大川市の基盤産業は家具関係のものに特化していることがわかります。そのことが鯖江市や燕市に比べて人口規模が小さいことに反映しています。

同業種集積＋α

このように地域がある産業に特化することでまち（人口集積地）が形成されることは多くあります。しかし、大川市のような一部の例外を除いて、同一産業の中小の事業所の集積で一つの都市が成り立つほど移出経済力の強い、つまり稼ぐ金額の大きな地域産業を持った都市は多くありません。それは一つに地場産業の多くは軽工業製品であり、ブランド化されていないと商品単価が電気機械製品や輸送機械製品に比べて低いということがあげられます。

一二三～一二八頁の工場規模の経済で述べたので重複することにもなりますが、愛知県の豊田市や茨城県の日立市はどうでしょうか。それぞれ自動車産業と電気機械産業で特化した都市といえます。しかし、鯖江市や大川市のような単一産業のまちではありません。豊田市では、二〇一六年の経済センサス活動調査によると、民営事業において「自動車・同付属製品製造業」の従業者が三四・一%を占めていますが、事業所規模で見ると二八一のうち、一〇〇人以上の従業者のいる事業所が六八もあります。ちなみに、大川市の家具・装備品製造業の事業所数は三九一ですが、従業者数が一〇〇人以上の事業所はわずか一つです。愛媛県の今治市は、タオルの産地として地域特化の経済があるまちですが、それだけで一〇万人の人口を維持できているわけではありません。他にも造船業という外貨を稼ぐ大きな基盤産業が存在しています。

もう一つは、中心都市への通勤です。まちが稼ぐ手立てが必要ですが、地場産業や伝統産業だけでなく、大都市近郊にあることでそこへ労働サービスの移出という形で域外からマネーを獲得しています。

例えば、愛知県の瀬戸市は陶磁器生産の集積地として知られていますが、二〇一五年の国勢調査によると、名古屋市への通勤流出数は一万二〇八八人で流出率は一九・八%とかなり高いです。これがどの程度の労働サービスの移出額になっているでしょうか。総務省の調査から市町村単位での課税者対象所得額と納税義務者数を利用することができます。瀬戸市から名古屋市に通勤している人は名古屋市の納税者当たりの課税者所得額に相応していると考えます。この金額は二〇一五年度で三五八万七〇〇〇円／人です。これに通勤流出の人数を乗じることで四六六億二〇〇〇万円が労働サービスの移出額として推計されます。[*11]二〇一五年の経済センサス工業統計分では瀬戸市における窯業関係の出荷額は四三〇億六〇〇〇万円、粗付加価値額は二〇九億五〇〇〇万円となっており、人口一三万人足らずの瀬戸市を支える基盤産業は、労働サービスの移出が主たるものと考えられます。

また、兵庫県の三木市は「金物のまち」（播州《ばんしゅう》三《み》木《き》打刃物《うちはもの》）で、金属製品の出荷額は二〇一五年で二八六億五〇〇〇万円となっています。三木市は、その地場産業で域外マネーを獲得することと同時に、神戸市への七一四七人の通勤者（通勤流出率：二〇・二%）で労働サービスの移出があります。瀬戸市の場合と同様の推計方法で

郵便はがき

料金受取人払郵便

豊島局承認

3841

差出有効期間
2025年5月
31日まで

1 7 0 − 8 7 9 0

709

東京都豊島区南長崎3-16-6

日本加除出版株式会社

営業部営業企画課　行

ご購入ありがとうございました。
今後の書籍発刊のため、お客様のご意見をお聞かせいただけますと幸いです。

お名前	
ご職業	
ご住所	〒
TEL	

お問合せはこちらから
kajo.co.jp/f/inquiry

メールニュース登録はこちらから
kajo.co.jp/p/register

↑※弊社図書案内を希望される場合も
こちらからお願いいたします

ご意見欄

こちらからも回答頂けます

https://forms.gle/kCNkQicjHJUqXo1u9

◇書籍名

◇本書を何を通してお知りになりましたか？

販売場所：□展示販売　□斡旋　□書店

広　　告：□新聞　□雑誌　□ネット広告

□当社EC　□DM

そ の 他：(　　　　　　　　　　　　　　　　)

◇本書に対する意見・感想をお聞かせください
また、今後刊行を望まれる企画がございましたら、
お聞かせください

※ご記入いただいた情報は当社からの各種ご案内(刊行物のDM、アンケートなど)以外の目的には利用いたしません

計算すると、二五四億九〇〇〇万円という金属製品の出荷額に匹敵する所得を稼いでいることになります。[*12]

現代都市の存在理由

ただ、大きな工場の存在による規模の経済や地場産業や伝統産業の集積という地域特化の効果だけでは、商業やサービス業を雇用の中心とした現代の大きな都市の存在を説明することは困難です。

我が国は、高度経済成長期を経て、物的な消費財については一定の充足度が達成され、また消費財生産の技術進歩によって、人々は財の利活用から派生する多様なサービスを需要するようになってきました。そして、それに相まって多様なサービス（産業）が生まれてきました。特に、最近では情報通信技術の大きな進展で、ＩＴ技術を活用した様々なサービスが広まってきています。[*13] 大きな都市ほどサービス業の比率は雇用においても生産額においても高くなっています。次頁の表６・５では、東京二三区と大阪市、名古屋市の従業者数について上位一位までのものと、それぞれの特化係数を示しています。また、表６・６では都市型サービスといわれる業種に

＊11　ちなみに瀬戸市の納税者当たりの所得は三二〇万五〇〇〇円／人です。瀬戸市からは尾張旭市にも三九七一人通勤していますが、逆に尾張旭市からも瀬戸市に四二五七人通勤しており、この分は相殺しています。

＊12　三木市の製造業の出荷額では、四二二億八〇〇〇万円の食料品製造業が一位です。ヤクルトの本社工場や江崎グリコのアイスクリーム工場の存在が大きいです。

＊13　特に潜在的な需要者と供給者をマッチングさせるビジネスにＩＣＴは威力を発揮します。

表6・5　大都市の従業者、上位11

特別区部			大阪市			名古屋市		
産業中分類	構成割合	特化係数	産業中分類	構成割合	特化係数	産業中分類	構成割合	特化係数
飲食店	7.4%	1.08	飲食店	7.9%	1.15	飲食店	8.7%	1.27
その他の事業サービス業	6.5%	1.68	その他の事業サービス業	6.7%	1.74	医療業	5.4%	0.82
情報サービス業	6.3%	3.62	医療業	5.1%	0.77	その他の事業サービス業	5.2%	1.35
医療業	4.1%	0.63	機械器具卸売業	4.1%	2.17	社会保険·社会福祉·介護事業	4.3%	0.71
機械器具卸売業	4.0%	2.14	飲食料品小売	3.7%	0.73	飲食料品小売	4.2%	0.83
飲食料品小売	3.4%	0.67	情報サービス業	3.6%	2.10	機械器具卸売業	4.0%	2.11
社会保険·社会福祉·介護事業	3.1%	0.51	社会保険·社会福祉·介護事業	3.6%	0.60	その他の小売業	3.4%	0.84
職業紹介・労働者派遣業	3.1%	2.00	職業紹介・労働者派遣業	3.2%	2.11	学校教育	3.4%	0.96
学校教育	2.8%	0.79	その他の卸売業	2.9%	1.96	職業紹介・労働者派遣業	3.3%	2.15
その他の卸売業	2.8%	1.86	その他の小売業	2.8%	0.69	総合工事	2.5%	0.86
専門サービス業	2.8%	2.67	建築材料、金属材料等卸売業	2.6%	2.01	情報サービス業	2.5%	1.44

注）「経済センサス基礎調査」（総務省、2014年）から作成。

ついての特化係数を特別区と従来からの政令市について示したものです。

　飲食店の従業者数が一位なのは別として、これら三つの区市で共通するのは、「その他の事業サービス業」、「情報サービス業」、「職業紹介・労働者派遣業」など、かつては企業が内部でかかえていたものです[*14]。つまり、企業間で分業化・専門化が行われていることを示唆しています。それは企業活動のすべてを自社内で行うのではなく、一部を外注したほうが効率的と考えられるからです。

　表6・5や表6・6からもわかるように、東京などの巨大都市では、事業所（オフィス）向けの専門サービスが増加していて、ソフトウェアを中心とした情報サービス業、物品賃貸業、人材派遣業、広告業などの事務所向けサービス業が急成長を遂げています。具体的には、ワープロ代行業、ビルの安全管理

表6・6　都市型サービスについての特化係数：特別区と主な政令市

	情報サービス業	インターネット附随	映像・音声・文字情報	物品賃貸業	学術・開発研究機関	専門サービス業	広告業	技術サービス業	職業紹介・労働者派遣業
札幌市	1.25	1.21	1.27	1.41	0.55	1.00	1.12	1.39	1.05
仙台市	1.10	0.94	0.92	1.47	1.22	0.98	1.42	1.68	1.51
特別区	3.62	5.33	4.30	1.22	0.67	2.67	3.76	1.05	2.00
横浜市	1.95	0.56	0.48	0.99	2.34	1.14	0.61	1.47	1.34
川崎市	3.88	0.53	0.32	0.98	3.32	0.79	0.17	2.04	0.69
名古屋市	1.44	0.81	1.37	1.16	0.41	1.55	2.04	1.28	2.15
京都市	0.52	0.66	0.94	1.06	0.68	1.25	0.74	0.71	0.71
大阪市	2.10	1.36	1.90	1.16	0.38	1.93	2.48	1.25	2.11
神戸市	0.76	0.42	0.52	0.99	1.29	0.93	0.45	1.21	2.11
広島市	0.86	0.45	0.83	1.23	0.36	1.07	1.34	1.40	1.49
北九州市	0.51	0.40	0.41	1.01	0.32	0.75	0.83	1.23	1.00
福岡市	1.76	2.47	1.47	1.47	0.43	1.31	2.44	1.40	1.77

注)「経済センサス基礎調査」(総務省、2014年)から作成。

や清掃業、会計・法律事務所、特殊なものでは廉価チケット売買業など多種多様のサービス業が存在しています。たとえ特殊であっても大都市においては十分な需要が見込め、規模の経済が働くから採算に乗るのでしょう。これらは自社内で行っていたサービスの「外部化」(アウトソーシング)といえます。

そして、これら一・〇を上回っている数値の意味するところは？　それは交易が可能なサービス業の存在を意味しています。伝統的な経済基盤モデルでは、一次産業と製造業が基盤産業であって、小売業も含んだサービス業のほとんどはそれに派生して生まれるものだという考え方でした。しかし、表6・5を見ても人口規模の大きな都市ほどサービス業が移

＊14　「その他の事業サービス業」には、速記・ワープロ業、ビルメンテナンス業、警備業などがあります。また、「飲食料品小売業」には、コンビニエンスストアが、「その他の小売業」には、ドラッグストア、ホームセンター、ガソリンスタンドなどが含まれます。

出産業として位置付けられることがわかります。

　商業も含んだ広義のサービス業、あるいは第三次産業の特徴は、ものの移動ではなく人の移動によって収入がもたらされるということです。そういったサービスの消費機会を享受するのに（基本的に）その場所に赴かないとできないのであれば、そこで人口集積の効果が発揮されるのです。


どのまちにも市役所（役場）があり、その近くには金融機関や保険・証券の事務所などが集まっています。また、裁判所や法律事務所、司法関係、会計関係の事務所、コンサルタント事務所など専門的知識を必要とするサービス関係の事業所の立地もあります。その多くは対事業所サービスですが、まちの人口規模が大きいほど、その対象はまちに住んでいる人以外にもサービスをしている、言い換えるとまちの外からのサービス需要に応えている移出の部分もあります。逆に、こういった事業所サービスが立地していないまちは、まちの需要が小さいことで、もっと大きなまちにそのサービスを依存することになります。つまり、まちにとってはサービスを移入していることに他なりません。

　ものづくりの現場としての製造業、つまり工場の立地となるとまちの中心部にはあまり見かけません。もともと大きな製造業が立地したことによってまちが成り立っているというところでも、その大きな工場はまちの業務機能が立地するまちの中心部から少し外れた、しばしば沿岸部にあります。大工場とまでいかなくても中小の工場でも中心部よりは郊外部に見ることが多いです。

　製造業が機械化の流れで労働生産性が上がる反面、三次産業の種類において多様化が進み雇用を吸収してきました。様々な業種が存在する多様性によって、都市全体で規模の経済性が生まれるということです。様々な業種が存在するから大都市になる、大都市だから様々な業種が存在する。現代都市は多様な消費機会を生み出す器（Vessel）のようなものです。

大量生産によるコスト競争を脱して付加価値を上げるには、企画力、開発力、市場分析力といった専門的知識やある意味で芸術的センスのある人的資源の投入が必要です。しかし、これらの人材は、大都市圏ときに首都圏に偏在しています。鶏が先か卵が先かのような議論になりますが、少なくとも集積の前提として、一二二頁でも説明した制度的要因が横たわっていることは明らかです。

まちの人口

様々な規模の都市があります。その人口規模は、究極的にはそのまちの基盤産業の実力で決まっているといっても過言ではないでしょう。ただし、それは金銭で測った稼ぐ力ではありません。あくまでも雇用（従業者数）で測った基盤部門から生じる雇用の乗数効果です。生産額だけで見ると、業種によって必要な労働の原単位が異なるからです。

それでは、どういった規模の都市が住みやすいのでしょうか。もちろんそれは人によって異なります。大都市の消費の多様性に魅力を感じる人もいれば、人口密度の低い静かな山間地の町村を好む人もいるでしょう。個人の嗜好でだけでなく、個人のライフステージによっても変わってくるでしょう。

だからといって都市の最適規模という考え方が無意味なわけではありません。マクロ的（集計量としての都市）視点では、一人当たりの行政サービス費用が小さくなる都市規模というのは存在します。直感的に考えても、

図6・3　人口当たりの歳出額の推移：2005年以降政令市になった都市
（堺市、相模原市は除く）

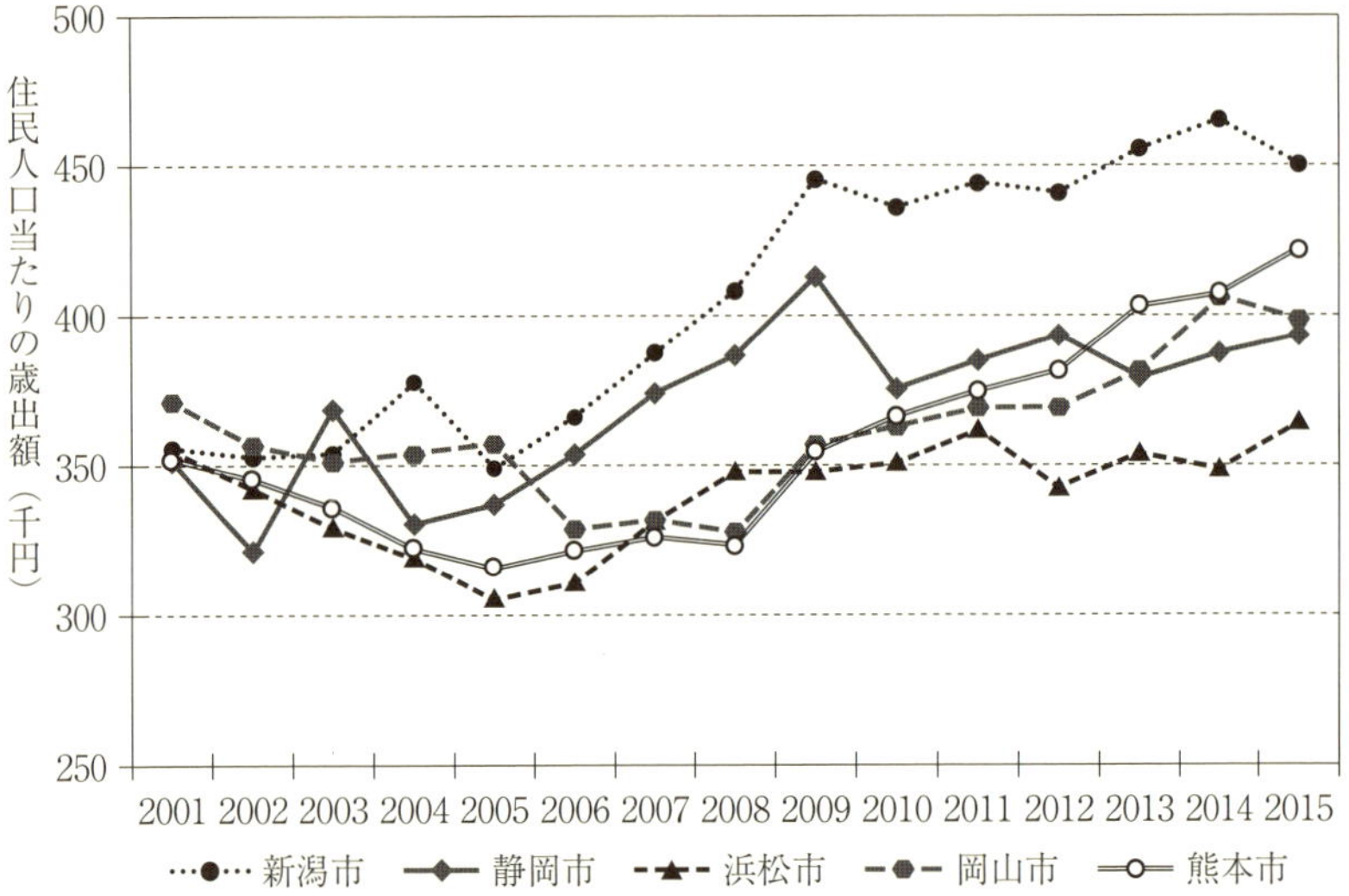

注）「市町村決算状況調べ」（総務省）2015年度の歳出額と「住民基本台帳に基づく人口、人口動態及び世帯数」（総務省）2016年1月の住民人口から作成。

人口規模の小さい自治体は行政サービスの単位コストが割高になってしまいます。反対に政令市のような都市では、県と同程度の行政サービスをするためコストが高くなってしまいます。図6・3は、地方都市でこの一〇年くらいで政令市になった年の人口当たり歳出額の推移を示したものです。

新潟市は、二〇〇五年三月に周辺市町村と合併し、同年政令市になりました。二〇〇五年で低下した人口当たりの歳出額は、その後数年間にわたって増加しています。静岡市は、それより前の二〇〇三年四月に清水市と合併し、一年後の二〇〇五年四月に政令市となりました。静岡市も新潟市と同様に政令市になってから人口当たりの歳出額は増加傾向にありました。同じ静岡県にある浜松市は、二〇〇五年七月に大型合併をして、一年半後の二〇〇七年四月に政令市となっています。浜松市も同様に政令市になる前の合併あたりから人口一人当たりの歳出は増加しています。岡山市

図６・４　住民人口と人口当たりの歳出の関係

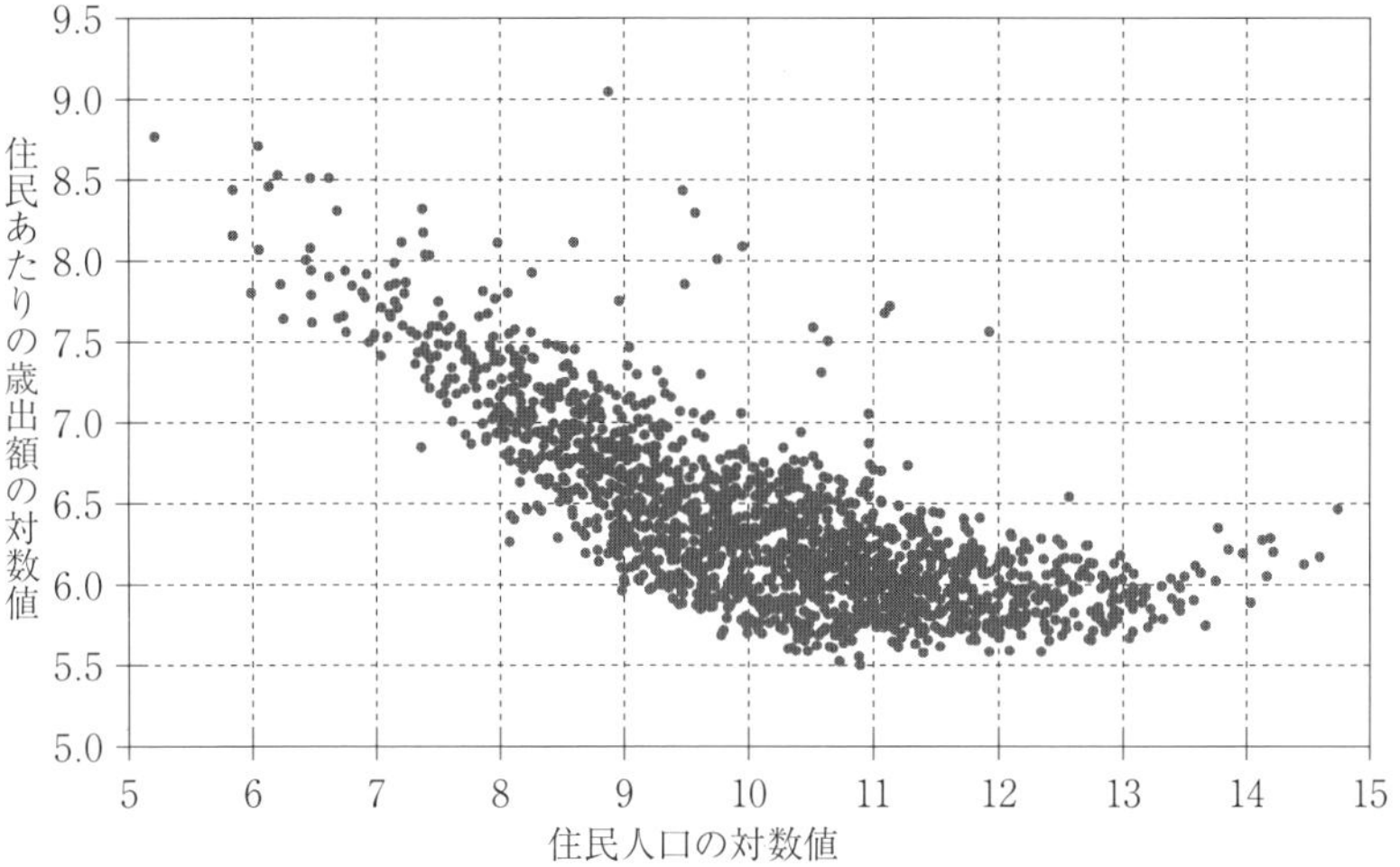

注）「市町村決算状況調べ」（総務省）2015年度の歳出額と「住民基本台帳に基づく人口、人口動態及び世帯数」（総務省）2016年１月の住民人口から作成。

は、二〇〇五年と二〇〇七年に周辺町と合併し、二〇〇九年四月に政令市となりました。岡山市も二〇〇九年度以降人口当たり歳出額は増加傾向にあります。そして熊本市は、二〇一〇年三月に周辺町との最後の合併を終え、二〇一二年四月に政令市に移行しました。この五つの市のうちでは最も新しい政令市です。熊本市については二〇〇九年度以降、歳出は増加傾向にあります。このように一般に財政効率性の低い周辺自治体と合併することで歳出の効率性は低下し、また政令市になることで権限と財源も委譲されるものの行政サービス量もそれ相当に増加することで自治体の支出効率性は下がる傾向にあることがわかります。

それでは、どのくらいの都市が行政サービスにとって効率的と言えるでしょうか。行政支出の効率性から都市規模を見ることができます。図６・３と同様のデータを用いて、東京都の二三区それぞれと全国の市町村を併せた一七四一のサンプルで、横軸に住民人口規模の対数値、縦軸に人口当たりの歳出額の対数値をとってプロットしたのが図6・4です。

都市財政や都市経済のテキストではしばしば目にする図ですが、これを人口の二次関数で近似して一人当たりの歳出額が最小となる人口規模を推計すると二四万一〇〇〇人となります。平成の大合併前の以前では、一五から一八万人程度というのが一般的でしたが、合併によって支出効率的な人口規模が大きくなったかもしれません。こういったグラフは比較的容易に作成できますので、我がまちのポジションが県内でどういったところにあるかを認識することで行財政改革の指針を考える元とすることもできるでしょう。

まちの振興：分析の視点

本章で説明したまち（都市）の存在理由に立ち返ることで、既存の集積状況が、どういった比較優位からきたものであるかを精査することができます。また、衰退した地場産業や伝統産業は、どのような比較優位が失われたのだろうかといった要因の分析をすることもできるでしょう。例えば、限界集落となってしまった地域は、それまで比較優位であった地域産業（例えば炭焼きとか製鉄の技術など）の市場性がなくなったことで産業が衰退し、人が転出してしまった可能性もあります。地場産業に多い軽工業の場合は、中国からの低価格の輸入品に駆逐されているかもしれません。本来の比較優位とは、まちの産業間でみた付加価値生産性の相対的な高さです。ここには品質の差別化が含まれています。これを留意して製品開発に努力すれば、海外からの低価格製品に押されることはないはずです。

既存の集積状況に時代の需要を反映して、新しい比較優位が加わることもあります。例えば、輸送産業の集積した愛知県では、新たな需要である航空機産業に比較優位を見出しています。

近未来を考えると、産業集積のあるところにＩｏＴの付加で、サービス産業化、雇用増加の可能性も出てきます。高齢者比率の高いところでは、保健・医療・介護への需要が高いでしょう。しかし、潜在的な労働供給はあってもなかなか顕在化しません。労働環境など構造的問題であればそれの改善に向けて進むべきでしょう。

需要増加は地域生産額を一見増やすように思えますが、生産要素の域内調達率が低いと域際収支は悪化します。つまり、ＧＤＰは増えてもＧＮＰは増えません、むしろ所得収支は悪化する可能性があります。こういった地域では、域内調達率を向上させる努力（振興策）が必要です。これは費用を度外視して無理に地元品を調達するとか地元で買い物を推し進めるといったゆがんだポリシーではありません。地元の生産品の品質や供給の安定性などを改善するための行政の補完的補助があって、企業がそれに向かって努力していくということが前提条件です。需要を作るには供給条件を整備するということです。こういった施策を考える背景には第４章で説明した規範的なものの見方に基づく分析が必要となってきます。投資需要が顕在化することで貯蓄超過を減らし、域際収支を改善し、また併わせて財政収支も改善に向かわせることができるでしょう。

第7章 地域経済構造分析の展開

ポートランド郊外住宅地の十字路にあるアート
(ポートランド，オレゴン州)

まちづくりとEBPM

EBPM（Evidence Based Policy Making）という言葉が、中央官庁のみならず地方自治体においても企画・統計部署を中心に広がりつつあります。その意図を汲んで和訳すれば、「客観的な検証に基づく政策立案」ということになるでしょうか。言うまでもなく大切なことではあるのですが、国も地方もこれまであまり顧みてこなかったことです。それなりにEBPMを遂行するにはデータ解析の知識が必要ですが、高度な分析方法は必要に迫られるまで気にする必要はないでしょう。肝心なことは、第3章でも述べましたが、まず、きちんとデータをとり簡単なモデルで因果関係の分析をすることです。

自治体施策は広い意味でのまちづくりです。市町村であれば、直接住民に接する機会が多いことから、生活に密着した施策が多くあります。例えば、コミュニティ施策や高齢者福祉対策、土地利用計画、施設立地計画、防災施策、商店街活性化などです。これらは見方としてミクロ的視点に立ったもので、個人や事業所のデータ、さらには住民アンケート調査や交通量調査を客観的に分析して、具体的な施策を考えることが必要です。個々人や個々の事業所の情報といったビッグデータの利活用が進む今日では、十分にその可能性はあります。

これに対して、市町村単位で集計した数値を、地域全体でどうしていくかを考えるマクロ的視点に立った施策もあります。これは、施策というよりも計画やビジョンに相当するものです。まち全体をどうするかという総合計画的なものから産業振興策や観光振興策といった個別部門のアクションプラン的な施策です。企画部（課）や総合政策局、産業振興課などの部署が関係してきます。プランを作るに当たっては、必ずデータ分析によるファクトファインディングズが求められるのがEBPMです。

地域分析の考え方

いずれにしても、まちは人や企業の集合体ですから、それぞれの行動仮説に基づいた分析が必要です。こういったときに分析に対する考え方として、実証的分析（Positive Analysis）と規範的分析（Normative Analysis）の二とおりのアプローチがあります。

前者は、過去のデータを用いて実際の事象がどのようなものか、どう変化しているか、また事象間の要因分析や種（個体、地域）の類型化を行うものです。具体的な手法としては、回帰分析や主成分分析などを含む多変量解析、産業間のつながりから経済波及効果を試算する産業連関分析、異時点間の変化要因を探るシフト・シェア分析などがあります。

これに対して、規範的分析とは、（価値）判断基準が入った「こうであれば、こうなるはずだ」「この場合は、これが望ましい」という考え方に基づき、だから「どうするべきだ」というアプローチです。モデルがあり、それに基づく判断で定性的分析が多いという特徴があります。例えば、企業は利潤最大化をするという仮説で行動を定式化し、そこから、利潤最大化条件のひとつとして労働の限界生産性価値と賃金が等しくなるところで最適解が生じるということを導き出すといった流れです。

実証的分析と規範的分析とは相互依存的であるのが理想的ですが、しばしば実証的分析は行動仮説のないところでの感覚的な要因分析になっていることがあります。相関係数が高いだけで単純に因果関係を決めつけることは、しばしば誤った結論を導き出します。また同じモデルでも使うデータによって、結論（分析の数値）が異なることもあり、分析結果の普遍性が問われることもしばしばあります。他方、規範的分析は、現実とは乖離した定性的なモデル分析に陥り、モデルの前提条件で結論が規定されてしまうことがあります。

ここでいう「地域経済構造分析」は、規範的な考え方を背景に実証分析をするものと位置付けています。現象、実際の事象を観察するときに、背後にある仮説を考えます。またその現象の経緯、ストーリーがどのようなものか思いを巡らすことも必要でしょう。仮説を考える、あるいは仮説を立てるということは、原因と結果をつなぐ定性的なモデルを組み立てることを意味します。そのためには人間の行動を記述しないといけないのですが、ここにもまた仮説が必要となります。

通常のミクロ経済学では、人々は予算制約の下で効用を最大化する合理的行動を行う、あるいは一定の効用を達成するのに支出を最小化するような行動をとるものと考えます。そして、そのときの財やサービスの需要量はどうなるかを導きます。企業の場合だと、費用条件の下で利潤を最大化する、あるいは、一定の生産水準を達成するのに費用を最小化するように投入量を決定すると考えます。これらのモデルから導かれた因果関係について、データを使って検証することがEBPMの実践になるでしょう。

もちろん、必ずしも経済学のモデルによらなくても、常識的な観点から規範的な考え方はできます。例えば、高齢者が多いところでは介護需要も増えるはずで、これは極めて自然な考え方です。ただ、介護を必要とする高齢者の割合は地域によって異なってくるでしょう。これは、横軸に高齢者数、縦軸に介護認定者数をとったグラフを描くと、かなりの相関は見て取れますが、問題はすべての地域は決して一直線上には乗らないということです。しかしながら、この直線との乖離している大きさこそが、地域の健康寿命への取り組みを考えるエビデンスの元になるのです。

データの見方

データを見る際に留意しておくことが、いくつかあります。まず、統計データの場合、全数調査（悉皆《しっかい》調査）なのか抽出調査（ランダムか階層型）なのかということです。国勢調査や商業統計調査、経済センサスは全数調査ですが、工業統計調査の場合は従業者規模が四人以上の事業所が対象です。*1 家計調査や労働力調査などは抽出調査です。抽出調査の場合は、どうしても中小規模の市町村数値となってくるとサンプルの数からいって信頼度が低下するため、公表されていないことが多いです。

次は、調査の対象は何かということです。国勢調査は世帯（個人）が対象ですが、経済センサスは事業所、企業が対象です。したがって、国勢調査は居住地を基準とする統計になりますが、経済センサスは事業所があるところでの統計となります。さらに、農業や林業、水産業などで生計を立てている人には事業所の形態をとっていない場合がありますので、このような分野の従業者は経済センサスでは国勢調査に比べて少なく現れます。

また同じ人口でも、国勢調査の人口と住民基本台帳による人口統計では異なりがあります。国勢調査は調査員が直接回収するもので、実際にそこに住んでいる人をカウントするものですが、住民基本台帳による人口や世帯数はそこに住民票がある人についての統計です。数年間の転勤や大学進学といった場合は、しばしば住民票は移されないことがありますので、住民基本台帳の人口のほうが国勢調査の人口よりも少なくなることがあります。

*1　二〇〇八年調査以前は、西暦末尾〇、三、五及び八年については全数調査を実施していました。

表7・1　国勢調査人口と住民基本台帳人口との乖離

	人口（国勢調査）	住民人口（住民基本台帳）	国勢調査と住民基本台帳との差	乖離率
	2015.10.01	2016.1.1		
札幌市	1,952,356 人	1,941,832 人	10,524 人	0.5%
仙台市	1,082,159 人	1,056,503 人	25,656 人	2.4%
23 区	9,272,740 人	9,205,712 人	67,028 人	0.7%
名古屋市	2,295,638 人	2,269,444 人	26,194 人	1.1%
京都市	1,475,183 人	1,419,549 人	55,634 人	3.8%
大阪市	2,691,185 人	2,681,555 人	9,630 人	0.4%
広島市	1,194,034 人	1,191,030 人	3,004 人	0.3%
福岡市	1,538,681 人	1,500,955 人	37,726 人	2.5%

注）「国勢調査」（総務省）と「住民基本台帳に基づく人口、人口動態及び世帯数」（総務省）からの数字に基づいて作成。

表7・1は、そのような乖離が大きいと考えられる都市について、両者の乖離を見たものです。表のすべての地域において国勢調査の人口が住民基本台帳の人口を上回っていますが、そのなかでも乖離の人数の最も大きいのは東京都の二三区の六万七〇〇〇人です。これはわかるような気がしますが、次に多いのは京都市の五万六〇〇〇人強です。乖離率は三・八％と最も高く、大学生が多いまちの特徴が示されています。仙台市や福岡市も市内に大学も多く、また単身赴任も多いという特徴が現れています。住民票のある自治体に住民税を納めるのが原則ですから、国勢調査人口と住民基本台帳人口との差が大きいと、受益と負担の空間的乖離が生じていることになります。

バックキャスティング

地域経済構造分析に当たっては、その前提として「まちをどのようにしたいのか」というビジョン、展望が不可欠です。そして、それに向かっていくには、何をどのように変えていくのかを考えることです。これは、ある程度着地点を定めて、そこに向かっていくにはどうすれば良いかというバックキャスティング（Backcasting）な思考です。

そもそも経済分析は、過去のデータや実績、経験などに基づいて要因分析をし、現状で実施が可能と考えられることを積み上げて将来を予測する方法が中心ですので、フォアキャスティング（Forecasting）な考え方といえるでしょう。高齢化社会が進展すれば高齢者が増え、健康への関心が高まることでしょう。こういったニーズに応えて、マスコミが健康食生活に関する情報サービスを提供したり、運動施設が高齢者向けのサービスを始めたりするでしょう。そういったサービスにはモノが必要です。ウォーキングには高齢者に適したシューズ、そしてそのデザイン、素材の開発というように上流への波及が生まれます。

産業連関分析は、過去の取引データや生産額などに基づいて作成した表をモデル化し、最終需要が変化したときの波及効果を推計していくものですので、本来的にはフォアキャスティングなアプローチです。これをバックキャスティングなアプローチにするにはどうすれば良いでしょうか。着地点として○○くらいにまちの所得を上げたいというのがあったとしましょう。まちの産業連関構造を見ると、それには○○部門の循環率（自給率）が低いので、それを高めることでの所得効果はどうだろうか、と考えます。そこで、実際に産業連関表を使って○○くらいの所得にするには○％循環率を上げることが必要だということが、まちの産業連関構造を改革していくシミュレーションによって見い出すことができます。[*2]

＊2　これには次の第8章で述べる中村メソッドによるシミュレーションを実施する必要があります。

図７・１　地域経済構造分析の流れ

Ⅰ	地域（圏域）の設定 分析の対象地域、まちの立ち位置	地域経済構造の基礎	地域間の優位性 地域内の優位性 の発見
Ⅱ	地域経済の状況 人口、雇用、生産、所得、消費、税収		
Ⅲ	地域経済構造の識別と相互の関係 基盤産業、基幹産業、雇用吸収 相互関係と動向		
Ⅳ	地域経済の連関と循環 ⑴　連関構造：つながり ⑵　循環構造：めぐり	地域経済循環分析	産業連関分析で より詳細に見る
Ⅴ	地域経済のポートフォリオ 地域経済の安定性・頑健性	地域産業構造分析	
Ⅵ	地域経済の資産（ストック）分析 地域資源、人材、有形資産、無形資産	地域経済資産分析	

地域経済構造分析の流れ

図７・１に、地域経済構造分析の大まかな流れを示しています。まずⅠの段階として、分析の対象地域を設定します。これには市町村、都道府県、県で定めている地方振興局（県民局）、通勤で見た就業圏域、買い物の商圏、医療の二次医療圏などいくつか考えられますが、一つの経済圏域（通勤圏域）で設定するのが望ましいと考えられます。県の立場からすれば、もう少し広域的な市町村圏域を考える傾向にあります。それは通勤圏や雇用圏で設定すると白地の区域が出てきて、都市部以外のところが外れてしまうことがあるからです。ただ多くの場合は、基礎的自治体としての市町村で分析をすることが圧倒的に多いといえます。最終的には分析の目的と分析者の立場に依存します。そして対象と定めた地域が市町村であれば、より広域なエリアのなかでの位置付けを把握しておく必要があります。どのようなところへ通勤し、またどのようなところからどの程度通勤（や通学）の人

が来ているかを調べて、郊外的なところなのか中心的なところなのかを定量的に把握しておきます。

Ⅱは、雇用や就業者、賃金や所得、税収といった地域経済の状況の把握です。特に、人口ではその市町村が属している就業圏域のなかでの長期的人口動向を見ておくことが必要です。これによって、対象地域が、集中や分散、成長、停滞、衰退など都市の発展段階のどのようなステージにあるかがわかります。またⅡでは、生産額や所得、消費額などの単純な地域間比較ではなく、第3章で示した規範的分析の視点に立ち、まちの構造的問題の発見に努めます。

Ⅲは、地域経済構造の識別と相互の関係です。基盤産業とは域外マネーを獲得する移出産業で、基幹産業とは地域に付加価値を多く生み出す産業と定義します。しばしば、基幹産業のなかに基盤産業を包含する考え方もありますが、混同を避けるために域外マネー獲得と域内への付加価値創出と明確に区別します。[*3] そして、雇用を吸収する（生み出す）産業は、どのようなものかを識別し、当該地域における産業による稼ぐ力と雇用力の相対的な位置関係を把握することで、優位性のある産業を見つけます。

＊3　あるまちの産業が生産したものをすべて域外に出荷して一〇〇億円を稼いだとします。このときの生産に要した原材料など中間投入の金額が六〇億円で、残りの四〇億円が人件費（雇用者所得）や企業の営業余剰という付加価値部分であったとします。このことは稼ぐ力は一〇〇億円だが、まちに落ちるマネーは四〇億円ということを意味しています。他方で、小売業や飲食サービスのように域外からマネーを稼ぐよりも、付加価値部分のほうが大きい産業もあります。これはまちにとって十分な生活の糧となる所得を総額として多くもたらすわけですので、基幹産業ということができます。基幹産業と基盤産業（移出産業）を混ぜてはいけないのです。

これまでの地域経済構造分析は、ある時点における基盤産業と雇用吸収産業の関係を見て解釈することが中心でしたが、地域経済の動きを見るには異時点間の比較が必要になってきます。地方創生から四年超が経過し、同一産業分類で比較できる統計が揃ってきました。国勢調査であれば二〇一〇年と二〇一五年、経済センサス基礎調査ですと二〇〇九年と二〇一四年、そして活動調査であれば民営事業所に限りますが二〇一二年と二〇一六年というように、稼ぐ力や雇用力の変化を考察することができます。例えば、稼ぐ力のある産業が雇用を増やしたか、減らしたか、稼ぐ力は上がっているのか低下しているのかなど、まさに地域経済の構造変化を見るにはふさわしいものといえるでしょう。

まちの経済の基礎体力を把握し、強い部分とそうでない部分の識別ができれば、その理由（要因）を探っていく段階になります。これがⅣの「地域経済の連関と循環」の構造分析です。連関構造とは産業間、産業と消費者、域内と域外といったつながり、やり取り、取引が、どのようにつながっているかということです。循環構造は、つながりによって生じるマネーの動きです。まちに入ってきたマネーが、域外に漏れることなく、誰かの所得になるように循環しているのかなどです。これについては図7・1にあるように産業連関表を用いた分析が中心となります。次章の「地域産業連関表とまちの構造改革」で詳しく述べたいと思います。

まちの経済は国民経済に比べて規模が小さいことから景気変動の影響を受けやすいという点があげられます。特に、少数の移出産業に地域経済の基盤がある場合は、その傾向が強いでしょう。まちの産業構造に多様性があることは、景気変動のリスクを分散することができます。モノトーンの産業構造はまちの経済にとってハイリターンも期待できますが、同時にハイリスクでもあります。Ⅴの「地域経済のポートフォリオ」は、資産選択のポートフォリオになぞらえて、地域経済の産業構成のリスクとリターンを考えます。

そして、Ⅵでは「地域経済の資産（ストック）分析」を行います。経済循環や産業連関の分析は、基本的にマネーフローに着眼した分析です。このフローが生まれるには、有形・無形のストックの存在が必要です。それらは、いわゆる観光資源も含めた地域資源ということになりますが、具体的にはヒューマンキャピタルと言われる人材、自然や人工の有形資産の定量化を行い、フローとの関連付けをしておくことが望ましいでしょう。空き家問題も住宅というストックの評価から始めることで、需要と供給の乖離という構造的問題にアプローチすることができます。どこにどれだけ空き家があるかという情報は重要ですが、それだけでは構造的問題の解決にはなりません。

ここからは、事例を交えながら地域経済構造分析の新たな部分を説明していきます。

就業圏域でのまちの立ち位置

合併をして広域になったといっても市町村単位でまちの単位を見る限りにおいては、市町村の境界を越えて毎日の人の出入りはあります。これを見極めるのに最も良いのは、通勤の流出率と昼夜間人口比率の相関を見るプロットです。横軸に通勤の流出率、これは常住就業者のうち、他の市町村で働く人の割合で、縦軸には昼夜間人口比率をとります。

次頁の図7・2は大阪府の市町村を例に示したものです。グラフの右下方向にあるまちは郊外的なまちで、左上にあるのは中心業務地域的なまちです。通勤流出率と昼夜間人口比率は比較的高い負の相関関係（相関係数：

図７・２　通勤流出率と昼夜間人口比率：大阪府の市町村

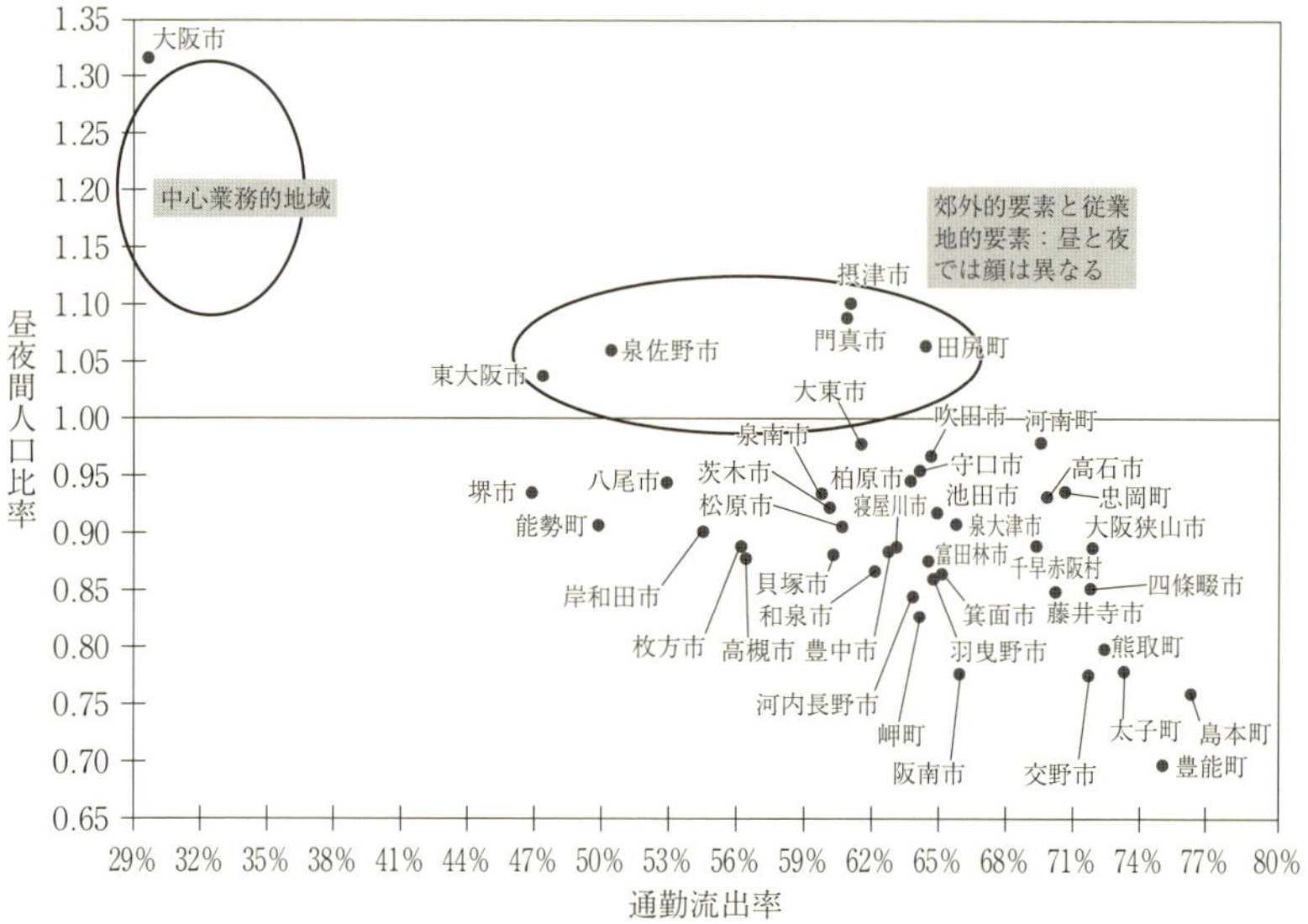

マイナス〇・六九）を示しています。

大阪市が一・三一七と非常に高い昼夜間人口比率で、なおかつ通勤流出率も府下市町村の平均の六二・七％に比べて二九・六％という低い値で、中心都市としての特徴を示しているといえます。右下がりの関係ではあるものの、そのラインから外れているような市町村がいくつかあります。図７・２にもコメントを入れていますが、そういったまちは域外に通勤する人も多いと同時に、このまちへ通勤してくる人も多く、夜と昼と出入る人が入れ替わるまちです。

図７・２の門真市と摂津市は大阪市に接しており、前者はパナソニックの本社工場があることから衛星都市と同時に大阪就業圏域の中心的な機能も持っています。後者の摂津市も大阪市に近く、東海道新幹線の車両基地や阪急電鉄の工場があり、昼間人口も多くなっています。そして田尻町は関西国際空港が町の面積の三分の二を占めています。ここからの税収で地方交付税の不交付団体となっています。

このように、昼夜間人口比率や昼夜間就業者比率、常住就業者に占める通勤流出者の割合、さらには従業者に占める域外からの通勤流入率などを図表化することで、我がまちの就業圏域県域内での位置付けがはっきりわかります。こういった統計はすべて国勢調査からのもので、総務省のe-Statにアクセスして長期的な動きを探ることができます。

まちの動き

図7・2のように人々の日々の空間的移動によって、まちを特徴付けることができます。都市部に位置する多くの市町村は、多くの人々が働きにやってくる中心業務機能をもったまちと郊外型のまちに分けることができるでしょう。そして、それらが一体となって、一つあるいは階層型の就業圏域を形成しています。もちろん、市町村合併によって一つの就業圏域に近くなったところもあります。[*4]

このような広域的な視野において、まちが長期的にどのような動きをしているか、どのように変化しているか

＊4　愛媛県の今治市は、二〇〇五年一月一六日に周辺の越智郡一一町村と新設合併しました。合併前の二〇〇〇年の国勢調査では昼夜間の従業者・就業者比率は一・〇七七で、昼夜間の差は四二六六人でしたが、合併後の二〇〇五年一〇月の国勢調査では、昼夜間比率が一・〇一六、昼夜間差は一〇一六人と大きく低下しました。二〇一五年一〇月時点でも今治市に通勤流出率が最も大きいのは離島の上島町の一・八％（五三人）で、人数で最も多いのは新居浜市の二四七人（〇・五％）となっています。

図7・3　都市発展段階のサイクル

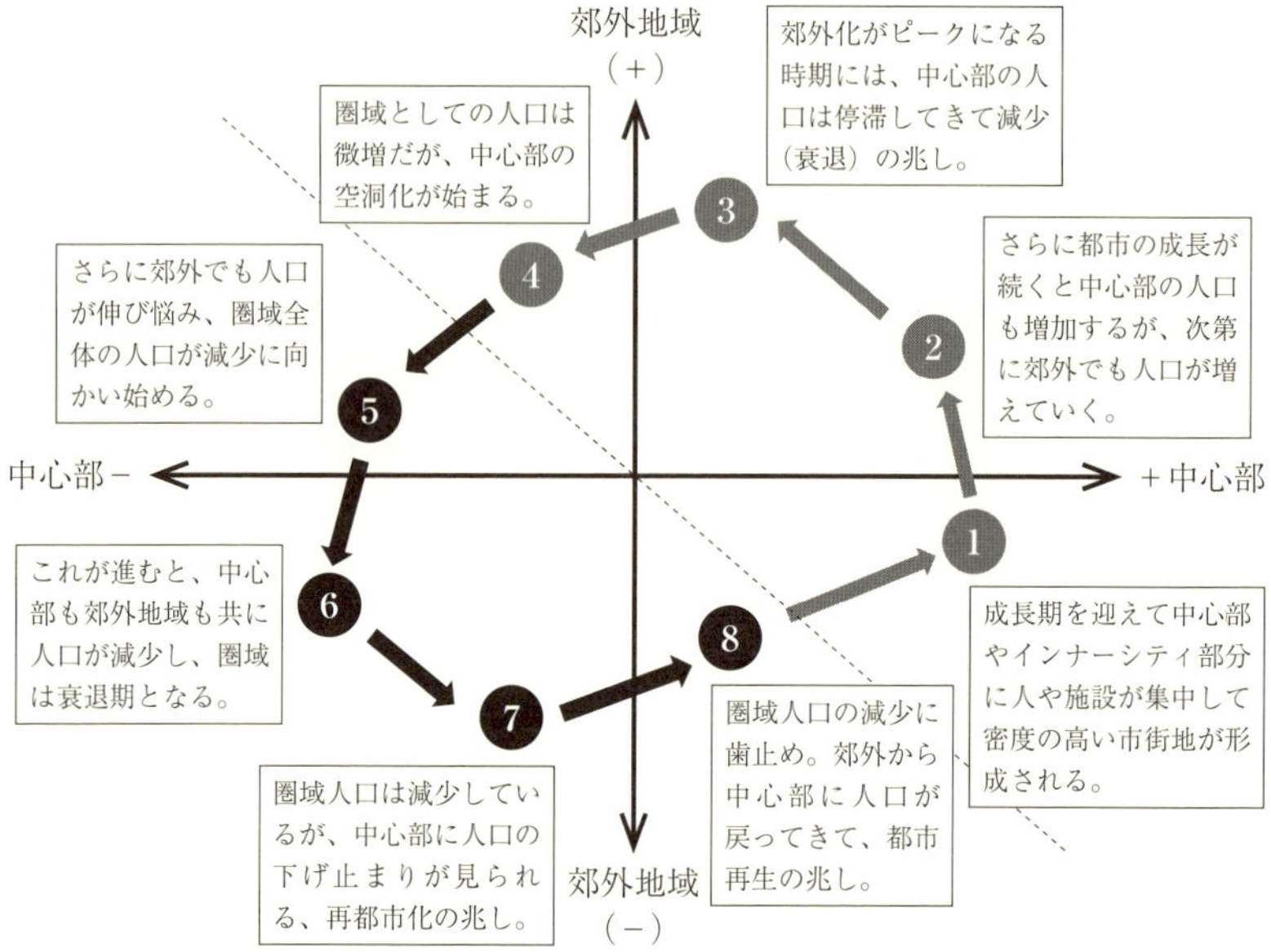

といった、わがまちの向かっている方向と現在地を認識しておくことが大切です。それを一つの仮説のなかでとらえるのが「都市の発展段階仮説」で、都市の輪廻とも言えるものです。これは、就業圏域を中心都市と郊外地域に分けて、その相対的な人口変化を見るものです。また、一つの都市のなかで、中心市街地とその周りといった分け方で変化を見ていくこともできます。

図7・3は、この「都市の発展段階仮説」を四つの象限のなかでの動きで説明したものです。順番をつけているのは、都市のライフサイクルともいうべきものです。

まず、主に郊外から中心部分に人口が集中し、そして郊外部分にも人口が流入してくるというのが①から②の流れです。③の段階では、中心部分は面積が狭いので郊外地域の人口増加が顕著になってきて、郊外のほうが中心部よりも人口が増加するようになります。郊外化現象です。しかし、やがて中心部の人口減少、都心の空洞化現象が出てきます。これが④の段階ですが、マイナス四五度線を境に上方では圏域人口が増加しており、①〜④は圏域の成長期といえます。

しかし、やがては郊外の人口も高齢化で伸び悩み、徐々に中心部から郊外へと広がってきた人口の伸び悩みから減少によって都市就業圏域全体も停滞から衰退期を迎えます。

その中心部衰退の背景には、中心部が過密になり過ぎて住むにくくなったこととか中心部に立地する基盤産業の低迷や撤退などで従業者が減少したことなどが考えられます。このようなことが、やがては郊外地域にも波及していき、郊外部の人口も低迷から減少に向かうかもしれません。

もちろん、すべての圏域がこうなるわけではありません。これはあくまでも都市を生き物として見たときのライフサイクル仮説で都市圏域の栄華盛衰の過程を既述しているものです。このことは、中心部に人口が戻り、再生する可能性があることも示唆しています。はじめは圏域全体としては人口が減少する衰退期ですが、再び中心部に人口が戻り再都市化の兆しが出てくるというのが、⑦〜⑧の段階です。高齢者が都市中心部に回帰している現象、都心居住もその現れと言えるでしょう。

それでは事例として、大阪府を一つの圏域とした大阪府下の市町村の人口を国勢調査の長期データで都市のライフサイクルを見てみます*5。

---

*5　大阪市を中心都市とする都市の地域就業圏域には、兵庫県の尼崎市や芦屋市、奈良県の生駒市など大阪府以外の市町村も該当しますが、ここでは大阪府下の市町村に限定しています。

図7・4　都市の発展段階（1947年～2015年）：大阪府の例

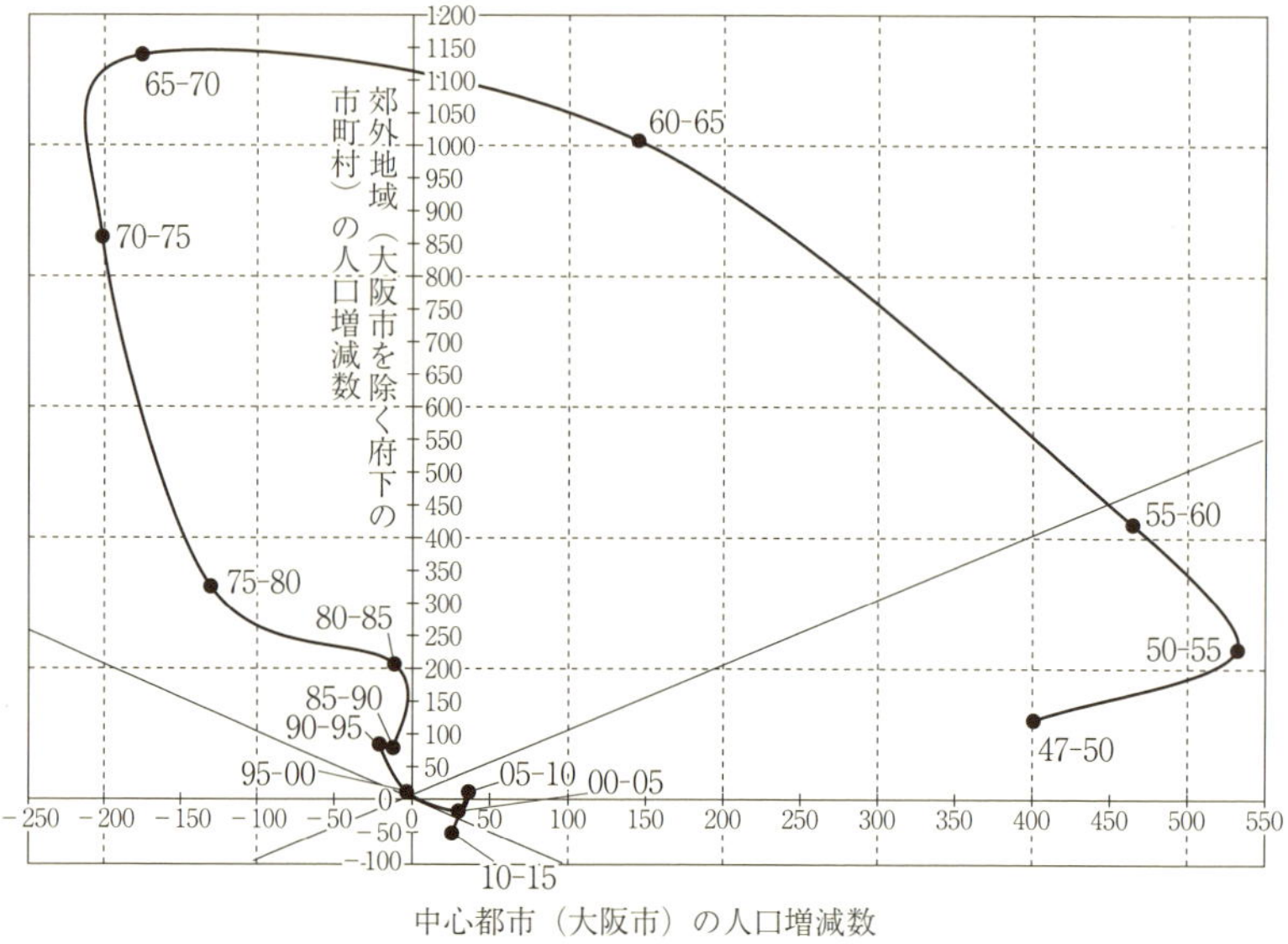

注）「国勢調査」（総務省）の長期統計から作成。

図7・4では、各期間の増減をプロットし、それらを緩やかな曲線近似でつないでいます。概観すると、図7・3のサイクルと同じ周り方をしていることがわかります。戦後から高度経済成長期に入るまでの復興期は、中心都市が郊外の成長を上回る相対的集中型の発展をしています。これは②の段階です。高度経済成長では、郊外地域の人口成長が際立ってきますが、やがて中心都市大阪市の人口減少が始まります。③から④の段階へと移行してきています。石油危機以降バブル期に向けては、中心都市の人口減少に徐々に歯止めがかかり再都市化に向かっていますが、反面、郊外での人口増加が鈍化してきます。ただ圏域全体での人口はまだ増加傾向にあることから、④の段階に留まっていると考えられます。

図7・3の都市発展段階のサイクルでは、④の段階から中心都市、郊外地域ともに人口が減少するといった衰退期の段階に入るという仮説ですが、大阪府の場合はそういった期間を経ることなく⑧の段階

に入ってきている様子です。都心部の再都市化という意味では、中心都市・大阪市のなかでも中心業務地区としての位置付けの高い北区と中央区の人口がそれぞれ一万三〇〇〇～一万四〇〇〇人増加しています。他方、大阪市に隣接する東大阪市と門真市の人口減少が多く、これはそれぞれの地域の基盤産業の低迷が影響していると考えられます。今後、少子化と高齢化が進行し、社会増減数が拮抗していくことを考えると、⑦の段階に逆進することも考えられます。次のステップでは、社会増減と自然増減に分けてみること、そして社会増減ではどこの地域との転出入が多いのかを見ておくことが必要となります。

まちの求人・求職

地域経済構造分析のⅡでは、雇用（労働力、就業者、失業者）、所得（賃金）、自治体の税収（個人住民税、法人住民税、固定資産税など）といったまちの基本的な経済指標について分析します。

地方創生において、まちの雇用創出は重要な関心です。これをきちんと捉えるには、働く側と雇う側という労働供給と労働需要の相互関係を読み解かないといけません。つまり地域の労働市場の構造分析です。しばしば、就業者の推移や失業率や有効求人倍率で雇用情勢を見ることがあります。これ自体は良いのですが、これはあくまで労働需要と労働供給の相互作用の結果の数字です。いくら産業別に細かく見ても、ここからは労働需給の構造的なことはわかりません。

例えば、有効求人倍率が高いといっても、それは求人数が求職者数より多いからなのか、反対に求職者数が求人数に比べて少ないのかはわかりません。それは、地域の事情によって異なってくるでしょう。失業率について

図7・5　介護サービス職の求人と求職：都道府県

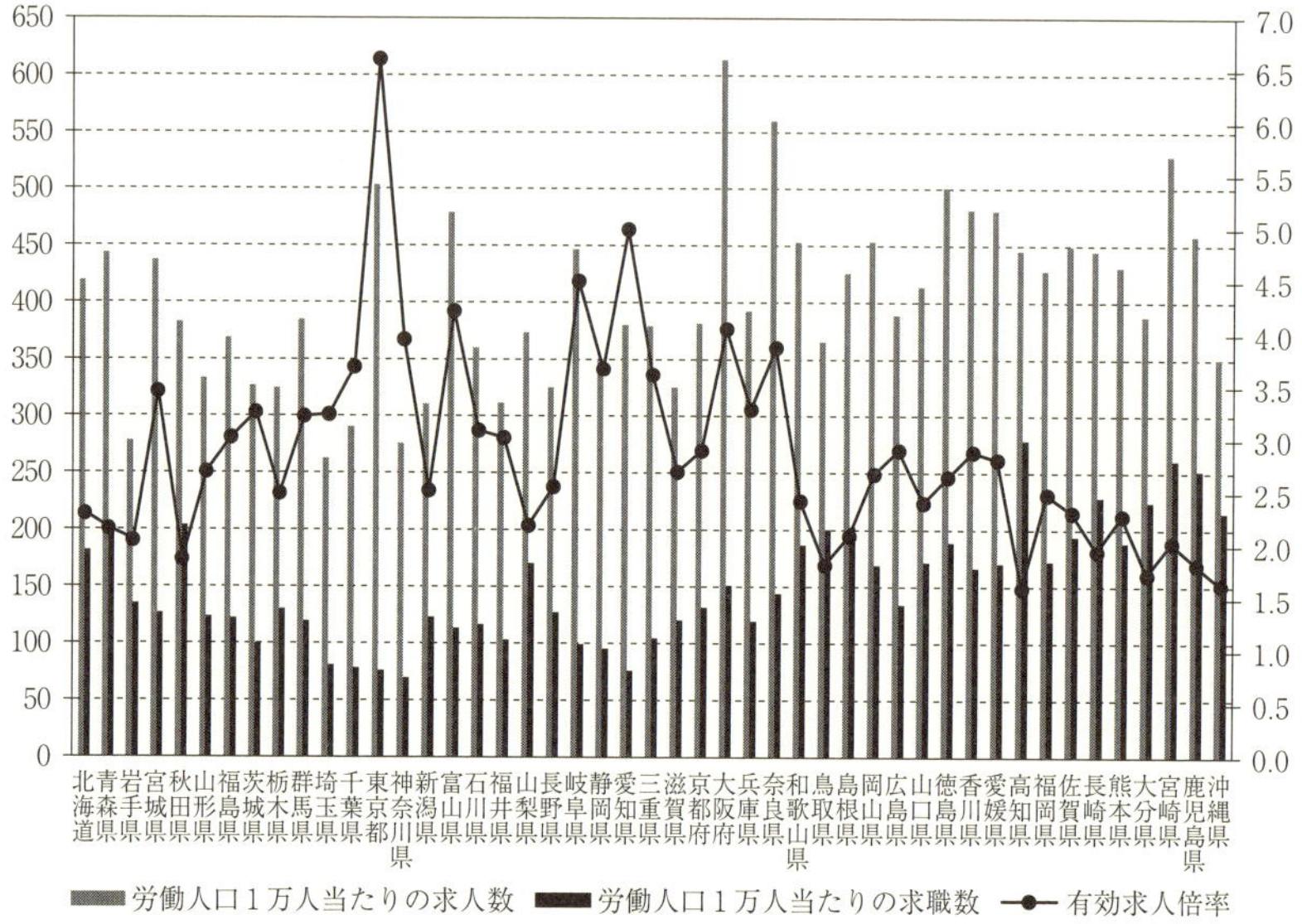

注）「国勢調査」（総務省）、「職業安定業務統計」（厚生労働省）から作成。

も同様のことが言えます。

この構造を分析するには、地域の労働局が提供している有効求人数や有効求職者数のデータを使う必要があります。少なくともハローワーク単位の月別、年次単位のデータは提供されていますし、リクエストをすれば属地ベースでのデータもあるはずです。

図7・5は、「介護サービス職」についての月間有効求人数と有効求職者数の二〇一六年データから作成したものです。これは都道府県の各労働局からデータが利用できます。図7・5の折れ線グラフは有効求人倍率ですが、各県二本の棒グラフは、それぞれ地域の労働力人口で割って基準化したものです。

有効求人倍率では東京都が六・六一倍で二位の愛知県の五・〇〇倍を大きく引き離しています。この有効求人倍率は、労働需要を表すものでも労働供給を示すものでもありません。市場の数値です。そこで労働の需要（求人）と供給（求職）に分けて見てみます。ただ、そのままの数字では地域間比較はできませんので、地域の労働力人口で基準化して考えます。

労働需給の内訳を見ると、東京都が高いのは労働力人口当たりの求人数も多いものの、求職者数が非常に少ないことが高い求人倍率の原因であるとわかります。労働力人口当たりの求人数でいうと、大阪府や奈良県、宮崎県のほうが多いです。中国、四国、九州といった地域では首都圏に比べて労働力人口当たりの求職者数が多くなっており、その分有効求人倍率が低く現れています。また、首都圏では介護サービス職への求職者数が労働力人口に比べて少ないことから、求人倍率の高さは供給側に主たる要因があることがわかります。

他方で需要（求人）側についても構造分析を進めることができます。例えば、六五歳以上人口に占める要支援・要介護の認定者数の比率が高いと介護サービス職への求人数は高まるものと考えることができます。介護認定者数は、都道府県単位ですが、総務省の e-Stat（政府統計の総合窓口）からデータを得ることができます。

次頁の図7・6は、二〇一六年の要支援・要介護者数について六五歳以上人口に対する割合を横軸に、労働力人口一万人当たりの介護サービス職の求人数を縦軸にして、各都道府県の数値をプロットしたものです。これは、支援・介護割合が高いと、それに対する労働需要も高いであろうという暗黙の仮説に従ってのプロットです。両者の間には一定の相関関係（相関係数：〇・五一）を見て取れますが、そこから外れている地域もあります。また、両者の間に回帰線も示しています。

これを見ると、大阪府は六五歳以上人口に占める要支援・要介護者の割合も介護サービスの求人数も高い地域となっており、四七都道府県の基準（回帰直線）からすれば、より介護サービスの需要が高い状況です。奈良県や宮崎県、東京都も要支援・要介護者割合に比べて介護サービス職の需要が高い地域となっています。要介護度にも五段階のレベルがあることから、詳細に見ることもできます。岐阜県は要支援・要介護者の割合は低いです

図7・6　要支援・要介護割合と介護サービス求人の関係

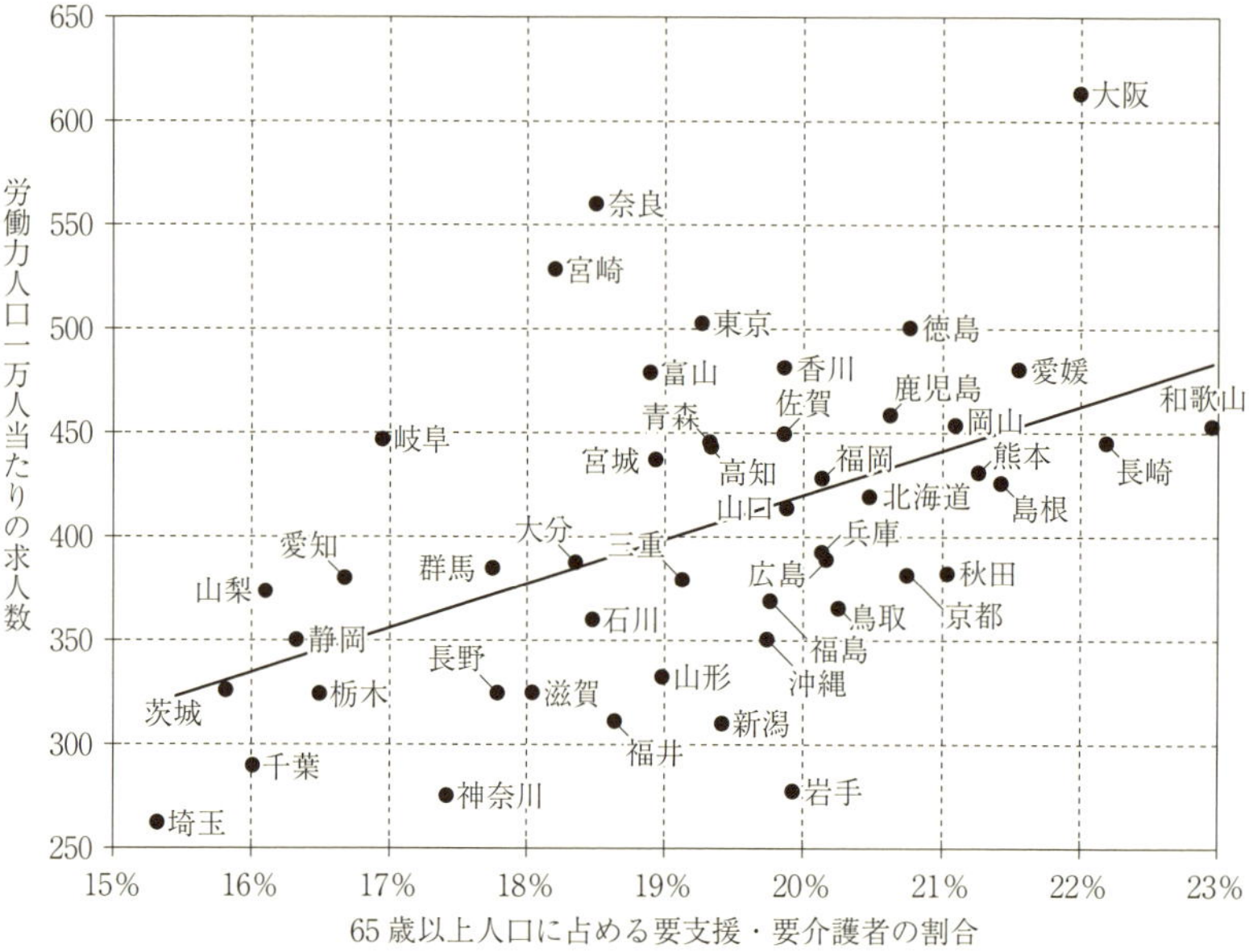

注）「国勢調査」（総務省）、「職業安定業務統計」（厚生労働省）、「介護保険事業状況報告」（厚生労働省）から作成。

が、介護サービスへの需要は相対的に高くなっています。反対に、岩手県や神奈川県、埼玉県は需要が低い地域となっています。こういった回帰線から外れている地域については、次のステップとしてその構造的要因を調べていく必要があります。

特化係数の変化

相対的集積度を見る特化係数と雇用吸収力の従業者割合の異時点間での変化を調べると、移出産業としての集積の変化と雇用吸収力の動向を合わせて見ることができ、まちの産業の展望が見えてきます。

図7・7は、愛媛県今治市において従業者構成比が高い四つの産業部門（中分類）に焦点を当て、二〇〇九年から二〇一四年の二時点間での動きを見たものです。横軸は修正特化係数で

図7・7　特化係数と雇用吸収力の変化：今治市

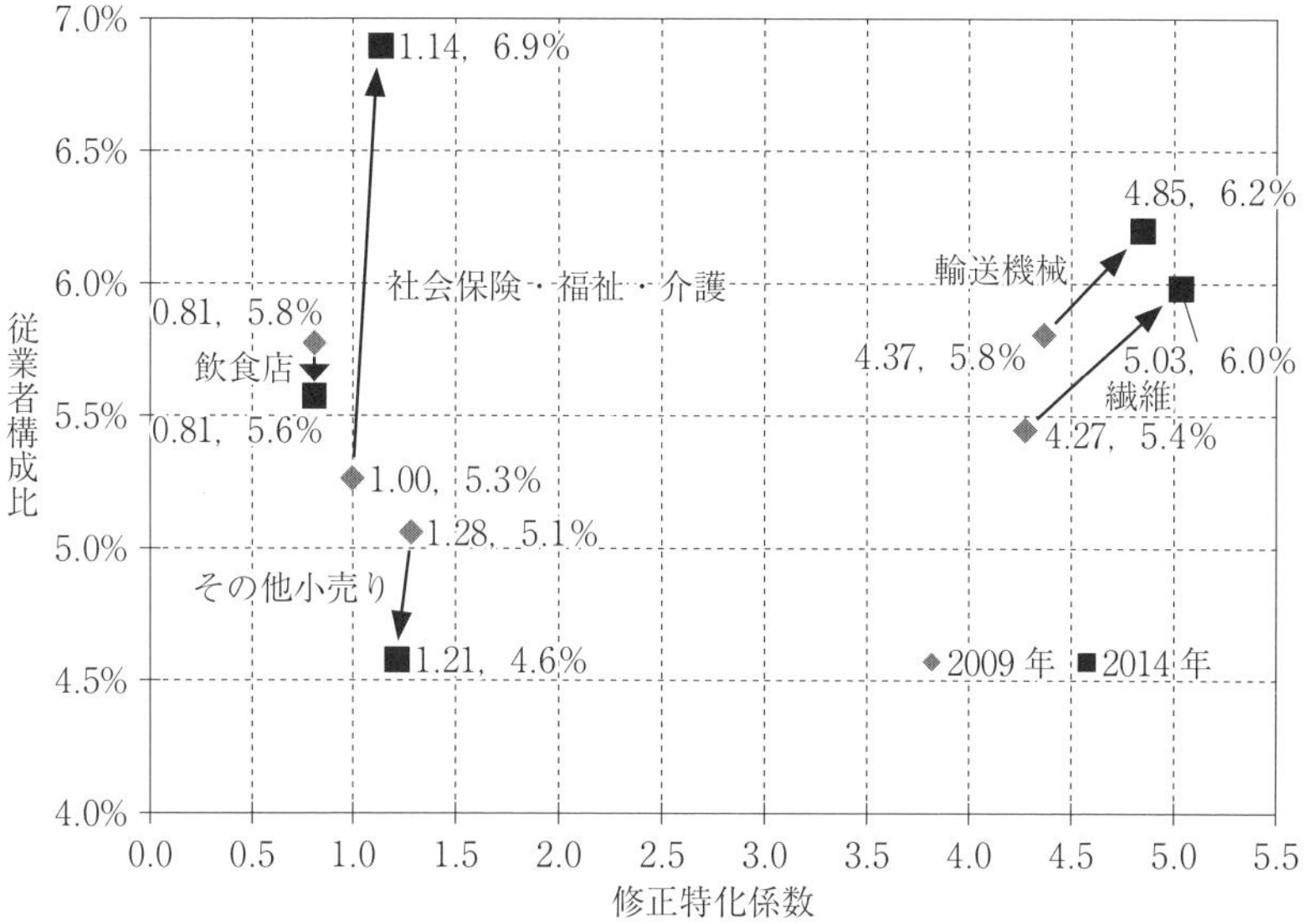

注）2009年と2014年の「経済センサス基礎調査」（総務省）から作成。

縦軸が従業者構成比です。矢印の元が二〇〇九年で、先が二〇一四年の位置です。

今治市の移出産業として知られている基盤産業はタオル産業と造船業で、これらは産業中分類では、それぞれ「繊維工業」と「輸送機械器具製造業」に属します。図7・7における数値は修正特化係数と従業者構成比ですが、これら産業はともに相対的な集積度を高めていると同時に雇用吸収力も増えていると考えられます。実際、従業者数も増加しています。

サービス関係で雇用吸収力の高いものとして、図7・7では「飲食店」、「社会保険・福祉、介護事業」、「その他の小売業」の動きを示しています。[*6] これを見ると、「社会保険・福祉、介護事業」は雇用

＊6　「その他の小売業」には、ドラッグストアやホームセンターなどが含まれます。

をかなり伸ばし、特化係数も上がっています。反対に「その他小売業」と「飲食店」については僅かですが相対的な集積度と雇用吸収力が低下していることがわかります。ただ、五年間で今治市の従業者は、四九一〇人も減少しています。図7・7には表示していませんが、これには土木建設関係の従業者が一四〇〇人の減少、電子部品製造業など一部製造業の撤退などでの雇用減少が強い影響を及ぼしています。まち全体で従業者数を増やすには、雇用が増加している介護や福祉分野における投入要素の上位にある製造業（産業用機械器具・医薬品製造業）やIT関連産業などを強化して基盤産業化していくことが求められます。

産業間のつながり

地域経済の雇用効果を高めるには、まちのなかの企業間・産業間のつながりが意味を持ってきます。次章で詳しく述べますが、産業連関分析もそういった思考のなかで位置付けることができます。

例えば、中山間地では林業が基盤産業となっている自治体は少なからずあります。木材がそのまま移出されることもありますが、製材工場を経て木材・木製品となり、それを使って生産する事業所へ出荷されたり、また家具・装備品に加工され卸売り業者を経て消費者に届くことなども考えられます。

表7・2では、岡山県内で林業の特化係数が高い四つの自治体について、その下流に位置する産業部門の特化係数も併せて表示したものです。林業、木材・木製品製造業、建築材料卸売業、家具・装備品製造業などが、雇用者数は異なっても特化度においては比較的近い位置にあることがつながっていることの証だと言えます。四つのなかで西粟倉村が三つの部門で高い特化係数を示しています。実際、西粟倉村では、地元資源の林業を活用し

表7・2　特化係数で見る産業間のつながり：岡山県の自治体

	林業	木材木製品	家具・装備品	建築材料卸
津山市	3.10	4.08	1.53	1.04
新見市	16.63	1.74	0.69	0.53
真庭市	10.18	15.98	1.04	0.67
新庄村	31.16	29.76	1.71	0.68
西粟倉村	106.63	30.74	14.38	0.00

注）2014年の「経済センサス基礎調査」（総務省）から作成。

て、村営住宅の建築、木材木製品や家具調度品などの製造を積極的に展開しており、それに伴って木工職を中心とした移住者も増加しています。

また、稼ぐ力のある産業であっても、雇用を生み出していないかもしれません。ただ、その産業が直接雇用を生み出していなくても、その部門の生産に関わる中間投入物やサービスを提供している企業が地域にあれば、雇用が間接的に生まれます。一種、サプライチェーンが地域（市町村から就業圏域、都道府県、そして広域経済ブロック）でどの程度形成されているかがポイントになります。

医療機関における最大の投入物は医薬品です。これには医薬品卸があり、医薬品の製造、その製造には研究開発部門が必要で、さらにそういった人材の存在が求められます。これらをすべて一つのまちで揃えることは困難ですが、少し範囲を広げて県内とかで供給できるとなると波及効果も高まります。福祉・介護の事業所にとって日々の活動に必要なのは、食材（地産品）のケータリングや機材の利用（リース）ということになります。産業でいうと、地元の農業、物品賃貸業、クリーニング・リネンサービス業が該当します。これらは下流の需要からの上流への需要を述べたものですが、産業連関の上流から下流への流れで考えると、次のような流れが考えられます。

▽農業⇒農産品（お茶、果実……）・畜産品⇒輸移出
⇒農産品（お茶、果実）・畜産品⇒加工工場⇒（流通）⇒食

料品卸 ⇓ 小売業 ⇓ 消費者

▽ 水産業 ⇓ 水産品 ⇓ 輸移出

水産品 ⇓ 加工工場 ⇓ 食料品卸 ⇓ （流通） ⇓ 移出 ⇓ 域外の消費者

▽ 鉱業（石灰石） ⇓ コンクリート（舗装の新技術） ⇓ 建設業

▽ 原材料 ⇓ 中間部品 ⇓ （組み立て・加工） ⇓ 中間製品 ⇓ 卸売り ⇓ 移出

▽ 新素材開発 ⇓ アパレル産業、航空機など輸送産業、建築業界 ⇓ 消費喚起

▽ 域内原材料 ⇓ 域内事業所が生産 ⇓ お土産品（練り物・お菓子・クラフト） ⇓ 観光客

こういったものが地域でそれなりのコストで提供、調達できると、経済効果、雇用効果の大きさも変わってきます。

産業ポートフォリオ

地域経済は、成長率が高いほうがもちろん良いのですが、その成長率の変動が期間によって大きいと経済は不安定となります。少数の特化した産業で構成された地域経済は、景気変動の影響を受けやすくなります。それに対応するには、景気変動に対する反応が対照的である産業の組み合わせが地域経済は大きな成長を達成できない代わりに安定的となるでしょう。

そこで、付加価値の変化率をリターン（収益）とし、その期間平均値を平均リターンと考え、また、その期間におけるリターンの分散（標準偏差）の程度をリスクと考えます。これは、株式投資でハイリスク・ハイリター

図7・8　神戸市製造業のリスクとリターン

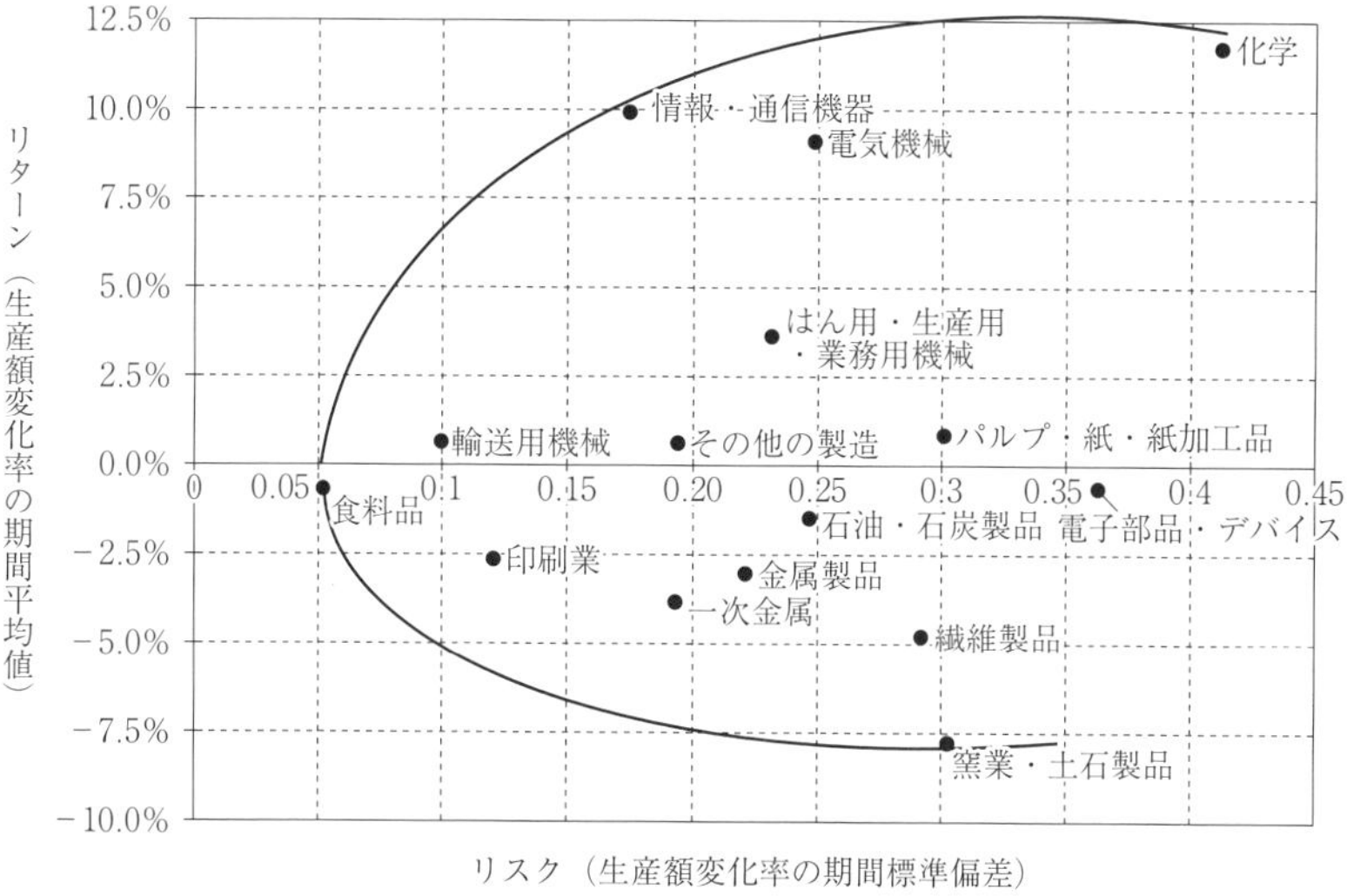

注）「神戸市民経済計算」（神戸市）より作成。

ンとローリスク・ローリターンの組み合わせてポートフォリオを組むという考え方の地域経済への適用です。

実際に神戸市の「市民経済計算」から二〇〇六～二〇一五年度の実質生産額の変動を元に、図7・8ではリスクとリターンをプロットしています。産業の付加価値構成比でのウェイト付けはしていませんが、直近の数字では、「食料品製造業」の構成比が二一・八％と最も高く、次いで一九・六％の「はん用・生産用・業務用機械製造業」、三番目が「化学工業」の一五・五％です。

あと一〇％を上回っているのは「電気機械製造業」と「輸送機械器具製造業」です。「情報・通信機器製造業」は五・七％と構成比は低いですが、ハイリターンとなっています。曲線は効率フロンティアを表すものですので、「食料品製造業」や「情報・通信機器製造業」などは効率的な位置にあるといえるでしょう。また、化学工業はハイリターンであると同時にハイリスクであることがわかります。反対に「食料品製造業」や「輸送機械製造業」、「印刷業」などは対象期間中、収益性の変動率の小さいリスクが低い部門だと言えます。これらは、効率フロンティアに乗っている、あるいは近くにある産業部門です。逆に、構成比は低いですが、「金属製品」や「一次金属」、「繊維製品」などはもっとリスクを下げていくことが望ましいと考えられます。

産業の多様性と相互の補完性を見ることで、一定のリターンを前提として最もリスクの低い産業の組み合わせ、つまりまちの経済が安定的であるような産業構成はどのようなものであるかを考えることが可能になります。

第8章 まちの構造改革と地域産業連関表

ウィーン郊外にある個性的な美術館
クンストハウス（ウィーン，オーストリア）

地域産業連関表の真髄

産業連関表の特徴は、企業間の中間取引を産業別に集計して「見える化」しているところです。これは、付加価値統計が中心の国民所得統計と異なる点です。我が国の産出額に占める中間取引の部分と付加価値部分はほぼ同額です。また我が国の製造業は、最終製品よりも中間製品のほうにウェイトがあります。サービスでも対事業所サービスの位置付けは高まりつつあります。[*1]そういった意味からも産業連関表は重要な統計といえます。

今日では計算機の情報処理能力の飛躍的拡大で、産業部門数が一〇〇を超える大きな産業連関表でも短時間で簡単に波及効果分析ができるようになりました。それに相まって身近な政策の現場にも産業連関表を用いた分析が活用されてくるようになっています。最近では、地方創生交付金の一つでプレミアム付き商品券の地域経済効果を、地域産業連関表を使って推計するといったことがありました。また、観光庁のホームページで「統計情報・白書」⇒「統計情報」と進んでいくと、「観光地域経済の「見える化」の推進事業」という項目があり、そこでの報告書には地域産業連関表を活用した観光の経済効果の分析がデータの取り方から詳しく事例とともに紹介されています。[*2]

インバウンドの観光でまちの経済への波及効果が何百億円とか、イベントやスポーツを実施したときの初期投資に対する効果倍率が何倍とかといったマスコミ報道は結構インパクトがあります。特に主催者側にとっては費用対効果を見る際の重要な材料となるでしょう。ただ、これだけでは不十分です。第一、経済効果で所得が〇〇百万円増えるといわれても、直接、観光関連の業務に携わる人以外でぴんとくる方は少ないでしょう。

第5章の図5・1でも書きましたが、マスコミなどで目にする経済波及効果の金額とは、所得の増加を意味するものではありません。売り上げの総額のようなものです。また、最初に投じられた金額以上に所得が増えることはありません。重要なことは、所得（付加価値）が誰にどれだけ帰属するのかを示すことです。

産業連関表のルーツはフランス革命前のフランソワ・ケネーにさかのぼります。彼は宮廷の外科医でしたが、「血液が体内を循環して再生産される」という当時の新しい考えに発想の元を得て「経済表」を作成したと言われています。これは「生産⇓分配⇓支出⇓生産⇓…」という経済の循環構造を表によって表現したものです。彼は、これによってフランスの経済循環の基盤となる農業生産の重要性を説き、それが結果的に重商主義を批判するものになったのです。また、「資本論」で有名なカール・マルクスの「再生産表」もこれを元に着想されたものですし、今日の「産業連関表」を構築したワシリー・レオンチェフもまたその一人です。経済体制の考え方は異なるにせよ、いずれもモノとマネーの主体間の循環を捉えることの重要性を述べているものです。

地域産業連関表は、一国レベルの産業連関表とその構造の本質は変わりません。対象が国内のある特定の地域を対象に、そこにおける企業間の取引額を活動別に集計した産業部門間の取引表となっていることです。例えば、農家が生産したトマトがどれだけ域外に出荷されたとか、ジュース工場にどの程度販売されたとか、さらにはジュースの製造工場が紙容器をどこからどれだけ購入したかなどです。これらは企業が企業から生産のために購

＊1　知識集約型の対事業所サービス業（Knowledge Intensive Business Service: KIBS）の活躍あるいは集積が、今後の都市成長の原動力になるという考え方があります。

＊2　http://www.mlit.go.jp/kankocho/siryou/toukei/mieruka.html

入し、また販売したものなので、中間投入、中間需要となります。

地域経済は、最終需要もそうですが、中間投入や中間需要における移入の割合が、一国における輸入の割合に比べて非常に大きいのが特徴です。二〇一一年の全国表で見ると輸入率（国内需要に占める輸入額の割合）は八・七％ですが、同じ年の兵庫県の産業連関表では、輸入率は七・八％ですが移入率は三四・八％とかなり大きくなります。これは投入構造のみならず移入構造を精査することが、自立する地域経済にとって重要であることを示唆しています。

まちにあるものまで外に依存（移入）していないか、それを移入代替（移入⇒移出）に持っていくにはどこに課題があるか、また移出効果を上げるにはどうしたらよいのかといったことなど、「まちの構造改革」を思考（あるいは試行）するために「地域産業連関表」は、有益な情報を提供してくれます。そして、「地域産業連関表」からまちの経済構造を読み解き、構造改革のシミュレーションを実施することで、我々がまちの新たな経済構造を見出していくことにつながります。

産業連関表は経済システムの一部を取り出したものではありません。地域経済の全体を描写する一般均衡モデルに相当するものです。このことは地域（間）表でも同様です。したがって、特定の産業や家計といったまちの経済の一部を取り出して、そこでの循環率を高めることに傾注するような調査や分析モデル[*3]とは異なります。ど

＊3　近年、小地域（集落）で適用されることが多いNew Economic FoundationのLM3はこの類いのもので、伝統的な経済基盤モデルを模したものです。

ちらを好むかはケースバイケースですが、後者の議論は、部分的なバランス（部分均衡）効果を見ているに過ぎないのです。

図８・１ａ　投入における移入の区別（非競争移入型）

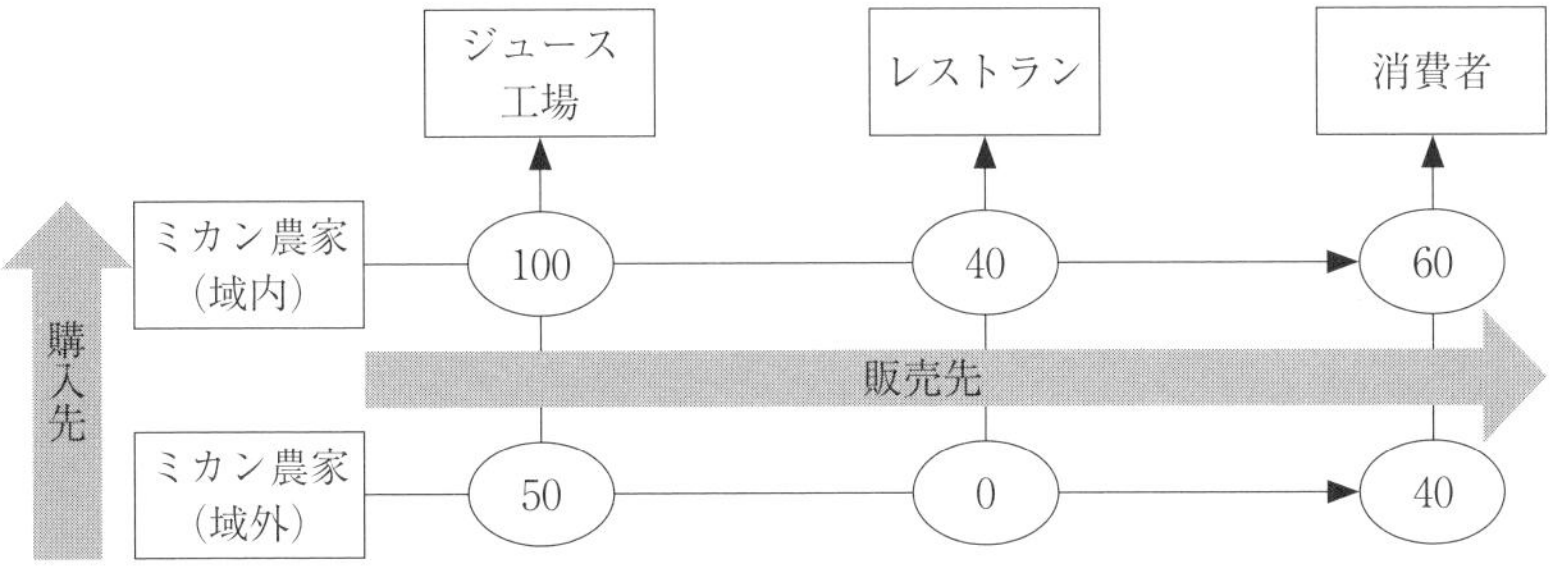

地域産業連関表の留意点

地域産業連関表を見ると、移入額や輸入額というものが横方向（行）の需要関係で最終的に控除されていて、少々違和感を抱くかも知れません。これは我が国特有の表現でもあります。本来は縦方向（列）の投入面で域内品と域外品で区別されて表現されるべきものです。

図８・１ａでは、ミカンを原材料としてジュースを製造している工場と、農家から購入したミカンを提供しているレストランがある場合の「購入と販売」のフロー図です。投入しているミカンには地域でとれたものもあれば、地域外から移入したものもあります。これらは同じミカンであっても、移入されたものは当該地域の生産額には該当しませんので、地域の生産額を表す産業連関表では区別しておかねばなりません。

図８・１ａから、この地域のミカンの生産額は一〇〇＋四〇＋六〇＝二〇〇です。ここで、ジュース工場が購入しているミカン一五〇のうち五〇は地元生産ではないので移入となります。また消費者が購入したミカンは一〇〇ですが、その

図８・１ｂ　投入における移入の区別（競争移入型）

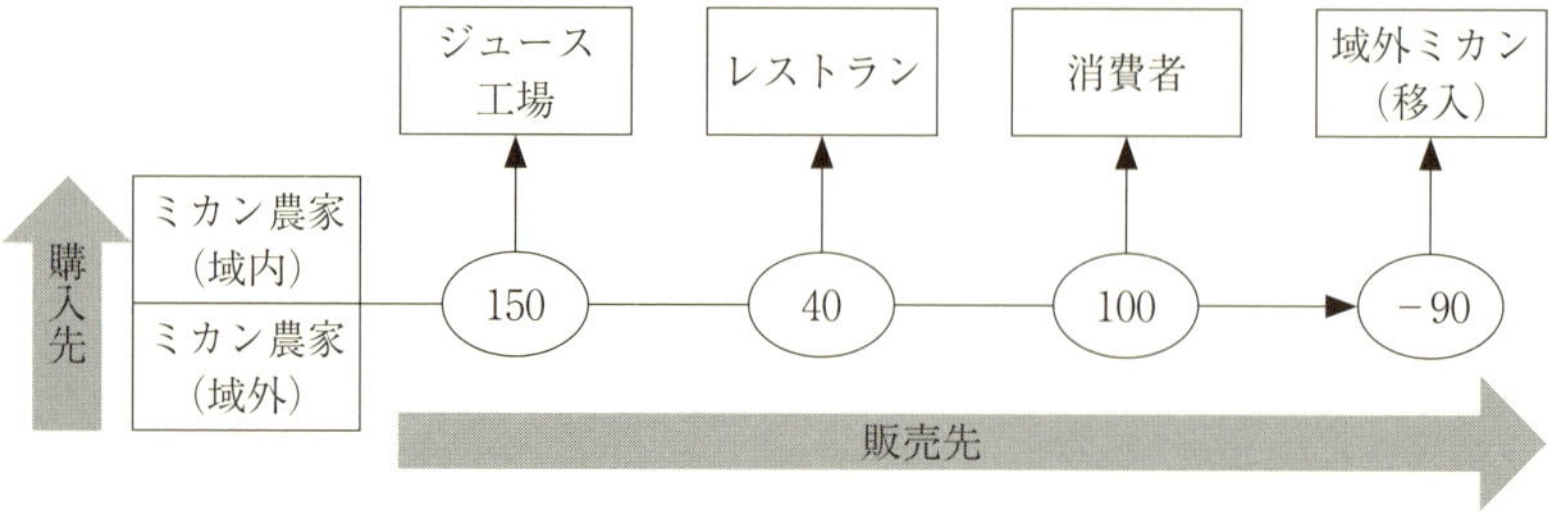

うち四〇は域外産なので地域の生産額には計上されず、これについては移入として扱われることになります。

ここでジュース製造会社が商品を地元産のミカン使用と謳っていれば別ですが、そうでなければ地元産と域外産のミカンは、ジュース製造会社にとって代替可能で競争関係にあるものといえるでしょう。つまり、投入要素として、とりたてて地元産と域外産を区別する必要はないということです。

このことがすべての投入する産業部門側について妥当だと考えると、各部門で域外から購入しているミカンの金額を合算して控除することも可能です。これが図８・１ｂとなります。

このように産業連関表では、域外からの移輸入品の取り扱い方で表現方法が異なります。移輸入品が地元産品と競合するかどうかで、図８・１ａのような非競争移入型か図８・１ｂのような競争移入型かに分かれます。競合するということは代替可能なものだということです。我が国で作成される地域産業連関表のほとんどは「競争移入型」というものです。

事業所への調査に基づいて連関表の域外取引の数値を推計する場合、代表的な事業所からのデータがあれば、かなりの精度で域外へ出荷している品目（の金額）を補足することはできます。しかし、域外からの移入となると、いろいろな部門に属する事業所が同じ産業分類に属するものを仕入れていることがあるので、これは補足率を上げるのが難しいです。

図8・1a、bの例でいうと、農家がミカンを地域内外のいずれかに販売したかは農家からの調査で補足できます。他方、購入したミカンはここではジュース工場とレストラン、消費者の三つの経済主体ですが、実際にはもっと多くの主体が購入しているでしょう。そうなると、各部門での移入額を正確に把握することは難しいことになります。こういった場合、一括して移入額を計上しておくことのほうが個々の誤差を丸めておくことができます。

次に留意しておくことは、産業連関表の数値のほとんどは属地概念で測られたものですが、民間消費はそうではないということです。産業連関表の最終需要の民間消費部分は、属地概念ではなく属人概念で測られています。つまり、地域表であれば、県民の消費や市民の消費であって、県内や市内で消費された額ではありません。したがって、観光客がやってきて飲食や買い物をし、まちで宿泊した場合、それは移出の概念で捉えられることになります。ただ、飲食の消費や物品の購入で、それらが地元産のものであれば移出になりますが、一般に小売店での買い物やレストランでの飲食であれば、移入率で割り引く必要性があります。

観光客の消費効果を求めるのに、消費額に自給率を掛けたものに（波及効果を示す）逆行列を乗じている例が多くあります。しかし、これは短絡的な考え方です。観光客が購入するものが地元特産品の場合は、自給率を掛ける必要はありません。

三つ目の留意点は、建設部門と公務の部門の移出・移入がゼロとなっていることです。産業連関表の金額は発生地主義です。したがって、域外の企業が受注した建設事業でも当地で行われるのであれば移入ではなく域内生産として扱われます。しかしながら、付加価値部分はどうでしょうか。特に、企業所得に相当する営業余剰は本

図8・2　第Ⅳ象限を使った競争移入型産業連関表

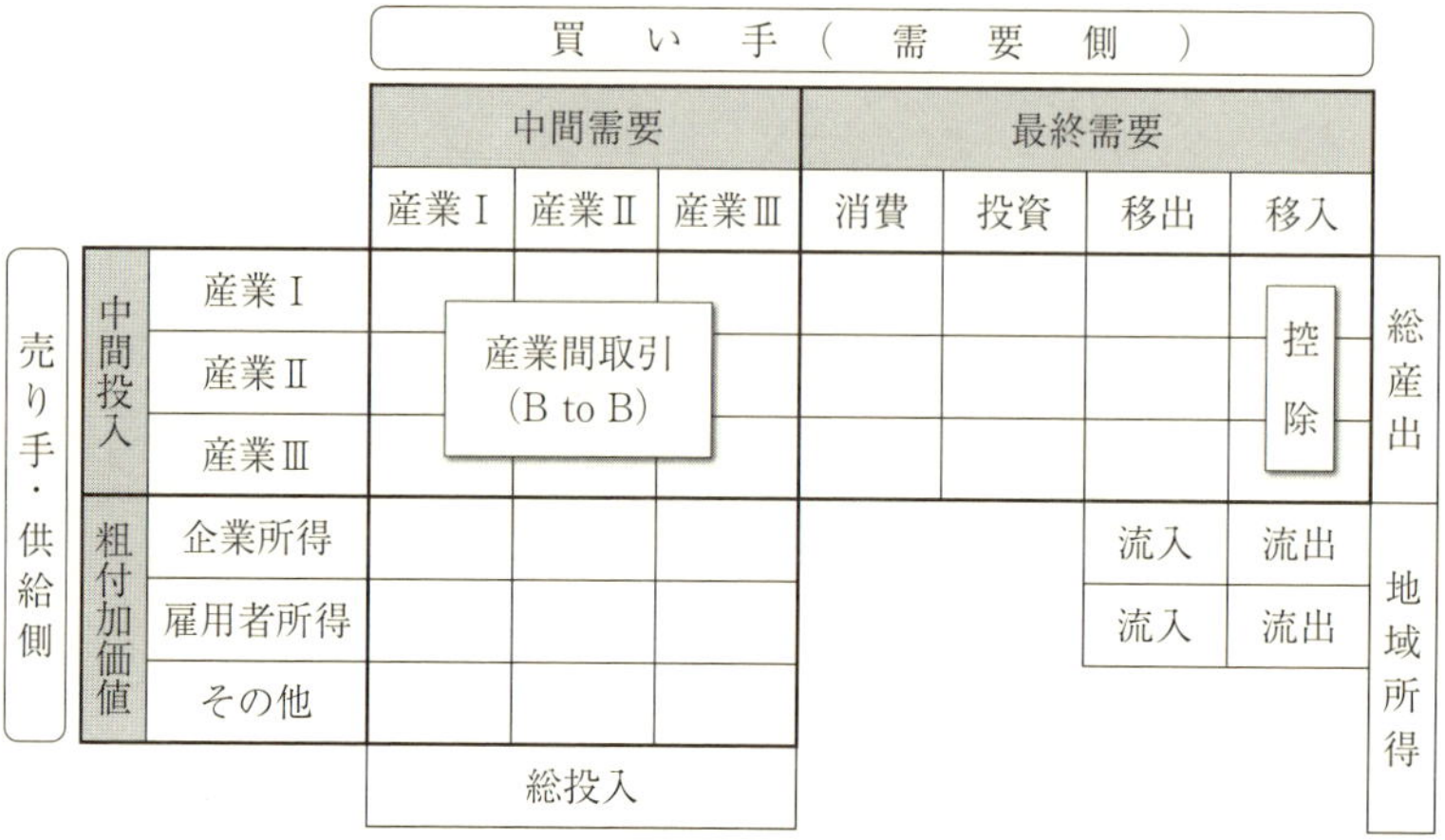

社のある域外への流出になるでしょう。本社から来ている従業者の所得も同様です。こういった場合は、付加価値部門に移入や移出の欄を設ける必要があります。つまり、産業連関表の第Ⅳ象限の活用です。

　公務の場合も、県庁所在都市の連関表であればそこに立地する県庁の行政サービスは当該市のみならず県内他市町村に及びます。この場合、県庁所在都市は行政サービスを移出していることを意味します。逆に国の機関の場合は、サービスを移入していると考えます。

　このサービスの移入については、当該地域には生産現場の工場があって本社の業務機能がない場合についてもよく似た取り扱いとなります。この場合は、当該地域の工場は域外にある本社からサービスを移入しているという扱いになります。

　以上のような付加価値部門の域内外の出入りを考慮した産業連関表は、図8・2のようになります。図からもわかるように、付加価値部門での所得の流出入が明示化されています。こういった表は、開放性の高い地域経済の実情を捉えるのには非常に意味のあるものです。

図8・3　市レベルの地域産業連関表の読み取り方

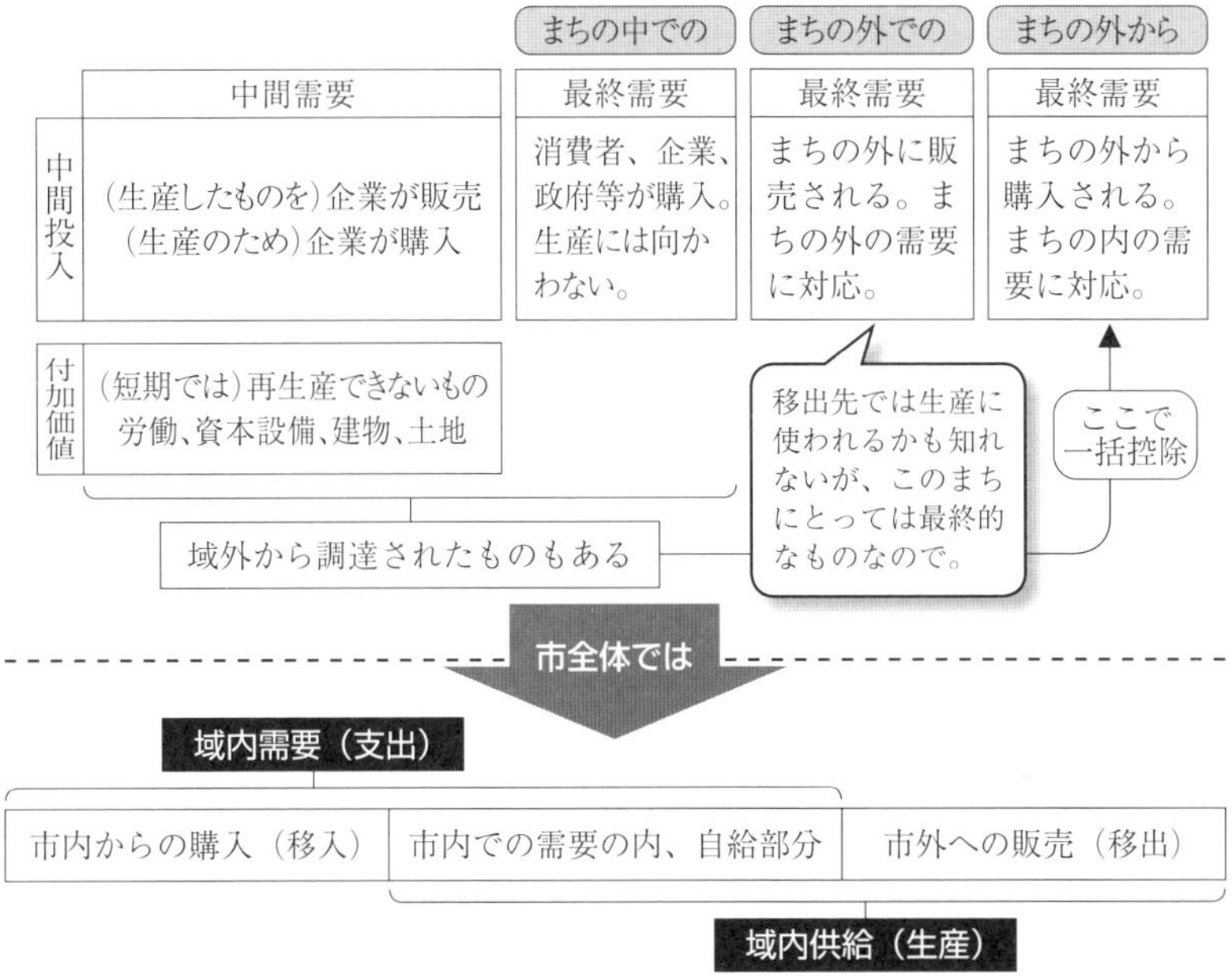

地域産業連関表の読み解き（一）

図8・2の競争移入型の地域産業連関表は、図8・3のように読み取ることができます。販売方向（産業からすれば需要面）に見ることで、消費者に売っている最終需要型なのか企業に主に販売している中間需要型なのか、域外のマネーを稼いでいる移出型なのか域外から購入している移入型なのか、といった区分けから産業の類型化ができます。購入方向（産業からすれば投入面）を見ることで、企業からの投入に比重のある中間投入型なのか、人件費などに比重のある付加価値型なのかが識別できます。

次頁の図8・4は、二〇一一年の神戸市産業連関一〇九部門表から、神戸市の酒類生産の供給と需要についての内訳を市内外に着目して示したもので、図8・3の下段の図の具体例となっています。

図8・4　神戸市の酒類生産についての需給

<table>
<tr><td></td><td colspan="2">酒類の生産額（販売額）136,677百万円</td></tr>
<tr><td>市外からの購入額
36,736百万円
（市内需要額の69.06%）</td><td>市内需要額　16,456百万円
（生産額の12.04%）
（市内需要額の30.94%）</td><td>市外への販売額
120,211百万円
（生産額の87.96%）</td></tr>
<tr><td colspan="2">市内需要額　53,192百万円
内）市民の消費は22,111百万円（41.57%）
内）飲食サービスへは25,235百万円（47.80%）</td><td></td></tr>
</table>

注）2011年の神戸市産業関連表（109部門）から作成。

図8・4からは、神戸市のお酒の生産額の九割近くは市外へ出荷されていて、外貨を稼ぐ基盤産業になっていることがわかります。域外からの移輸入額は移輸出額の三割程度です。移出に対する割合は三割程度であっても市内におけるお酒の需要に対しては七割近くを市外からの購入で賄っています。酒類ですので、神戸市の酒類生産が多い日本酒だけでなく、市内ではあまり生産されていないビールやワイン、ウイスキー、焼酎なども含まれているからです[*4]。それでも酒類としては、市内の生産額は市内の需要を大きく上回っています。市内需要の内訳は、消費者の購入と飲食店での提供がそれぞれほぼ半分程度となっています。これらに商業マージンを入れると二つでほぼ一〇〇%となるでしょう。

以上のことから、神戸市の酒類生産については、外貨獲得の移出型であり、域内に対しては民間最終消費型であると同時に飲食サービスのための中間需要型というように位置付けることができます。

産業連関表から読み解くことができるのはこれだけではありません。産業連関表は、産業の関係を川上・川下といった一方通行型の構造ではなく相互循環型の構造で捉えることで、主体間、地域間のつながりの特徴がわかります。こういった情報が得られるのは産業連関表ならではのことです。

また、製造業が企業からの仕入れの割合が高い中間財投入型で、サービス業が労働集約の付加価値率の高い産業であることは直感的にもわかることですが、ここで

表８・１　酒類の投入構造と投入産業部門の自給率

	中間投入	割　合	自給率
1	食料品製造業	13.9%	35.7%
2	広告業	10.8%	18.5%
3	その他の金属製品製造業	10.3%	7.4%
4	商業（マージン部分）	8.5%	41.9%
5	紙加工品製造業	7.2%	10.3%
6	プラスチック製品	4.9%	4.7%
7	ガラス・ガラス製品	4.3%	0.1%

注）2011年の神戸市産業連関表（109部門）から作成。

重要なのは、どのような中間投入要素を必要としていて、それの域内調達率はどの程度かということです。

そこで酒類の生産における中間投入部門について、その投入構成を示したのが表８・１となります。神戸市ですので酒類のなかでも日本酒が圧倒的な割合を占めていると思われます。日本酒製造においては精米が最大の中間投入であることは間違いありません。この精米は一〇九部門では表の「食料品製造業」に分類されています。したがって、「食料品製造業」からの投入割合が最も大きくなっています。次いで「広告業」、「その他の金属製品製造業」と続いています。酒類に対する内外からの消費需要が高まれば、こういった投入割合の上位の産業への生産波及効果を受ける部門であるといえます。

しかしながら、それらの自給率が低いと需要効果も域外へ漏出していくことになります。表８・１では「商業」と「食料品製造業」以外の自給率はかなり低くなっています。もちろん、これらの移入率は酒類生産から派生する需要以外にも含まれていますので正確ではありません。非競争移入

＊４　同じお酒の酒類でも銘柄が異なるものは移入されています。

型でないので、域内調達率はもっと高い可能性もあります。そういうことはあるものの産業連関表を投入と産出の相互つながりのなかで見ていくことで、地域の経済循環の一端がわかることになります。

このように産業連関表をしっかりと読み解いて、「まちの中外」のつきあいを見極めることで、まちにあるものや、あるいはまちの企業が供給できるものまで外から購入しているのがわかるかも知れません。そうすると、どうしてそうなっているのかを、次に考えることになります。

もし、「まちの中」で賄うことができれば、それは「まちの外」にお金が出ていくことなく、とりあえずは、まちの誰かの所得になるはずです。それでは、まちで賄っていない理由は何なのでしょうか? 品質の問題、納期の問題、これまでのつきあい（人間関係）、供給量の問題など、いろいろ考えられます。こういったことは、政策として対応が考えられるかも知れません。有効な補助金のあり方を考えるよい機会といえるでしょう。

地域産業連関表の読み解き（二）

農産物は、食料品製造業で使われますし、レストランのような飲食サービス業でも提供されます。また製造製品は農家にも販売されますし、サービス業も購入するでしょう。サービスは、農業でも工業でも必要です。そうすると、どの産業でも頑張れば、その効果は、つきあいのあるすべての産業へと波及することになります。

読み解きの二つ目は、こういった産業間のつながりを、部門数の連立方程式として表現し、それを解くことによって、どの産業がどこからどれだけの影響を受けているのか、またどこにどの程度の影響を与えているのかがわかるということです。

表8・2　経済主体間の取引表

農家(110)	＝ジュース工場(60)	＋レストラン(10)	＋消費者(40)
ジュース工場(100)	＝	＋レストラン(20)	＋消費者(80)
レストラン(50)	＝		＋消費者(50)

次のような例を考えます。数値は、生産額もしくは消費額という貨幣評価と考えます。農家がミカンをジュースの製造工場に六〇、レストランに一〇、消費者に四〇をそれぞれ販売します。また、製造業工場はミカンジュースをレストランに二〇、消費者八〇を販売します。そして、レストランは、お客である消費者に五〇を提供します。販売した額に相当する分生産されているとすると、農家のミカン生産は一一〇、ミカンジュースの製造は一〇〇、レストランは五〇となります。表8・2は、各部門について、生産額と販売先のバランス式です。

表8・2は単なる取引表にすぎませんが、我々が知りたいのは各経済主体の生産額が最終的にどのように決まるかということです。そこで、三つの経済主体の生産活動は、消費者の需要があって生まれたものだという見方をします。それでも、式が三つに対して未知数（生産額と中間取引額）は六つあります。

そこで、未知数を減らすために生産一単位に対して必要な投入量を固定して考えます。生産の原単位方式です。つまり、ジュース工場は一〇〇生産するのに農家からミカンを六〇購入しているので、その割合は〇・六ということになります。残りの〇・四の部分は労働投入と考えられます。レストランの場合はサービス一単位に対して農家からミカンを〇・一、ジュース工場からミカンジュースを〇・二単位必要とします。残りの〇・七単位は労働部分です。また、農家については、一一〇の生産はすべて農家の労働によるものと仮定します。これらの比率を用いると、表8・2の各式は、次頁の表8・3のように表現することができます。これによって、未知数は三つとなり三本の方程式から消費が与えられると、各経済主体の生産額が求まることになります。

表8・3　連立方程式での表現

農家(110)＝0.6×(ジュース工場：100)＋0.2＊(レストラン：50)＋消費(40) ジュース工場(100)＝0.4×(レストラン：50)＋消費(80) レストラン(50)＝消費(50)

ここで、農家のミカン生産額をX_1、ジュース工場の生産額をX_2、レストランのサービス額をX_3、また、消費者のミカン消費量をC_1、ミカンジュース消費をC_2、レストランでの消費をC_3と一般的な表現にします。そうすると、表8・3で示した関係は、

$$
\begin{aligned}
X_1 &= 0.6X_2 + 0.2X_3 + C_1 \\
X_2 &= \qquad\;\; 0.4X_3 + C_2 \\
X_3 &= \qquad\qquad\quad\;\, C_3
\end{aligned}
\qquad (1)
$$

と表現できます。(1)については、次のように読み解くことができます。例えば、消費者のミカンジュースの需要（C_2）が一〇〇単位増加したとします。すると、それに応じてジュース工場の生産は一〇〇単位増えることになります。このジュースの一〇〇単位の増産は農家への六〇単位のミカン生産を促します。

さらに(1)式群を整えると、

$$
\begin{aligned}
X_1 - 0.6X_2 - 0.2X_3 &= C_1 \\
X_2 - 0.4X_3 &= C_2 \\
X_3 &= C_3
\end{aligned}
\qquad (2)
$$

となります。これは、消費者の需要（C_1, C_2, C_3）が決まれば、農家のミカン生産額、工場のジュースの生産額、レストランのサービス額などが三本の連立方程式から解けることを意味しています。そこで、この連立方程式を生産額について解くと、

$$X_1 = C_1 + 0.60C_2 + 0.44C_3$$
$$X_2 = \quad + 1.00C_2 + 0.40C_3 \quad (3)$$
$$X_3 = \quad\quad + 1.00C_3$$

となります。

これをみると、消費者のレストランでのミカン需要が一〇〇単位生まれると、農家には四四単位、ジュース工場には四〇単位の生産需要が生まれることがわかります。これらは C_3 に掛かっている係数ですが、この列係数の合計値一・八四は、レストランへの消費者の需要がまちの産業全体へ与える効果、すなわち影響度であると解釈できます。そうすると、ジュース工場への需要の影響度は一・六〇、農家のそれは一・〇〇となります。この数値のことを「影響力係数」と呼んでいます。

これに対して、すべての部門への需要が一単位変化したとします。このとき、農業は一六四単位、ジュース工場は一四〇単位、そしてレストランは一〇〇単位の影響を受けることになります。これらは、各部門の最終需要からの感応度といわれていて、しばしば「他産業から受ける」影響の程度と解釈されていて、「感応度係数」と定義されています。

しかし、この「感応度係数」については二つの問題点があります。まず、すべての部門に対する最終需要が同時に同額だけ変化するということは非現実的です。もう一つは、これはあくまでも最終需要から受ける影響であって他産業から受ける影響ではないということです。したがって、産業連関表の読み解きについて「感応度係数」を使っての解釈というのはあまりお薦めしません。

もう一点、気をつけるべきことは、この効果は域外からの需要に対する効果であって、域内の最終需要からの

表8・4　二通りの影響力係数

	酒　類	医薬品	鋼　材	はん用機械	医　療	介　護	飲食サービス
生産額割合	1.3%	1.1%	1.8%	2.4%	4.7%	1.0%	4.0%
影響力係数①	0.920	1.168	1.256	1.020	0.991	0.936	1.028
影響力係数②	0.641	0.375	1.198	0.679	1.658	2.107	1.876

注）「神戸市産業連関表、2011年」から作成。

効果ではないということです。域内での最終需要には自給率が掛かってきますので、域外依存率の高い産業は効果が低くなります。表8・4は、神戸市の産業連関表において生産額の大きいもの、特化係数の高いものという基準で七部門を抽出し、それらについて「域外需要からの影響力係数①」と「域内需要での影響力係数②」を比べたものです。影響力係数は産業間の相対的大きさを意味するものですので、ある部門の自給率が低いと、比較的自給率の高いサービス部門では影響力係数が大きく跳ね上がります。これは、表の「医療」、「介護」、「飲食サービス」に見られます。反対に、移入率の高い「医薬品」製造や「はん用機械」器具製造などについては、影響力係数はかなり下がりますが、これらの部門の移出割合がもともと大きい場合は、現実には影響力係数①の効果があると考えて差し支えないでしょう。

産業連関分析の前提条件

順番が前後するかも知れませんが、こういった産業連関分析を行うときに知っておくべき前提条件がいくつかあります。

そもそも、どの産業も生産したものやサービスを誰かに購入してもらわないとやっていけません。その場合、考え方は二通りあります。一つは、消費者は必要なものは購入するという前提です。すると、需要があるので生産が生まれるということになります。

もう一つは、良いものを作り、つまり差別化された商品を生み出す、あるいは技術開発による新製品や新サービスといったこれまでなかったものを作り消費者の需要を呼び起こすことです。これは、供給が需要を生み出すという考え方です。ガラパゴス系の携帯電話から、スマートフォンへ需要が移行したのが、その典型です。

産業連関分析は、前者の立場をとります。つまり、需要があって供給（生産）が生まれるということです。だから生産波及効果が○○万円という表現になるのです。ガラ携からスマホが生まれたときなどの効果は、結果的に、どれだけ売れたかということが顕在化した需要であって、それに応じて生産波及が生じたと考えるのです。

産業連関表を使った分析の主流は需要主導型のモデルです。ですから、まずは需要ありきで始まります。したがって、産業連関分析のアプローチは、需要が生まれて、そこから各部門の生産への波及効果や所得誘発効果が生まれるという考え方をとります。つまり、消費や投資といった需要が生まれると、それによって各産業部門の生産額がどう変わるかという産業・経済循環の川下部分（最終需要）から川上部門（企業が生産に用いる中間財生産）への波及効果を見ていくことになります。どのくらいの期間で波及効果が現れるかは明示できませんが、産業連関表が一年間の取引関係に基づいて作成されていることもあるので、おおむね一年程度と考えるのが妥当でしょう。

企業の生産活動が活性化するのは最終需要あってのことですので、企業が自律的に生産を増やす（減らす）ことは、一般的にないという前提に立っています。企業活動の生産水準は、モデルを解くなかで決定されるという内生部分なので、産業連関分析では生産額の自律的変化ということは、通常、分析の想定外ということになります。ただし、対象の産業部門について、それを疑似外生部門扱いすることで、その産業部門の生産活動の変化から生じる他産業部門への波及効果を測ることは可能です。これについては、二〇二頁の注9で説明しています。

また、需要が増えても在庫調整機能が働き、財の価格上昇を伴わず供給（生産）は十分満たされると考えます。[*5] 次の重要な前提条件ですが、連関表は一年間の取引関係に基づいた生産の技術関係を前提にしますので、生産技術が固定的と見なされ、技術変化が生じる長期的な分析には課題があるという点があります。また、「財・サービスを一単位生産するのに必要な投入額の割合」という中間投入額に対する原単位方式で生産額が規定されることから、資本や労働といった投入要素とは完全補完関係になっています。例えば、四〇〇万円の車一台を生産するのに必要な鉄鋼の投入額は一定比率であって、それに必要な資本ストックや労働投入も一定の割合に保たれているという感じです。もちろん、実際の経済では、生産の変化に伴い労働と資本の間の代替が生じるのですが、短期的な分析を中心とする分には さして問題はありません。技術変化については、シミュレーション分析のシナリオでそれなりに対応ができると考えられます。

こういったいくつかの課題はあるのですが、産業連関分析の長い歴史のなかで、これらを乗り越えるモデルも多く開発されてきています。[*6]

また、産業連関表は一年間の実物経済のマネーフローを前提に作成されているものなので、もののやり取りを伴わない金融取引（信用取引）や一方的な交付金・補助金は考慮されていないという点があります。ただ、産業連関表を社会会計行列という概念を用いて正方行列に拡張することによって、後者の効果分析もできることになります。

地域産業連関分析の留意点

多くの産業連関モデルでは、民間消費支出は独立したものとして、その変化は外生的に与えられています。消費支出の源泉は所得であることは間違いありませんので、消費が増える背景には所得が増えたことによる場合と、所得が増えなくても預貯金にあるお金を支出に回す場合の二通りが考えられます。まち全体で考えると、前者の場合は、企業の立地や移住などでまちの消費人口が増えた場合です。後者の場合は、複合大型店ができたことや○○記念セールなどで追加的な支出をするといった場合です。これは、それがなければ金融機関の預金に留まっていたものが支出に回る結果として、消費が増えるといったことが考えられます。

プロスポーツの優勝セールによって○○億円の経済効果があったというシミュレーションを新聞記事などでしばしば見かけます。このセールがなければ使わなかっただろうお金を使うという意味では、地域経済に対して一定の効果はあるでしょう。ただ、いずれ購入するというものであれば、これは効果の先取りにすぎません。また、地域イベントがあって、そこで参加者が昼食をとったとしましょう。これの経済効果は生まれるでしょうか？

＊5　価格効果については、産業連関表を縦方向でのバランス式で、付加価値率の変化や特定部門の単価の変化が、価格体系全体に与える影響を分析することができます。

＊6　Miller, R. R. and P. D. Blair（2009）Input-Output Analysis: Foundations and Extensions, 2nd ed., Cambridge University Press。和文では宍戸駿太郎監修、環太平洋産業連関分析学会編「産業連関分析ハンドブック」（東洋経済新報社、二〇一〇年）が参考になります。

外の人であれば域外からのマネーの流入になりますが、地域の人の消費であればそうではありません。イベントに来なくても昼食代を支出するからです。前者のように域外からの観光客の消費や買い物客でまちの消費が増えることも考えられますが、これは市民の消費ではありませんので移出となります。

地方創生での地方版総合戦略では、非常に多くの地方自治体が移住施策を実施しています。この移住施策がどの程度まちの活性化に寄与しているかは、重要な施策評価指標（ＫＰＩ）となります。これまでの分析例を見るとほとんどが消費需要の効果に終始しているようです。確かに移住者によってまちの消費額は増えるでしょうし、その経済効果も生まれるでしょう。しかし、経済規模の大きくないまちでは、消費の増加はかえってまちの交易収支（あるいは域際収支）を悪化させることがあり、所得の波及効果を打ち消してしまうことがあります。

そこでは移住者がまちでどういう仕事に就くかによって経済効果は変わってくるのだということを認識して分析する必要があります。移住者の多くが年金生活者の場合、就労しないとしても消費は増えますので、その効果は生まれますが、まちの付加価値は増えません。しかし、地域おこし協力隊の方がそこで起業をして定住すれば、消費効果に加えて生産効果や移出効果が生まれます。この効果は、まちづくりを考える際の基盤産業としての役割を担うものの可能性もあって重要です。

介護サービスへの需要が増える効果をどのように評価すればよいか、といったこともあるでしょう。介護サービスを需要する人の大半は年金需給者なので、このサービスの消費需要は所得の増加でもたらされるものではありません。預金の減少につながっているかもしれません。貯金を使うということは、これまで投資に回っていたお金が婉曲的に減るということをも意味します。

高齢化社会では、医療サービスへの支出が増えてきます。このとき、積立金などの預貯金を取り崩して支出にあてる場合と、食費や嗜好品への消費を減らすことで対処するのでは、地域への支出効果の現れ方も異なります。後者は消費支出の総額に変化はなく支出構成の変化になります。このとき自給率の低いものから域内調達率の高いと考えられる介護サービスへの需要増加は、地域の「交易収支」を改善させる効果が生まれるかもしれません。現実では、両者の組み合わせで支出がなされることが多いと思われます。

もう一つの留意点は、雇用効果のとらえ方です。産業連関分析では一単位の生産をするのにどれだけ雇用者が必要か、という固定係数の考え方をとります。既に述べた固定技術係数と同じ考え方ですが、これを「雇用係数」と呼んでいます。

例えば、一〇億円の出荷額を出している事業所で八〇人働いているとすると、雇用係数は、

八〇人÷一〇〇〇百万円＝〇・〇八（人／百万円）

となります。この係数を使うと、この事業所の生産額（出荷額もしくは販売額）が一億円増えると雇用は八人増えると考えることができます。しかし、実際に企業がすぐに雇用を増やすかというと、そう簡単ではありません。生産増加に対しては、雇用を増やさずとも機械設備の稼働率を上げることもできるでしょう。中長期に生産増が見込めると判断すれば、設備投資に踏みきるかもしれません。[*7] 雇用を増やす場合でも、パートなどの臨時的雇用の増加で対応する場合もあります。反対に、福祉・介護分野で見受けられるように雇用者を増やしたくても労働供給が少ないという実態もあります。

＊7　これは民間固定資本形成という最終需要の増加に対応します。

実際の雇用量は、労働需要と労働供給のバランスで決まると考えられます。ということは、労働供給が増えない背景には「賃金」や「就労環境」といった問題もあります。それには、資本代替で対応して労働生産性を上げ、賃金を高くする方向へ向かうことが必要になります。

調査に基づいて小地域産業連関表を作成する意義

地域産業連関表といった場合、その多くは都道府県表を思い浮かべます。また、最近では、政令市も産業連関表を作成しているところが増えてきています。しかし、それ以外の地方自治体の市町村表となると、作成例は少ないのが実情です。その理由は、いくつか考えられますが、なんと言っても、その費用対効果です。調査を伴う産業連関表の作成には少なからずの時間と費用がかかります。せっかく作ったものを後々まで十分活用していくことができるかどうかの確証が持てないというところでしょう。

しかし、これには産業連関表の作成を受注した側がきちんとしたケアをすることで対応できます。産業連関表を作成し、地域経済構造分析でまちの構造改革を実施することを目的とした事業仕様書に、自治体側は産業連関分析の職員研修を入れておくことです。研修の仕方はいろいろありますが、担当課はもちろんですが各課から一～二名程度の参加で、産業連関分析の基礎からシミュレーション分析までを実習することです。公務員は数年で部署を異動することが多いので、技能伝承というわけではないですが、必ず複数できる人を養成しておくことが大事です。

また、事業所へのアンケートやヒアリング調査を実施することに対して、回収率の低さや調査の信頼性を指摘する声も少なからずあります。確かに調査に依存して連関表を作成する場合は、回収率の高さは重要です。これには、少々時間がかかってもよいので、事業所にコンタクトを取るなどして粘り強く回収作業をすることです。

事業所調査の本来の目的は、投入構造と移輸出、移輸入を捕捉するためのものですが、仕入れ品やサービスをくまなく聞くことは不可能です。したがって、移入を産業部門別に集計することには限界があります。しかし、まちの内外との取引、特に移輸出については調査によってかなり正確な数値が捕捉できるでしょう。ノンサーベイ法での推計方法がいくつか提案されていますが、それが正確であるという保証はありません。小地域の場合は、なおのことしっかりと調査をすることが可能であって、それによってより正確な数値を得ることができます。製造業であれば、出荷額の大きい事業所から始まって七割程度の出荷額の捕捉率があれば十分でしょう。

人口や経済規模の比較的大きな都市地域では、地域産業連関表の作成に時間と労力がそれなりにかかるものの、人口が一〇万人以下の、特に小地域の場合、大都市地域に比べて労力はかかりませんが、それでもその作成に意義を認めないような意見もあります。地方に多く存在する人口規模の小さいと地域の場合、よほど特定の産業に特化している自治体は別として、多くのところが全国のGDPの動きでまちの経済が規定されていると言って差し支えないでしょう。それは、まちの経済に自立性が低く、「まちの経済」が域外からの移入に依存している部分が圧倒的に大きいということを意味しています。つまり、わざわざ手間暇かけて産業連関表など作らなくても、GDP（国内総生産額）との相関さえ見ておけば良いということになります。

しかしながら、自立を目指すなら、なおのこと「まちの連関構造」がどのようになっているかを、きちんと掴んでおくべきです。小地域の場合は県のような大きな地域と違って、住民との距離が近いところが多いです。そういったところでは、きちんとしたサーベイ調査ができる可能性は高く、それなりの意義があるといえるでしょう。しかも、それぞれの部門での生産活動に用いる原材料や中間財がどこから来ているかを捉えておくこともできます。これは、実体経済の分析にパワーを発揮する前述した「非競争移入型」の産業連関表の作成を意味します。小地域産業連関表の作成に限界を唱える人は、地域産業連関表の真髄が理解できていないと言えるでしょう。

構造改革シミュレーション

地域産業連関表は、まちが抱えている課題についての多くの政策シミュレーションを実施することができます。標準的なものを列挙すると、以下のようなものがあります。

- 市民の消費活性化の経済効果
- 観光開発やイベントなどの経済効果
- 工場や商業施設を誘致（立地）したときの経済効果（建設効果ではない）
- 工場の生産体制増加の経済効果
- 公共支出（ハード事業、サービス）の経済効果
- 民間企業の設備投資による経済効果
- 福祉産業への需要の経済効果
- 農産品や製造品の域外への出荷（移出）による経済効果

等々ですが、これらを通してあるのは、すべて消費や投資、移輸出といった最終需要の変化による経済効果を見るということです。そこでの経済効果の把握とは、

・産業の生産額がどの程度増えるかという生産波及効果
・各産業における付加価値がどの程度増えるかという付加価値誘発効果
・各産業における雇用がいくら増加するかという雇用創出効果

などを意味します。

これらのシミュレーションはすべて産業連関表が作成されたときの地域経済構造を前提として分析されたものですが、それを差し引いても政策（事後）評価や施策立案に大いに役立てることができます。ただそうは言っても、まちには波及効果そのものについて課題があります。いくつか例をあげると、

・まちの所得水準は高いのだけれども、小売りの販売額はさほど多いような感じではない。
・インバウンドで観光客は増えたけど、まちの中小事業者はあまり儲かっていないようだ。
・工場を誘致したけど、まちの経済への波及効果が思いのほか小さい気がする。
・工場出荷額は大きな金額なのだが、その割には付加価値額が大きくない。
・波及効果は計算すると大きいようだけど、誰にその恩恵が行っているのかわからない。

のようなことが思いつきます。これらの多くはまちの産業の投入構造や移入構造、さらに付加価値構造にも問題があるのです。

第3章の四四頁でデータを利用した規範的な思考の重要性を述べました。そこでは、こういう状況であればこうなるはずなのにそうなっていない。その原因、理由を調べることが必要だということでした。それでは原因や要因、理由を特定化して、それを取り除いたり是正したとすれば、まちの経済構造はどういう姿になるのでしょうか。そこが最も知りたいところです。これを実現するには、構造改革シミュレーションを実施する必要があり

ます。

ただ産業連関表（分析）は、ケインズ経済の需要主導の考え方で短期型モデルです。つまり、そこでは産業構造は変わらないことが前提となっています。そういうことで産業構造を所与とした分析が大半でした。しかし、域内最終需要の構造は同じだとしても、いまの投入構造（投入係数）や移入構造（移入係数）を変えてみると、どのような地域経済の姿になるかをシミュレーションすることはできます。そういうシミュレーション実験を積み重ねて、持続可能な地域経済システムを見出していくことが大切です。

まちの産業連関構造が変わると、当然、つきあいのある地域にも影響を与え、それが跳ね返ってくることになります。このような影響を見るには、地域間の財貨の取引を見える化した地域間産業連関表を作成する必要があります。一つの都市（圏域）における中心市街地と郊外地域との間の産業連関表を作成することも地域間表の範疇です。これによって、中心市街地への投資が、郊外居住者にも間接効果が及ぶことを数字で示すことができるでしょう。

しばしば、産業連関表を作成すれば、それでもって地域経済が活性化すると錯覚する方もいないわけではありません。当然ですが、産業連関表に基づく分析は、地域課題解決に対して万能ではありません。得意でない分野もあります。例えば、「補助金によって中小企業の技術力がアップし、生産性が高まった。そこからのまちへの経済波及効果を見るには？」という課題があったとします。これは供給側への対策なので、伝統的な需要主導型の産業連関モデルでは測ることができません。しかしながら、一九〇頁でも述べましたが、社会会計行列を産業連関表に組み込んでいくことで一定の条件の下で計測できます。

構造改革シミュレーション：中村メソッド

都道府県の産業連関表に関するホームページにアクセスすると、産業連関表の適用例として最終需要の変化によって生じる波及効果の計算例のワークシートがあります。独自色のある説明もありますが、基本的なスタイルは同じです。最終需要の変化額を入力すれば、それの自給率を乗じることで逆行列表を使って間接効果が計算され、さらに所得効果に続いて、それが消費に回ることでの二次間接効果までがほぼ自動的に求められるようになっています。

初期値を入れると、工場が立地して操業を開始したときの出荷額の移出増加の効果を見ることができます。あるいは、近年のインバウンドによる観光消費の経済効果も見ることができます。しかしながら、新たな産業連関構造がどうなっているかを見ることはできません。構造変化を見るには、その事前（ビフォー）と事後（アフター）の地域産業連関表があれば強力です。中村メソッドでは、生産誘発額の計数表を用いて事前と事後の地域産業連関表を再現・作成します。

次頁の図８・５の左の囲みの列は、現在ある地域産業連関表の再現プロセスを示したものです。産業連関の均衡産出高モデルに従って連立方程式を解くわけですが、投入係数行列（A）と移入係数の対角行列（$\hat{M}$）、単位行列（I）などから開放型の逆行列$\left[I-(I-\hat{M})A\right]^{-1}$を求めることができます。この逆行列の要素は、各最終需要が一単位変化したときに、それが与える生産効果を示しています。したがって、この逆行列にもともとの最終需要額（域内：F_d、域外：E）を掛けることは、最終需要から生じる各産業部門への生産誘発額を求めていることになります。産業連関表という取引表について記載されている各産業部門の生産額を、消費や投資、移輸出と

図8・5　事前と事後の地域産業連関表を再現する中村メソッド

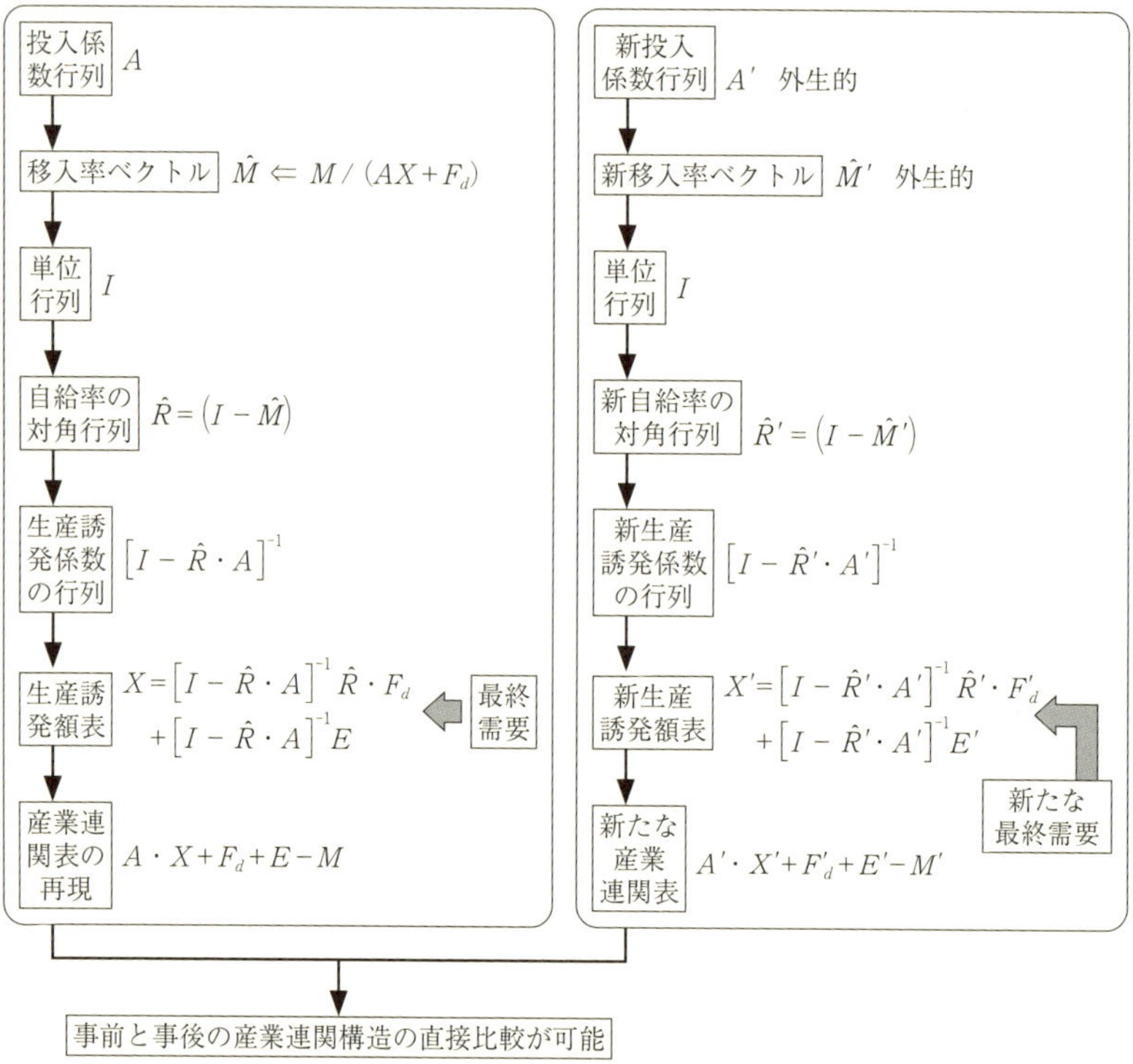

いった内外からの最終需要によって誘発されたものであるという論理で導出しているのです。方程式の数は多いのですが、これは生産額を未知数、最終需要額を既知数、投入係数や自給率を係数（パラメーター）としたいわゆる連立方程式を解いていることに過ぎません。

これによって最終需要から生じた産業別の生産誘発額がわかりますので、これに投入係数を適用することで、元の産業連関表を再現することができます。その流れが図8・5の左の囲みの列です。そして、これがビフォーの産業連関表ということになります。

図8・5の右の囲みの列は、投入構造が変化した場合、移入構造が変化した場合の生産誘発額を求めるまでの過程です。考えられる構造変化のストーリーに基づ

いて移入係数や投入係数を設定します。このとき投入係数や移入係数を仮定して、新たな産業部門を追加することも可能です。例えば、再生可能エネルギーの一つである「木質バイオマス燃料」を生産の投入要素として投入係数行列に加えることもできます。

よく見る再生可能エネルギーの地域経済効果について、このようなアプローチを取って事前と事後の連関表を作成している例は、筆者らの論文を除いてほとんどありません。[*8] バイオマスの生産・利用が進んだ後の産業連関構造を前提として、生産誘発効果がどの程度生まれているかを求めたものがほとんどです。事後の産業連関表を使って効果を分析しても、まちの経済構造のどこがどのようにどう変わったかを見ることはできません。バイオマスのうちバイオマス燃料の生産・利用を考えると、化石燃料から再生可能エネルギーへの転換により需要構造が変わるため、そこでは産業間の投入産出構造も変わっていることが推測されます。

こうした投入産出構造の変化を伴う需要構造変化の効果は、バイオマス燃料の利用後の産業連関構造を対象に、特定の生産部門の外生化を行った産業連関分析では把握できません。[*9] バイオマス燃料利用の事前と事後の産業連関構造を特定化して比較することによって初めて把握可能になるのです。

＊8　中村良平・柴田浩喜・松本明「木質バイオマス資源の地域内循環における価格形成と地域経済効果」、地域学研究、四三巻四号、二〇一四年。最近、高知大学の中澤純治准教授が環太平洋産業連関分析学会（二〇一八年一一月二日〜四日、愛知学院大学）において「産業連関表を活用した観光マネジメントの評価体制の試み」と題する論文で、このアプローチを使った分析を発表されています。

図8・5は、一次間接効果までのフロー図となっていますが、そこで生み出された各産業部門の所得額を合計したもの消費性向（消費転換係数とも言います）を掛け、二次消費額を推計します。その消費額の変化に対して、再び、生産誘発係数の逆行列を用いて生産誘発額を計算します。そして、一次効果と二次効果を合計した生産額に基づいて投入係数行列を使って二次効果までを考慮した地域産業連関表を作成することができます。ただ留意点として、最終需要のF'_dは二次消費も加えた額になっていないといけません。それに中間需要額を加えてものに新移入率ベクトルを乗じることで新たな移入額が求まります。

このメソッドのもう一つの特徴は、図8・5の流れが一枚のワークシートに表現されていることです。このことで、ワークシートの上方部分でのパラメータ（移入率や投入係数）や最終需要額を変化させると、それに連動して以下、波及効果の行列$\left[I-(I-\hat{M})A\right]^{-1}$の数値から事後的産業連関表の中身までの数字が自動的に変化し、それが「見える化」されていることです。これは単に外生的な数値を入れると別のワークシートに結果のみが表示されるものとは異なり、シミュレーションをいろいろと試して政策効果を考えたい政策立案に関わる方にとっても、産業連関構造を理解するうえで非常に有益なものと考えられます。

＊9　逆行列$\left[I-(I-\hat{M})A\right]^{-1}$の係数を縦（列）方向に見たときの各数値の和（列和）は産業部門の生産波及の大きさを表しています。ただし、その数値は自部門への生産波及を含んでいて、自部門の逆行列係数は一・〇を上回ります。そのため逆行列係数を自部門の逆行列係数で除することで他部門への生産波及の大きさを取り出すことができます。これを産業外生化効果と言います。すべての調達を域内で賄うとした閉鎖型の産業外生化効果に比べ、自給率を考慮した開放型の産業外生化効果は一般的に低くなります。

第9章 まちづくり構造改革の実践

プラハ広場の東に建つティーン教会（プラハ，チェコ）

ここまで「まちづくり構造改革」の考え方を述べてきましたが、それでまちがどう変わったのかという事例を知りたいという方も多いと思います。

地域産業連関表を作成し、地域経済構造分析を最初に実施したのは島根県です。その経緯については前著「まちづくり構造改革」(二〇一四年)の一九〇～一九一頁に詳しく書いています。また、島根県の地域経済構造分析の内容はホームページにも掲載されています。[*1] これによって、多くの自治体からの問い合わせがあったと聞いています。ただ一時は、プロジェクトに関与した当時の職員が異動や退職などでいなくなったことで、ホームページからリンクが切れていました。しかし、地方創生の気運が高まるなか、筆者もお願いすることによって、数年前からリンクが復活しています。

島根県の例では、地域経済構造分析の後、一〇年以上が経過しています。その間、浜田市は分析結果を参考に施策を立案してきたと聞いています。また、地方創生が言われる前から注目されてきた海士町は、地域経済構造分析に取りかかった当時から域外マネーを稼ぎ、域内循環を高める施策をいくつか実施していましたが、地域経済構造分析がその理論的支柱になっているのは間違いないところです。

兵庫県豊岡市の取組みも前著で紹介しましたが、市ではその後二〇一一年版の「豊岡市産業連関表」から域外マネーを稼ぐ基盤産業を改めて識別し、それに重点投資することを地方総合戦略のなかで実施しました。再度確認された基盤産業とは、城崎地域や出石地域における「飲食業・宿泊業」が一つで、もう一つは市の伝統産業でもある「かばん製造業」です。[*2]

前者では、インバウンド観光客の動態調査からビックデータ分析を行い、日本全体と比べて欧米・豪州の割合が高く、また姫路城経由で来る客が多いことも判明、さらに朝の行動パターンからバスの発時間の変更も行い、これらの努力の結果、二〇一三年で一万人に満たなかった宿泊者数が二〇一七年では五万人を突破するに至っています。近年では、これらの観光産業の成長に対応する人材を育成するため、市内での開学を目指す四年生専門職大学に「文化・観光学科」（仮称）が設置される予定です。

後者では、二〇一四年四月に「トヨオカ・カバン・アルチザンスクール」を開校し、かばん製造の育成事業を実施しています。スクールでは、二〇一四年から二〇一七年の四年間での卒業生三一人のうち、地元企業への就職者数は一九人となっています。これらの政策努力の結果、かばん出荷額は、二〇一三年には前年比で一・一九倍の一〇六億円で東京都足立区を抜いて国内トップとなり、二〇一四年ではさらに増えて一一二億八〇〇〇万円となっています。現在は、「かばん製造業」の新たな展開を支援するため、財布などの皮革小物製品開発のために業界の人材育成を支援、二〇一七年までに六二人の技術習得者を育成し、新たな地域特産商標が立ち上がりました。

豊岡市の取組みは、二〇〇九年五月に筆者が「豊岡市経済成長戦略会議」に参加してから続いていますので、足かけ一〇年になります。産業連関表を作成し地域経済構造分析を実施して、その結果を検討することで産業振興計画に施策を盛り込みます。そして、その施策に予算がついて実施され、効果が出るまでを考えると、やはり

＊1　https://www.pref.shimane.lg.jp/admin/seisaku/keikaku/keizai_bunseki/

＊2　「かばん製造業」は産業分類では、中分類では「なめし革・同製品・毛皮製造業」に属していて、小分類（三桁）ではじめて単独で識別されます。

早く見積もっても五年はかかります。豊岡市も二〇〇九年一一月に作成した経済成長戦略をその二年後には改訂しています。また、ほぼ毎年、豊岡市の「経済・産業白書」を刊行することで、施策効果とまちの経済の姿を捉えています。

朝来市（兵庫県）の例

兵庫県の北部、但馬地域にある朝来市《あさごし》は、二〇〇五年四月一日に朝来郡の生野町、和田山町、山東町、朝来町の四町が合併して誕生しました。当時の人口は三万五〇〇〇人でした。

朝来市の人口は、一九九五年から減少傾向にあり、推計では西暦二〇三〇年において三万人を割り込むことが予測されています。年齢三区分別人口では、多くの地方都市がそうであるように、一五歳未満の年少人口と一五～六四歳の生産年齢人口が減少する一方で、六五歳以上の老年人口が増加傾向にあります。また、生産年齢人口が減少するなか、従業者数も減少傾向にあり、特に第一次、第二次産業の従業者数の減少が顕著となっています。

他方、昼間人口比率の推移では徐々に高まりが見られ、二〇一〇年では昼夜間就業者比率が一・〇四一と一・〇をわずかながら上回っており、働く場等により流入する人が多くなっています。しかしながら、リーマンショック以降、朝来市では優良企業が相次いで撤退したこともあって地域経済は厳しい状況になり、昼夜間比率も一・〇を下回ってしまいました。

市はこれまでの漠然とした地域経済や産業の把握に基づく場当たり的な政策を反省し、計画的に経済振興施策を進めるための経済振興課を市長公室に設置し、「朝来市経済成長戦略」を策定することにしました。経済成長

図9・1　朝来市の成長戦略の方向性

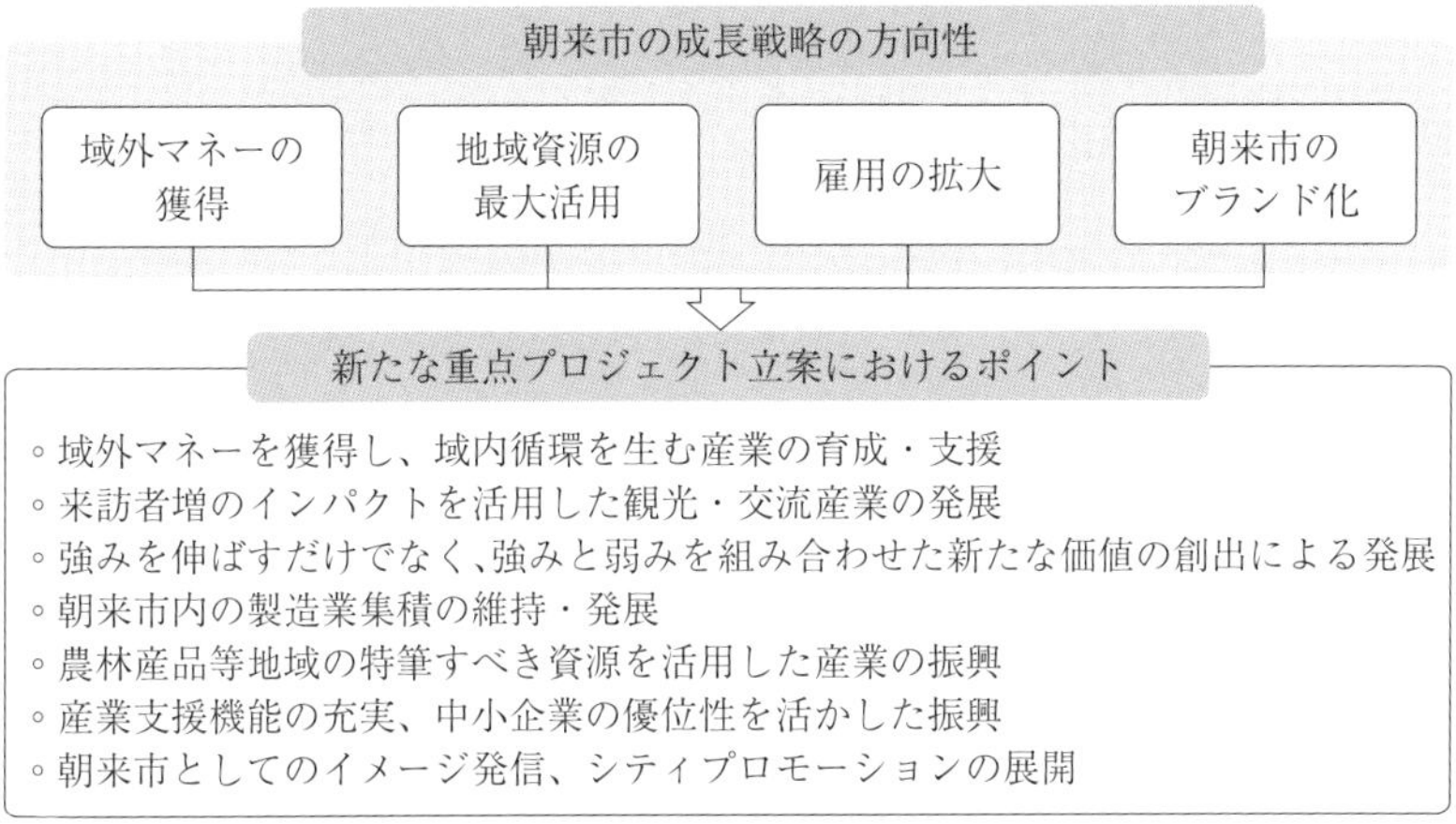

注）朝来市の経済成長戦略の資料から抜粋。

戦略の策定にあたり、市は前もって朝来市産業連関表（二〇〇九年版）を作成し、各種統計データと産業連関表に基づく分析から朝来市の産業構造・経済構造を把握することで「朝来市経済白書」（二〇一三年三月）を刊行しました。そして二〇一三年の五月には、一五人の構成員からなる「朝来市経済成長戦略会議」を立ち上げました。六回の検討会議の結果、翌年三月に「進化・挑戦するメイドイン朝来」という副題のついた「朝来市経済成長戦略」は、朝来市総合計画の産業部門及び市の経済成長に関連する横断的な分野における具体施策を実施するための指針となりました。図9・1は、その四つの方向性を示したもので、それぞれに重点プロジェクトが張り付いていますが、その基本理念は域外マネーを獲得し、それをいかに地域内で循環させていくかということです。

この経済成長戦略の期間は、二〇一四年度からの一〇年間としています。なお、めまぐるしく変化する社会経済情勢や企業ニーズに対応するため、PDCAサイクルにより年度ごとに企業や経済団体等から意見を聴取するなど、関係機関と積極的に連携しながら施策・事業の追加や修正を行い、本戦略の着実な展開を図ることとしています。

朝来市では、二〇一三年一二月からＧｏｏｇｌｅのＣＭで竹田城跡が取り上げられることにより、爆発的に観光客が約六〇万人に激増しました。そういったこともあって、「朝来市経済成長戦略」では、竹田城跡を核としての観光インパクトを活かした独自産業の創出が重点戦略の一つになっています。

そこで前章の中村メソッドを用いて、筆者は観光インパクトのシミュレーション分析を実施しました。まずは、観光客三〇万六〇〇〇人の増加による経済効果です[*3]。

観光客の支出は、買物費、交通費、飲食費、宿泊費の四つから構成されます。買い物については小売店で購入されますが、小売店は販売するものを製造しておらず、商業マージンを受け取るのみです。購入されるものとして、農畜産物、その加工品、お土産のお菓子類、弁当や飲み物、衣料品などがあげられます。

これらの消費額は直接需要として、最終消費出と移出額の該当する部門に外生的に与えられます。この額は一五億八一二一万円と推計されます。朝来市民の平均消費性向を〇・六五として二次間接効果までの波及効果を求めると、朝来市の総生産額は七億一八二一万円増加することになります。これは観光客増加前の総生産額から〇・三七一％の増加を意味します。

また、付加価値額では四億四〇一一万円の増加になり、これは観光客増加前の付加価値額に対して〇・三九％の増加となります。ここで朝来市の人口を三万二五〇〇人とすると、一人当たり付加価値額では一万二四三一円の増加となります。付加価値額の経済効果倍率は、与えられた最終需要額の一五億八〇〇〇万円に対して〇・二七五であり、一・〇をかなり下回っています。これは各部門への需要が生まれても、かなりの割合が域外へ漏出しているためです。朝来市の移入率を見ると、耕種農業で〇・九四八、パン・菓子製造部門で〇・九二八、宿泊業

表9・1　構造改革シミュレーション

生まれる直接需要額	朝来市の自給率
農畜産物：155,625 千円	耕種農業：0.052
農畜加工物：15,763 千円	酪農品：0.003
土産菓子類：7,673 千円	菓子製造：0.072
弁当：3,517 千円	食料品：0.008
飲み物：879 千円	飲料製造：0.065
衣料品：98 千円	衣服製造：0.072
靴・鞄：364 千円	皮革製品：0.063
陶磁器･ガラス製品：904 千円	ガラス製品：0.000
木製品：162 千円	木製品：0.123
雑誌類：28 千円	印刷物：0.017
交通費：129,778 千円	運輸：0.272
飲食費：72,031 千円	飲食店：0.0.567
宿泊費：43,702 千円	宿泊業：0.041
入場料：6,397 千円	
商業：113,303 千円	商業：0.295
輸送：12,127 千円	運輸：0.272

朝来市への観光客から生まれた最終需要は各部門への直接生産需要に回るが、朝来市内では賄いきれない部分は域外に漏出する。（自給率に依存）

朝来市の生産額は、7・2億円増加する。付加価値額は4・4億円の増加で、0・39％の増加率である。

構造改革

お土産用のお菓子製造の地元比率を上げる。つまり自給率を高める。また、土産物製造に投入する農産品の県外から朝来市への移入率を少し下げる。このような地域経済構造改革のシミュレーションを実施すると、

地域マネーの流出である9、519万円の移入額を域内供給に転換することで、11、297万円の生産額の増加が見込まれる。地域経済構造改革の効果倍率は1・183である。

で〇・九五九とほとんどを域外に依存している状況です（表9・1参照）。

そこで、域内循環を高めるような産業連関構造に変わると、経済効果がどの程度変化するか見るための構造改革シミュレーションしてみました。

まず、土産物などの菓子類製造に関して、当時では移入率は〇・九二八と極めて高く、金額的には兵庫県内からの移入額が一三億一二〇八万円に上っています。そこで、この五％を朝来市の自前生産に転換したとします。その額は六五六〇万円に相当します。また同時に、農産品（耕種農業）の県外から移入額を一％低下させ、その金額である

＊3　実際には、二〇一六年の一年間で三七万六〇〇〇人を達成しました。

二九五九万円を自給に転換したとします。つまり、お土産品製造における投入農産品の朝来市の自給割合を高め、またお土産用の菓子類などの食料製造品の域内生産の割合を高めることを意味しているのです。

この前提での産業連関構造変革のシミュレーションを実施すると、朝来市の生産額は三〇万六〇〇〇人の観光客増加によって八億三〇八六万円の増加となり、これは〇・四二九％の生産額の増加率を意味します。同時に、付加価値額では四億五五二七万円の増加となり、構造改革後では五〇〇〇万円以上多くなることがわかります。これを一人当たりにすると一万三六五六円の増加となります。構造改革前に比べて約一二二五円大きい値です。地域マネーの流出である九五一九万円の移入額を域内供給に転換することで、一億一二九七万円の生産額の増加が見込まれ、地域経済構造改革の効果倍率は一・一八三となります。この流れは、表9・1に示しています。

朝来市では、先の図9・1の方向性に基づいて、他にもエコノミックガーデニングの推進で、経済循環を高めること、地元の岩津ねぎのブランド化・六次産業化の推進で一億円強の経済効果を見込んでいます。中間年である二〇一八年度に見直しを行っており、前期五年間の状況や評価等をふまえ、後期の施策や事業の立案を図っています。[*4]

小林市（宮崎県）の例

小林市は、二〇一五年度に宮崎県の地域経済構造分析事業のモデル地域に採択され、そこで地域産業連関表の作成と地域経済構造分析を行ってきました。[*5]

初年度には、市民消費実態のアンケート調査と事業所への取引関係のアンケートを実施しました。前者では、市民の消費行動がどうなっているかを定量的に把握し、後者では「小林市版産業連関表」を作成することで経済構造分析と波及効果のシミュレーションができるようにしました。二〇一六年度は、庁内の会議などで地域経済構造分析の結果を共有し、経済構造分析の研修会なども開催するなかで職員の知識向上に取り組みました。三年目の二〇一七年度は、産業連関分析の結果を活用した施策展開を研究しています。そこでは、産業連関表と経済波及効果シミュレーションを活用した施策形成やその展開が図られることを目指し、庁内研修と事業立案のためのワーキング・グループの勉強会を実施しました。

次頁の図9・2は、産業連関表に基づいて、産業別に域外への依存率を移輸出と移輸入でクロスしたものです。第Ⅰ象限にある部門は域外への出荷も高いが、同時に域外からの移入も大きいという部門です。産業連関表の部門は品目ではありませんので、食料品（製造業）といってもそこには麺類もあれば缶詰類、水産加工品や畜産加工品まで多くの品目が存在しています。したがって、一部の品目に地域が特化している場合、その部門の移出入の比率が大きくなることがあります。小林市の場合もこれに該当していると思われますが、そういった場合は品

＊4　朝来市では、二〇〇九年表に引き続いて二〇一四年表も作成しています。これによって、施策効果の検証が可能となっています。なお、これらの連関表作成事業は、朝来市の調査協力の下、㈱経済計量研究所（代表：前川知史）によって実施されました。

＊5　事業を受託したのは「みやぎん経済研究所」で、筆者の提案する連関表の作成手続と中村メソッドを用いてシミュレーションを実施しています。また、この県事業については、毎年二月中旬に県内外市町村から利活用の成果報告会が開催されています。

図９・２　小林市の移出と移入から見た産業振興

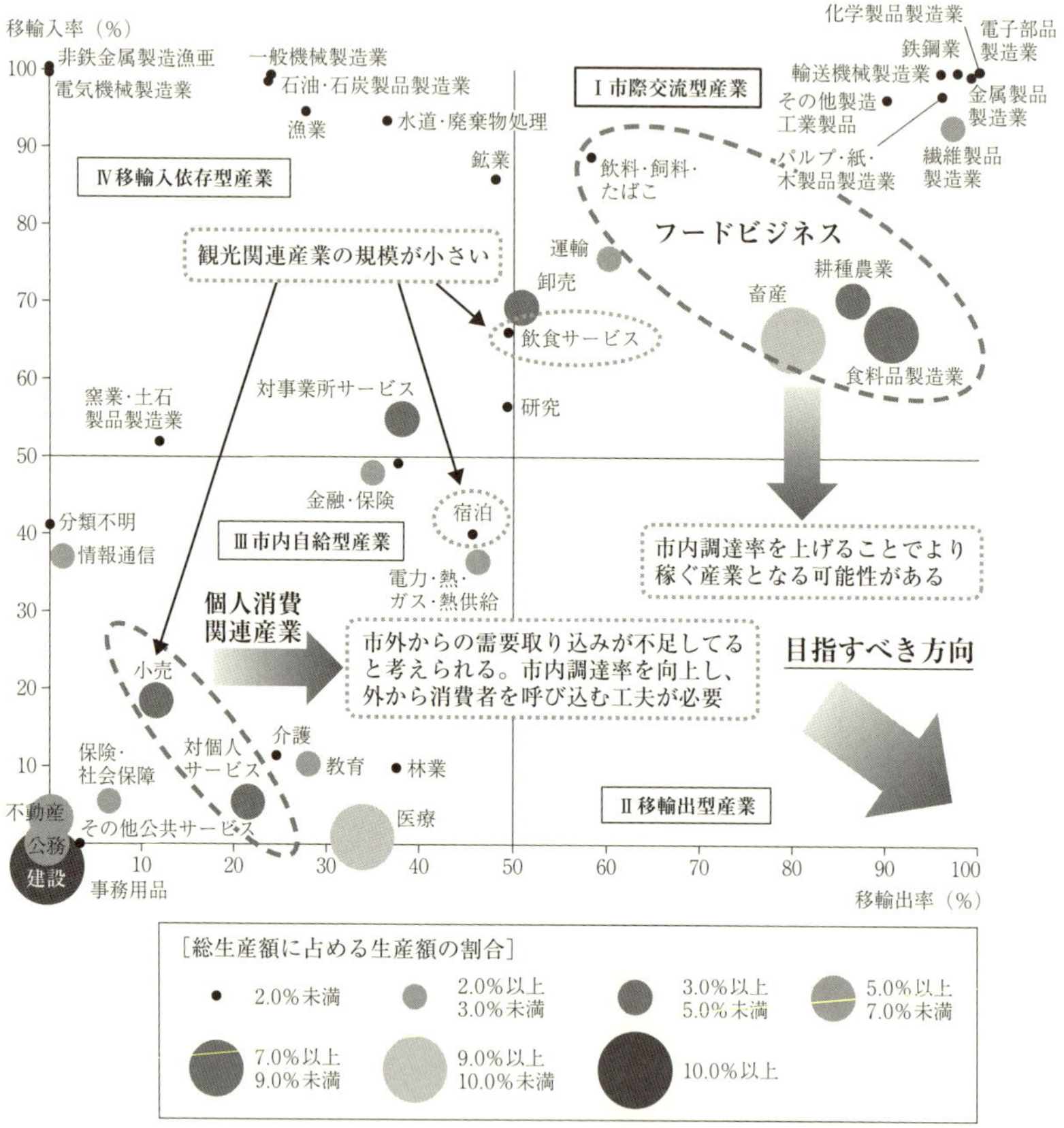

注）「小林市　地域経済構造分析報告書」（みやぎん経済研究所、2016年３月）から。

目を多様化するフードビジネスが求められます。

また、観光関連部門として各産業を見ると、宿泊業、飲食サービス業、対個人サービス業など稼ぐ力を発揮できていないところがわかります。事業所の規模が小さいという弱みはあるものの、小林市が考えるトライアスロンやボート・カヌー大会の誘致などスポーツ振興事業と連動させて経済効果を高めようとする考え方が生まれてきたのです。

小林市では、産業連関表を活用して、ふるさと納税の返礼品は地域にどの程度の経済波及効果をもたらしているのかも算出しています。二〇一六年度決算で三億二三七一万円相当の返礼品による需要が発生していることが判明しました。この受ける付加価値効果の大きい部門としては、耕種農業（一四七一万円）、食料品製造業（八三二万円）、畜産業（六六二万円）、運輸業（五九三万円）、対事業所サービス業（四五四万円）が上位五つでした。生産誘発効果が地域で二・三倍の生産誘発効果があることを計算し、それと同じ金額が市内で消費されると市民所得が二・一倍に上昇する可能性を予測しました。

そして、こういった経済循環を意識したプロジェクトとして、空き家の有効活用や六次産業化、トライアスロン大会の誘致など地域経済循環を意識した経済効果を高めることを意識した施策に取り組んでいます。

新居浜市（愛媛県）の例*6

新居浜市は、別子銅山の開坑以来、住友関連の企業群とともに工業集積を形成し、発展してきた典型的な企業城下町です。二〇一五年の国勢調査から、常住人口は一一万九九〇三人で、昼間人口はそれよりも一四二〇人多くなっています。また、二〇一四年の経済センサス（基礎調査）によると、製造業の収入額が全産業の五三・五％となっており、全国値二一・四％の倍以上の割合となっています。

＊6　産業連関表の作成と地域経済構造分析は、㈱いよぎん地域経済研究所が新居浜市から事業を受託し、筆者との共同作業で行いました。

図9・3　産業連関表から見た新居浜市の経済構造

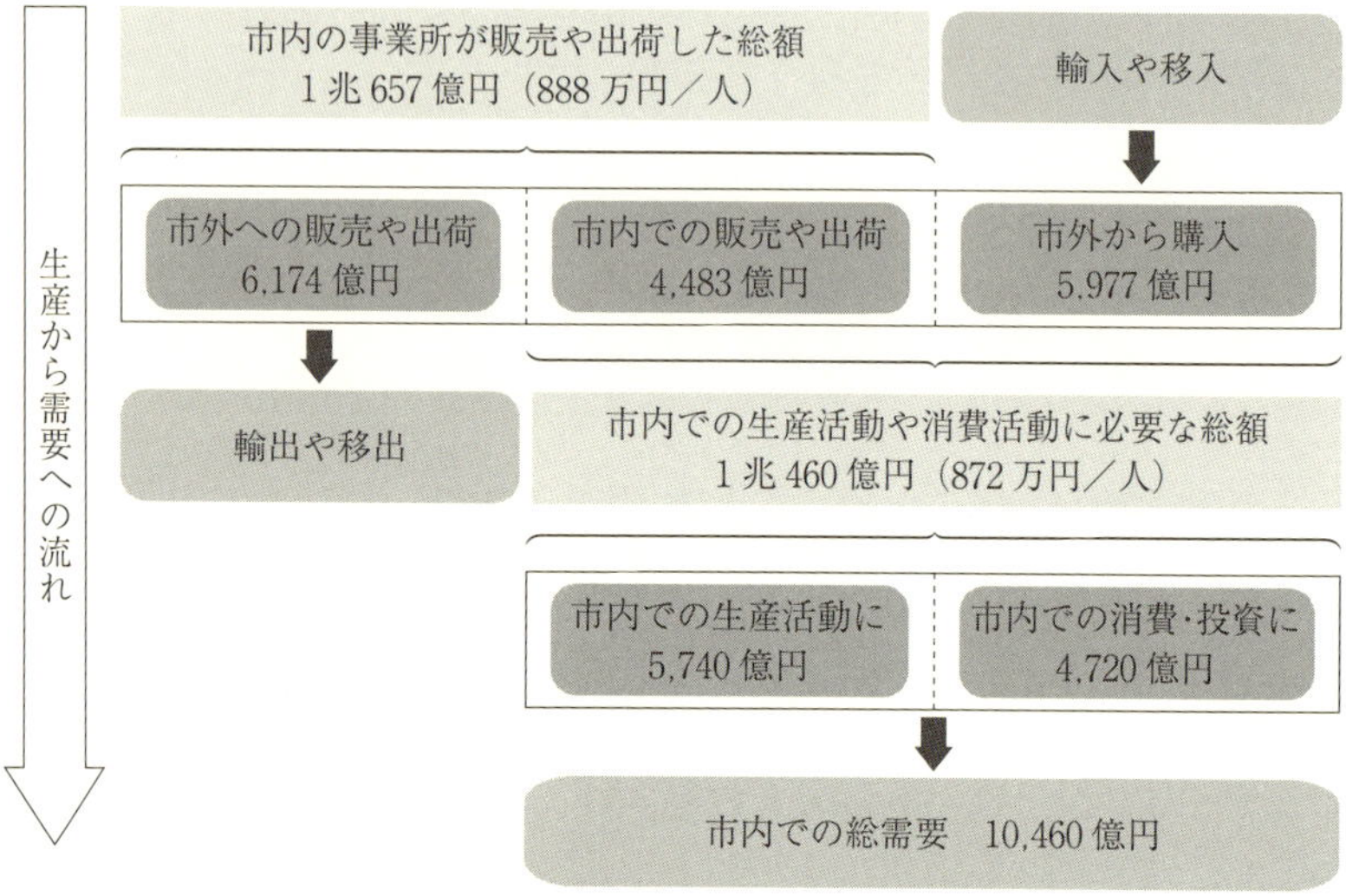

注）「新居浜市産業連関表、2012年表」から作成。

新居浜市では、基幹産業である住友系企業がまちの経済にどの程度貢献しているかを定量化するとともに、地域経済の課題を洗い出し、新たな発展を探るために地域経済構造分析を実施しました。この取り組みは地方創生が話題となる前に始まりました。

その結果、住友関連企業の波及効果がかなりあるものの、稼いだマネーを域内で循環させる仕組みの構築が必要であることが判明したのです。分析の結果に基づき、域内循環の向上を目指す目的で、地域中核企業と地域内中小企業との繋がり及び取引拡大を図るための新規事業を実施しています。以下に、詳しく見ていきます。

まず産業連関表の数値から図9・3のような新居浜市の経済構造がわかりました。新居浜市では大型の製造業の存在で出荷額が大きいことから、交易収支は一九七億円の黒字となっています。ただ、それらの原材料のほとんどは移輸入に依存しています。

二〇一一年度の新居浜市の財政力指数は、〇・七四で県下市町村二一のなかで三番目でした。一位は四国中央

表９・２ａ　新居浜市の純移輸出額の上位

産業分類	純輸移出額
有機化学工業製品	8,967,948
非鉄金属	6,672,245
合成樹脂	4,349,091
生産用機械	2,534,290
プラスチック・ゴム	1,615,148
電力・ガス・熱供給・水道	1,416,654
無機化学工業製品	1,279,594
医薬品	1,084,302
電気機械	452,980
パルプ・紙	269,373
はん用機械	156,128
化学肥料	108,619
金属製品	53,288
その他の公共サービス	38,910
廃棄物処理	7,283

注）「新居浜市産業連関表」から作成。単位は万円。

市の〇・八一、二番目は大型ショッピングセンター（エミフルＭＡＳＡＫＩ、店舗面積が七万八〇〇〇平米）が二〇〇八年に立地した松前町《まさきまち》の〇・七五です。交易収支が黒字であっても交付団体であるということは、第3章で説明したところの資金移動のメカニズムの理論（五五〜五八頁）に立ち返ると、域内で（稼がれた所得から）の貯蓄が十分に投資に回っていないことが考えられます。これは投資不足というよりも、新居浜市の支店・工場経済による所得の域外への移転が大きいものと思われます。

　産業連関表の純移輸出額で新居浜市の稼ぐ力の上位を見ると表９・２ａのようになります。これらの大半は住友系の工場による出荷額です。有機化学

表9・2b　新居浜市の生産額の上位

産業分類	市内生産額
有機化学工業製品	14,193,969
非鉄金属	13,661,067
商業	6,080,887
合成樹脂	6,057,598
建設	6,041,297
医療・福祉	5,938,013
プラスチック・ゴム	5,531,545
不動産	5,347,489
運輸・郵便	4,683,769
生産用機械	4,559,034
電力・ガス・熱供給・水道	3,874,787
公務	3,030,155
対個人サービス	2,901,352
対事業所サービス	2,621,240

注）「新居浜市産業連関表」から作成。単位は万円。

製品には、ナイロンの中間原料としてのカプロラクタムが含まれます。合成樹脂にはメタアクリル樹脂やＡＢＳ樹脂、非鉄金属には電池の素材（ニッケル、リチウム）、生産用機械にはクレーン、運搬機械、半導体製造装置などがそれぞれ該当します。

また、地域に所得を創出する産業として、生産額（表９・２ｂ）と粗付加価値額（表９・２ｃ）について、それぞれ上位部門を見ると、生産額では有機化学工業製品（一四一九億円）、非鉄金属（一三六六億円）が上位となっていて、粗付加価値額では不動産（四八一億円）と商業（三九六億円）、医療・福祉（三七一億円）が上位を占めていますが、それ以降では有機化学（三七五億円）、非鉄金属（三五四億円）などが地域経済に所得をもたらしている部門となっています。

表９・２ｃ　新居浜市の粗付加価値額の上位

産業分類	付加価値額
不動産	4,812,967
商業	3,963,063
有機化学工業製品	3,754,420
医療・福祉	3,711,150
非鉄金属	3,540,921
建設	3,216,644
運輸・郵便	3,048,046
公務	2,085,503
電力・ガス・熱供給・水道	1,998,860
対個人サービス	1,706,735
プラスチック・ゴム	1,671,739
対事業所サービス	1,657,944
生産用機械	1,590,630
合成樹脂	1,551,151

注）「新居浜市産業連関表」から作成。単位は万円。

次頁の図９・４は、産業連関分析では本来内生的である産業部門の生産額について、これを疑似外生化することで各々の地域経済への貢献度の大きさを見たものです。仮に現在の生産額が一〇％増加した場合について、まちの経済へのインパクトの大きさです。ここでは、最大の貢献は有機化学工業製品であり、ついで非鉄金属の二つが飛び抜けています。元来、生産額の大きいものが上位にくることもあるのですが、商業とか医療・福祉、建設業といった地域的な産業も比較的貢献度が高い部類に入っています。

さらに、表９・３（二一九頁）において細かく住友系事業所の貢献度を見てみます。産業連関表における市内生産額（一兆六五七億円）のうち、住友関連企業（グループ約四〇社）の市内生産額は約五一〇〇億円

図９・４　各産業の生産額10％増の場合、市の生産額への貢献度
（変化率：％）

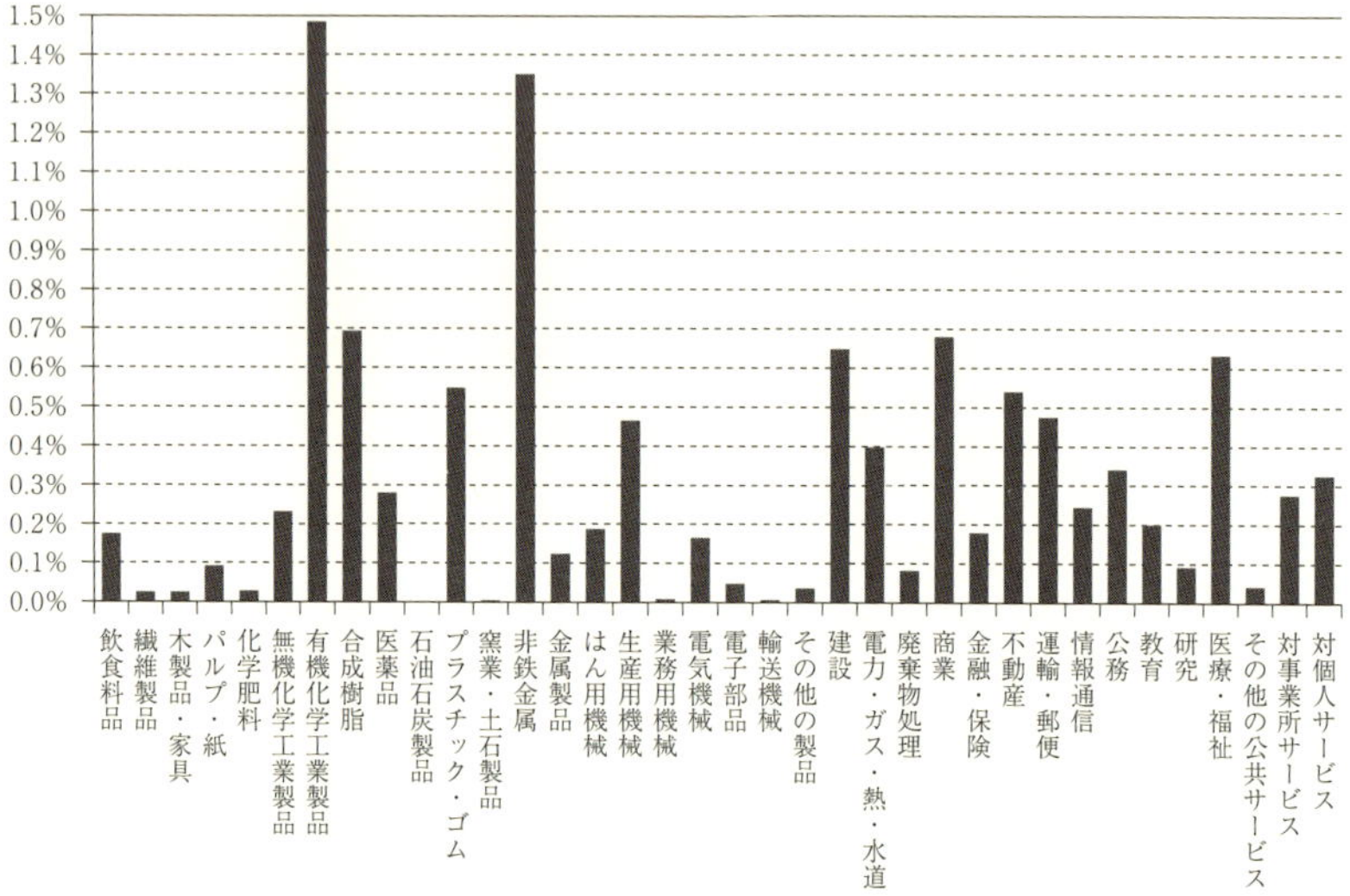

注）「新居浜市産業連関表」から導いた開放型逆行列表より作成。

と推計され、市内生産額の約四八％を占めています。前出の産業外生化効果の係数を用いて、住友関連企業の市内生産額約五一〇〇億円から推計される生産の波及の大きさは市内生産額で約五四三億円になります。また、住友関連企業の市内生産額約五一〇〇億円から推計される粗付加価値額は、約一六七九億円で、雇用者所得（約六七一億円）から生じる消費額への影響は約三八九億円となり、消費の面からも波及は大きいということが、具体的な数字を伴ってわかります。

現状として、住友関連企業については、生産そのものに加え生産波及効果や、従業員の消費等を含め新居浜市経済への影響度が非常に高いことがわかります。ただし、生み出された付加価値が市内に十分循環しているかは疑問が残ります。単身赴任が多いので、所得が大都市へ移転している可能性があります。また、移輸出だけでなく移輸入も比較的大きいことから、地域における製造業の企業集積を活用し

表9・3　住友関連企業の貢献度

項目	市内全体	住友関連企業（推計）	構成比
生産額	10,657	5,100	47.9%
生産波及額	—	543	—
粗付加価値額	4,917	1,679	34.2%
雇用者所得	2,465	671	27.2%
民間消費額	2,439	389	15.9%
純移輸出額	197	2,256	—

注）金額の単位は億円。

た市内生産品の利用促進が課題となってきます。

当時、新居浜市では、「業務用燃料電池システム製造企業」の立地が計画されており、仮に域外出荷額が年間一〇〇億円とした場合の市内への経済波及効果も推計しました[*7]。

移出額の一〇〇億円を与えることで、誘発される新居浜市内における生産額は、約二六億六〇〇〇万円と推計されます。これは一次間接効果です。誘発額の内訳を見ると研究開発部門の五億五二五万円が最も大きく、次いで対事業所サービスの三億三〇九〇万円、そして商業の三億七三六万円の順となっています。また、非鉄金属製品も一億五六七二万円と高い誘発額を示しています。これら上位四つで誘発効果額の四八・八%を占めています。付加価値額では、一〇〇億円の移出増加に対して一五億一〇〇〇万円の誘発額が見込まれます。これは全体として、新居浜市の付加価値（総生産額：GDP）の〇・八八%の押し上げ効果をもた

＊7　新規立地企業への域内企業からの投入需要はなく、新規立地企業の生産額一〇〇億円は、すべて域外（国内）へ出荷されるものと想定しています。

らすことになります。そして、立地によって（本体企業以外に）二三二人の雇用を誘発することが予想されます。

そこで構造改革シミュレーションとして、プラスチック製品部門の自給率を〇・一ポイント高めた場合を考えてみました。これは「住友関連企業と地域産業のマッチングの推進（地域内調達率の向上）」ということで、後述する新居浜市の産業振興ビジョンのアクションプランをバックアップするものです

このときの付加価値誘発額は二九億九六四七万円となり、新居浜市のGDPを一・一八％押し上げる効果を持つことが推計されます。また、非鉄金属製品の自給率を〇・一ポイント高めた場合の効果は、三八億一七六万円となり、一・三五％の押し上げ効果を持つことがわかります。そして、それぞれの雇用誘発は、二六二人と二九一人となります。

新居浜市は二〇一〇年三月に「新居浜市ものづくり産業振興ビジョン」を策定しましたが、産業連関表に基づいた地域経済構造分析の結果を踏まえ、取り巻く経済環境の変化を考慮し、二〇一六年二月にアクションプラン等の見直しを行いました。また、域内経済循環の向上を目指して地域の中核企業と中小企業のマッチング事業の実施をしています。*8 二〇一五年一二月には、「新居浜市総合戦略（平成二七年一二月策定）」を基に実施する事業の経済波及効果試算を行っています。他にも、企業誘致による新規立地企業の経済波及効果試算や、二〇一八年三月には「新居浜市観光振興計画（二〇一八 - 二〇二七）」の策定において設定した「重要業績評価指標（ＫＰＩ）」を達成した場合の経済波及効果の算出も行っています。

松山市（愛媛県）の例[*9]

松山市は二〇一六年に松山市版産業連関表を作成し、RESAS（地域経済分析システム）との併用で、「まちの経済の見える化」を試みました。これによって、これまで感覚や経験でとらえていた経済の実態が明確になりました。地域経済への影響度などから、有望産業を抽出し企業の立地戦略に生かしています。

立地戦略に先だって、松山市では産業連関表を活用して、施策実施に伴う経済波及効果の試算をいくつか行いました。

一つ目は市主催のイベント「えひめ・まつやま産業まつり二〇一五」についてです[*10]。産業連関表作成前は、イベント来場者の支出分を効果として試算していたのですが、産業連関表作成によって関係する各部門へ波及効果が及んでいることを数字で把握できるようになりました。二日間のイベントへの来場者数は一二万三〇〇〇人、出店数は三三〇で、これらによる最終消費支出額の合計（事業費＋来場者の支出）は三億八三九〇万円でした。

＊8　新居浜市にとって、域外マネーを獲得し、所得を創出する住友関連企業の生産において地域に集積する産業とのマッチングを推進し、市内調達率を高め地域内循環を促進することは、新居浜市経済の活性化における重要な課題であるとしています。

＊9　新居浜市の場合と同様で、㈱いよぎん地域経済研究所が事業を受託し、筆者との共同作業で行いました。

＊10　事業目的は、松山市をはじめとする県内の市町、商工団体、農林水産団体等の連携のもと、地元特産品の展示・販売・伝統工芸品の製造実演などにより市内外へのＰＲをすることです。

産業連関表に基づく二次間接効果までの生産誘発額は六億三一〇〇万円、付加価値誘発額は三億円で、これは松山市の付加価値生産額の〇・〇二%に相当します。主催者事業費に対して一五・五倍の経済波及効果であると推計されています。

二つ目は企業立地に係る奨励金実績(設備投資が対象)の効果把握です。奨励金の支給額は一億二九〇〇万円、それに対して最終需要項目である民間設備投資額は三一億六〇〇〇万円でした。これに対する生産誘発額は三二億六三〇〇万円で付加価値誘発額は一五億六三〇〇万円でした。これは松山市の付加価値生産額の〇・〇九%に相当します。二〇一五年度に初めて奨励金対象となった案件「奨励金支給額」の二五・三倍の経済波及効果となっています。

そして三つ目は、市民が市内の事業者で実施する住宅リフォーム工事への補助による経済効果の把握です。補助は、木造住宅の耐震化、バリアフリー化、省エネルギー化などが対象で、工事費の一〇%(上限額三〇万円)となっています。二〇一四年と二〇一五年度の補助金の合計は四億四四〇〇万円で、補助対象となった住宅改修の事業費は四二億一三〇〇万円でした。この住宅投資による生産誘発額は六五億五五〇〇万円(効果倍率:一・五六)、粗付加価値誘発額が三二億七六〇〇万円(市の付加価値生産額の押し上げ効果〇・一九%)、雇用者所得誘発額が一七億二〇〇〇万円、雇用者創出数四五六人となっています。なお、産業部門別には、建設の生産誘発効果が最も高く、次いで対事業所サービス、不動産業の順となっています。

これらは政策の事後評価に当たりますが、松山市では、これからの企業立地戦略を考えるために地域経済構造分析をさらに進めました(表9・4a~4c(二二三~二二五頁))。

人口が五一万四〇〇〇人の松山市において外貨(域外マネー)を獲得している産業部門は、化学製品(帝人、

表9・4a　松山市の純移輸出額の上位

産業分類	純移輸出額
医療業	68,887
公務	55,802
教育・研究	45,774
生産用機械製造業	35,792
福祉サービス	30,420
金融・保険業	28,399
はん用機械製造業	20,224
宿泊業	15,680
化学製品	10,774
情報通信サービス	9,870
運輸業	8,233
その他の公共サービス	7,439
繊維製品	6,939

注）「松山市産業連関表」より作成。単位は百万円。

東レファインケミカル他）、卸売業、生産用機械器具製造業（井関農機、三浦工業他）などが上位にありますが、化学製品と生産用機械器具製造業を除くと第三次産業が上位を占めています。

地域に所得をもたらす源泉となる付加価値では、帰属家賃が含まれている不動産を別にして、医療、金融保険、対事業所サービスの部門など県庁所在都市で人口五〇万人を超える中核都市のある特徴が出ているといえます。特に情報通信（サービス業）については、松山市は四国管内では公共放送の拠点都市でもあり、関連する産業の集積もあって、その従業者及び事業所の特化係数も高い状況です。

表9・4aとbは、純移輸出額の上位の産業部門と付加価値生産額の上位の産業部門をそれぞれ示したものです。

そして、産業連関表を用いて、今後の立地戦

表9・4b　松山市の付加価値額の上位

産業分類	付加価値額
不動産	187,459
医療業	144,994
金融・保険	122,924
対事業所サービス	112,079
卸売業	108,288
公務	105,002
建設業	96,920
教育・研究	96,220
情報通信サービス	88,857
運輸業	80,870
福祉サービス	80,039
小売業	78,887
その他の対個人サービス	47,034

注）「松山市産業連関表」より作成。単位は百万円。

略を立てるうえで、次の五つの松山市における立地ポテンシャルを設定しました。

- 生産誘発効果：経済波及効果の大きさを見る
- 付加価値誘発効果：付加価値部分の大きさを見る
- 雇用誘発効果：雇用への影響の大きさを見る
- 従業者数増加率：二〇〇九年から二〇一四年の従業者数増加率
- 自給率向上の生産誘発効果：自給率を向上させた場合の経済効果の大きさ

これらについて、それぞれ五段階評価をして産業部門別にレーダーチャートを作成しています。*11 主要な製造業についてのレーダーチャートは、図9・5a～c（二二六頁）のとおりです。

図9・5aから、【化学製品製造業】につい

表9・4c　松山市の従業者数の上位

	就業者数	構成比
小売業	31,616	12.6%
対事業所サービス業	23,521	9.4%
医療業	21,200	8.4%
飲食店	20,700	8.2%
福祉サービス	17,973	7.1%
教育・研究	14,871	5.9%
卸売業	14,197	5.6%
建設業	13,561	5.4%
その他の対個人サービス	11,279	4.5%
運輸業	10,836	4.3%
公務	8,757	3.5%
金融・保険業	8,407	3.3%
農業	7,401	2.9%
情報通信業	5,634	2.2%
その他の公共サービス	5,039	2.0%
不動産	4,449	1.8%
飲食料品製造業	4,367	1.7%
宿泊業	3,808	1.5%
生産用機械製造業	2,868	1.1%

注)「松山市産業連関表」より作成。

ては、「生産誘発効果」に比べ「付加価値誘発効果」が小さく、これは原材料の投入が多く付加価値率の低いことが要因と推測されるためです。同業種内でも医薬品等の付加価値の高い製品を作る企業の誘致が効果的であると考えられます。

次頁の図9・5bから、【生産用機械製造業】については、「付加価値誘発効果」が

*11　各評価項目について松山市産業連関表の部門がほぼ均等に配分されるようにグルーピングをしています。

図9・5a　化学製品製造業の立地効果

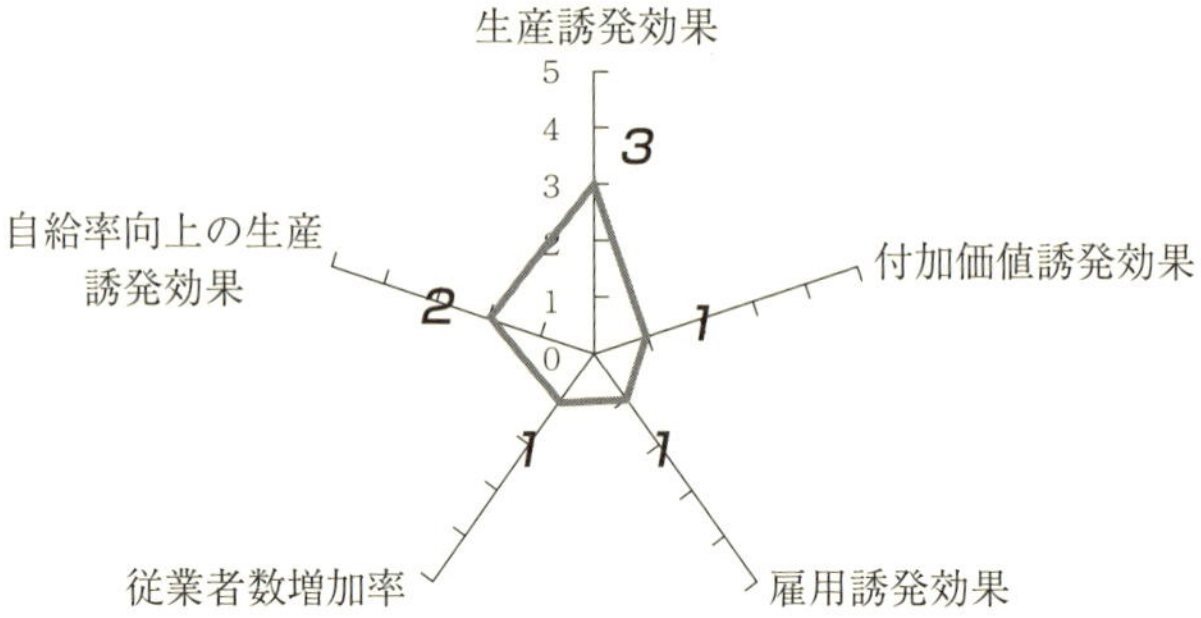

図9・5b　生産用機械製造業の立地効果

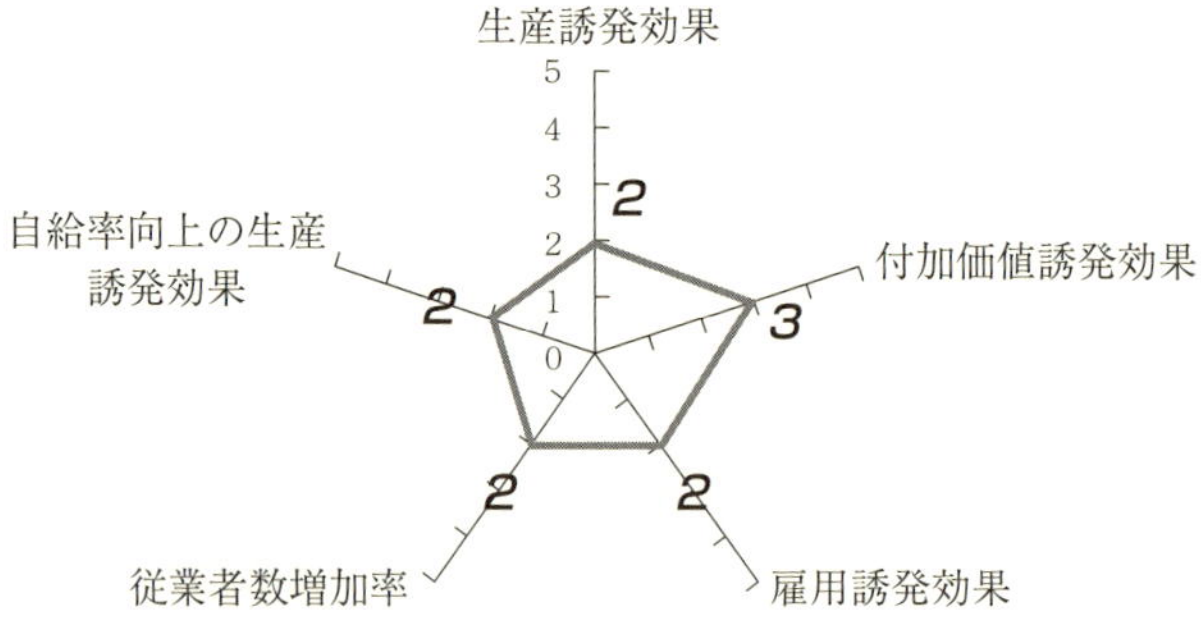

図9・5c　はん用機械製造業の立地効果

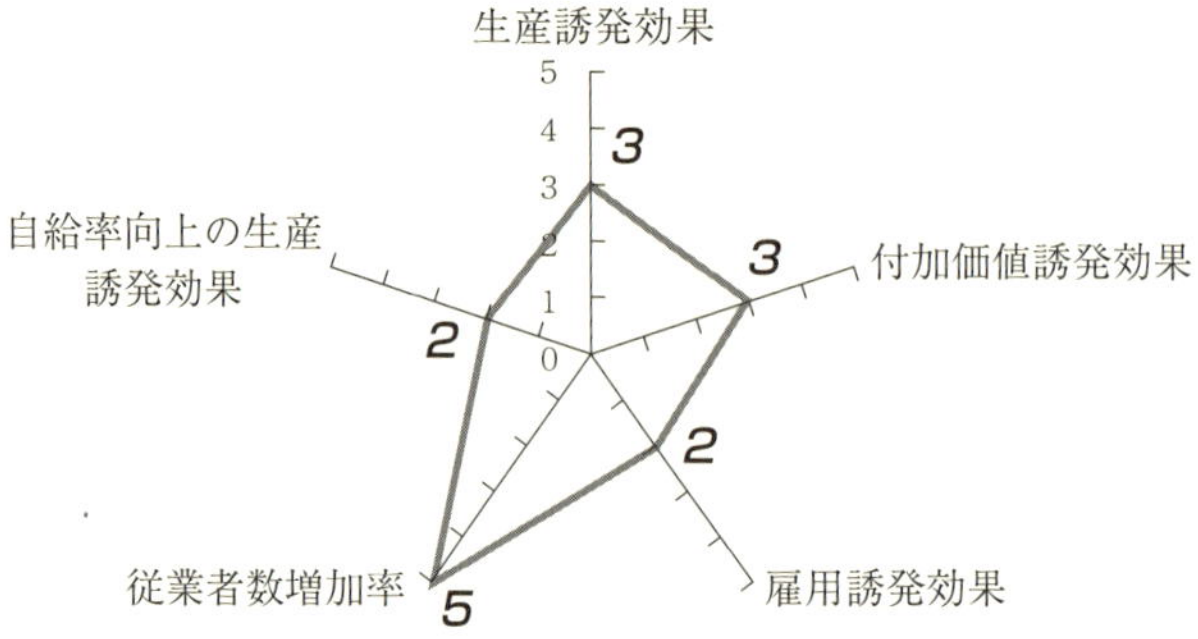

「生産誘発効果」に比べて大きく、化学製品よりも地域に所得をもたらしています。図9・5cから、【はん用機械器具製造業】については、「従業者数増加率」が大きく（二〇％以上の増加）、ここ五年間では雇用が拡大傾向にある産業と言えます。

これらの分野は総じて、原材料の市内調達割合が低く他業種への「生産誘発効果」が大きいとは、製造単価が高いことから金額ベースで見ると大きな域際収支の改善が期待できます。また、生産額に比べて従業者数が少なく「雇用誘発効果」が小さいのですが、これは生産性が高いことがうかがえ、松山市の強みとして捉えられます。ただ販売先が特定の業種に偏るため、「自給率向上の生産誘発効果」は小さい点が課題です。

これらから【化学製品・生産用機械・はん用機械】の各製造業についての松山市における政策課題は以下のようになりました。

---

①松山市を代表する大企業の立地が強みであることから、継続的な情報交換等を行うなど関係強化に努めるとともに、大企業ニーズと地元企業技術シーズのマッチングの場を設けるなど、地域内調達の増加推進による経済波及効果を高める取り組みが期待される。

②当該業種の強みとして技術やコスト面での競争力があげられることから、競争力の維持強化につながる研究開発に対する支援や、新たな設備投資への支援が求められる。

③生産年齢人口が減少するなか、労働生産性が高いことは強みであるが、人材の確保や定着、育成は今後も継続的な課題であることから、高校生の地元就職推進やUターン人材の確保、人材教育に関する支援策の充実とそのＰＲが求められる。

これら政策課題に対して、松山市は以下のような施策を実施しています。

▽競争力強化や高度人材の確保につながる研究開発施設など、本社機能を有する事業所の誘致に対する奨励金の上乗せ補助の導入。

▽人材確保に向け、地元求人情報誌に誘致企業特集頁の掲載や、大学や高校、専門学校等に誘致企業紹介パンフレットを配布。

▽高校生のキャリア教育推進のため、地元中小企業へのインターンシップを実施。

▽人手不足対策に向け、大手グループウェア開発企業と連携協定を結び、多様な働き方の促進、ＩＴ機器の導入等を通した業務効率化、働きたい・働き続けたい職場環境の整備、市内企業への普及・拡大の主に四つの施策を展開。

▽販路開拓支援等における地域産品活用による経済波及効果の拡大を図るため、松山圏域六市町が合同で逆商談会を開催。

▽愛媛大学や市内企業と連携して、ビッグデータの活用や解析ができる高度人材（データサイエンティスト）を育成する事業の実施。

今後は、これら政策効果の検証が重要となってきます。

おわりに

本原稿を脱稿する前に、北海道の東川町に行く機会がありました。東川町は、旭川市の東南に位置する細長い町で、面積は二四七・三㎢、人口は八〇〇〇人少々です。これも旭川市の東南に位置する東神楽町に立地している旭川空港へのアクセスも距離にして約七㎞ととても近いところにあります。また、近くにある大雪山の雪解け水が麓の東川町まで地下水となって運ばれてきていることもあり、上水道のない天然水で暮らす町となっています。また、東川町では旭川家具の三〇%が生産されています。商店街の看板は木彫りで統一されつつあります。そういったこともあって、中心都市の旭川市に通勤する割合は常住就業者の三二・五%と高い割合ですが、その人数一二八二人は旭川市から東川町への通勤者数のほうが一三五五人と若干多くなっています。

また、東川町は世界的にも珍しい「写真の町」宣言（一九八五年）、「写真文化首都」宣言（二〇一四年）をしており、写真を通じたまちづくりを積極的に推進しています。近年、独特の住宅開発で移住者などの人口増加により、カフェや雑貨店などが増えています。ただ、道内の市町村と比較すると、課税者所得が高くありません。また、財政指数もそれほど良いわけではありません。そういった状況を鑑み、東川町では、まちの産業のつながりを調査し、より良い地域産業政策を立案するためにまちの産業連関表の作成に取りかかりました。

また、本書では触れませんでしたが、同じ北海道にある下川町でも町の産業連関表を活用した環境施策を実施しています。下川町の初代の産業連関表は、二〇一〇年から一二年にかけて筆者が研究代表者として実施した環境省の環境経済政策研究プロジェクト「環境・地域経済両立型の内生的地域格差是正と地域雇用創出、その施策実施に関する研究」で作成したものです。そこでは、木質バイオマスを中心とした再生可能資源の有効活用によって、まちの連関構造の変化を初めて明らかにしています。同様に、新潟県佐渡市や徳島県美馬市、熊本県天草市、宇城市、鹿児島県鹿屋市などについても産業連関表の作成によって地域経済構造分析を実施、産業振興に役立てようとしている地域があります。

また、一昨年からは、岐阜県高山市も産業連関表を構築した地域構造分析（まちづくり構造改革）を実施することで、活力のあるまちを目指す産業振興施策を立案しているところです。

最近では地方創生の流れのなかで、小地域産業連関表の活用が述べられている書物も散見しますが、残念ながら産業連関表を含む経済学についての理解が十分でないものがあり、地域の比較優位を忘れたフルセット型を目指す誤った地域振興策（地域経済循環の曲解）へ導かれる懸念があります。そういったことに流されないためにも本書は、まちづくり構造改革において、産業連関表の使い方についての正しい理解をしてもらいたいという意図があります。

最後に、もともと本書は二〇一八年の夏の出版を目指したものでした。しかしながら、産業連関表の作成から施策効果にいたる実例が生まれるには時間がかかります。そういった事例を集めるのに、出版社の方には辛抱強く待っていただきました。そして、今回の事例収集については、豊岡市を初め朝来市、新居浜市、松山市の担当職員の方々、また調査を担当したシンクタンクの方にも多大なる協力をいただきました。心より感謝致します。

あなたのまちは、結果を出せていますか？
悩みを解決する具体的かつ実践的な手法を解説！

まちづくり 構造改革
地域経済構造をデザインする

中村良平 著

2014年3月刊 A5判 240頁 定価1,980円(本体1,800円)
978-4-8178-4147-6

- 経済産業省における「地域経済研究会」委員として参加した著者が、当時のスタッフと一緒に作り上げた「地域経済構造分析」をベースに更に展開。まちの経済を活性化させ、かつ効果を持続させるための具体的手法を解説。
- 難しくなりがちな経済学の用語は、誰にでも理解できるよう、やさしく噛み砕いて説明。
- 実際に構造改革や成長戦略に取り組んでいる地域の事例や成功事例を交えながら、著者の経験に基づくオリジナルの考え方や手法を紹介。

【主な収録内容】

序　章　まちづくりの経済原則
第１章　いま、まちの経済は？
第２章　まちの経済構造、どこが問題？
第３章　まちの経済の成り立ちは？
第４章　まちの経済のどこを見る？─地域経済構造分析の導入─
第５章　具体的に何をする？─地域経済構造分析の実践─
第６章　まちの構造改革に向けて─地域経済構造分析の展開─
第７章　こうしてまちの経済は変わった！
終　章　変わりつつあるまち

日本加除出版
〒171-8516 東京都豊島区南長崎３丁目16番６号
営業部 TEL (03) 3953-5642 FAX (03) 3953-2061
www.kajo.co.jp

まちづくり構造改革Ⅱ
あらたな展開と実践

2019年2月13日　初版発行
2024年11月25日　初版第2刷発行

著　者　中村良平
発行者　和田　裕

発行所　日本加除出版株式会社
本　社　〒171－8516
東京都豊島区南長崎3丁目16番6号

組版　㈱亨有堂印刷所　　印刷・製本（POD）　スピックバンスター㈱

定価はカバー等に表示してあります。
落丁本・乱丁本は当社にてお取替えいたします。
お問合せの他、ご意見・感想等がございましたら、下記までお知らせください。

〒171-8516
東京都豊島区南長崎3丁目16番6号
日本加除出版株式会社　営業企画課
電話　03-3953-5642
FAX　03-3953-2061
e-mail　toiawase@kajo.co.jp
URL　www.kajo.co.jp

ISBN978-4-8178-4529-0

事項索引

アルファベット

あ　行

か　行

さ 行

た　行

な　行

は　行

ま　行

や　行

ら　行

わ　行

参考文献（既出論文も含む）

中村良平「域外資本と地域経済循環」、都市問題、106号、9-15、2015年2月。

中村良平「まちの経済、移出による成長と循環による発展」、ECPR、第37巻2号、えひめ地域政策研究センター、42-53、2015年3月。

中村良平「地方創生のあらゆる施策を人口増加か人口維持に絡める」、OMNI-MANAGEMENT、日本経営協会、277号、6-11、2015年5月。

中村良平「『まちづくり構造改革』の経済学」、フロシネス、第7巻1号、74-77、ダイヤモンド社、2015年7月。

中村良平「地域経済循環構造と経済波及効果」、国際文化研修、第23巻1号（88号）、24-29、2015年7月。

中村良平「地方創生に向けた統計の読み解き方」、統計調査ニュース、345号、総務省統計局、2015年8月。

中村良平「地域振興と経済循環：地域経済構造分析入門」、『現在公共政策のフロンティア』、岡山大学出版会、2015年9月（共同執筆）の第3章、55-98。

中村良平「地方創生に求められる地域経済構造分析」、『明日の地方創生を考える』、東洋経済新報社、2015年12月（共同執筆）の第1部9章、153-174。

中村良平「岡山県新見市における地域産業構造の分析」、岡山大学経済学会雑誌、第47巻3号、29-46、2016年3月（共著者：小林義明）。

中村良平「どうすればまちの活力が生まれるか」、KER経済情報、鹿児島経済研究所、7-10、2016年3月。

中村良平「地域間所得格差はなぜ生じるのか」、公明、124号、38-43、2016年4月。

中村良平「地方を元気にする地方創生のあり方」、Monthly Report 岡山経済研究所、459号、10-19、2016年4月。

中村良平「真庭市バイオマス杜市“稼ぐ力と雇用”」、財政と公共政策、第38巻1号、2-14、2016年5月。

中村良平「地方創生の本質」、日経研月報、457号、26-37、2016年7月。

中村良平「地域経済　実証分析のススメ」、経済セミナー、690号、41-45、2016年7月。

中村良平「地域経済構造分析で探るまちの発展」、季刊ひょうご経済、132号、2-5、2016年10月。

中村良平「地域経済循環と波及効果」、月刊地域づくり、332 号、2017 年 1 月。

中村良平「地方創生の諸問題」、住民行政の窓、441 号、4-11、日本加除出版、2017 年 5 月。

中村良平「都市の高齢化と産業振興」、法の苑、66 号、11-21、日本加除出版、2017 年 5 月。

中村良平「経済循環による自立的な地域経済の構築を目指して」、21 世紀ひょうご、第 19 巻、42-57、2015 年 11 月。

中村良平「地域経済構造分析と循環型経済への自治体戦略」、月刊ガバナンス、194 号、20-22、2017 年 6 月。

中村良平「生産性向上とまちの経済循環」、創造の架け橋（四国生産性本部）、No. 115、7-8、2017 年 7 月。

中村良平「地方創生の本質①　構造問題への対処」、ひょうご自治、7-8、2017 年 5 月。

中村良平「地方創生の本質②　人口移動と雇用」、ひょうご自治、15-16、2017 年 6 月。

中村良平「地方創生の本質③　規範的な見方の必要性」、ひょうご自治、15-16、2017 年 7 月。

中村良平「地方創生の本質④　まちの稼ぐ力」、ひょうご自治、15-16、2017 年 8 月。

中村良平「地方創生の本質⑤　まちの生産性」、ひょうご自治、15-16、2017 年 9 月。

中村良平「地方創生の本質⑥　計画と経済のシンクロ」、ひょうご自治、15-16、2017 年 10 月。

中村良平「地方創生の本質⑦　まちの経済循環」、ひょうご自治、15-16、2017 年 11 月。

中村良平「地方創生の本質⑧　つながりの大切さ」、ひょうご自治、15-16、2017 年 12 月。

中村良平「地方創生の本質⑨　つながりの検証」、ひょうご自治、15-16、2018 年 1 月。

中村良平「地方創生の本質⑩　産業連関表の利活用」、ひょうご自治、15-16、2018 年 2 月。

中村良平「地方創生の本質⑪　サービス生産のまちづくり」、ひょうご自治、15-16、2018 年 3 月。

中村良平「観光推進における域外資本と地域の経済」、都市計画（日本都市計画学会）、第 66 巻 6 号、50-53、2017 年 10 月。

新聞への寄稿（本稿の既出内容を含む）

『稼ぐ力』持つ産業伸ばせ、地方創生　地域の視点㊦
経済教室　日本経済新聞、2015年5月6日
地域経済を「見える化」する(1)　データを基に域内循環把握
やさしい経済学　コラム（経済・政治）　日本経済新聞、2018年4月26日
地域経済を「見える化」する(2)　データに基づく施策可能に
やさしい経済学　コラム（経済・政治）　日本経済新聞、2018年4月27日
地域経済を「見える化」する(3)　データ分析のモデル必要
やさしい経済学　コラム（経済・政治）　日本経済新聞、2018年4月30日
地域経済を「見える化」する(4)　マネーの循環　捕捉が必要
やさしい経済学　コラム（経済・政治）　日本経済新聞、2018年5月1日
地域経済を「見える化」する(5)　域内の優位なモノ磨く
やさしい経済学　コラム（経済・政治）　日本経済新聞、2018年5月2日
地域経済を「見える化」する(6)　経済構造を多角的に分析
やさしい経済学　コラム（経済・政治）　日本経済新聞、2018年5月3日
地域経済を「見える化」する(7)　自治体の産業連関表を作成
やさしい経済学　コラム（経済・政治）　日本経済新聞、2018年5月4日
地域経済を「見える化」する(8)　データ分析　人材育成カギ
やさしい経済学　コラム（経済・政治）　日本経済新聞、2018年5月8日

なお、本書の内容には筆者が独立行政法人経済産業研究所（RIETI）のファカルティフェローとして取り組んだ研究プロジェクト「地域経済構造分析の進化と地方創生への適用」（2015年～2017年）の研究成果も含まれている。

著者紹介

中　村　良　平（なかむら　りょうへい）

1953年　香川県高松市生まれ
1977年　京都大学工学部衛生工学科卒業
1979年　筑波大学大学院環境科学研究科修了
1984年　筑波大学大学院社会工学研究科（５年制博士課程）修了・学術博士
近畿大学助教授、岡山大学助教授、岡山大学大学院教授（社会文化科学研究科）を経て2018年４月から名誉教授、同大特任教授、和歌山県データ利活用推進センター顧問。また、経済産業研究所ファカルティフェロー、東京大学客員教授、日本経済研究所理事、水産庁「事業評価に関わる検討委員会」委員、復興庁「福島12市町村の将来像に関する有識者検討委員会」委員などを務める。前著に「まちづくり構造改革：地域経済構造をデザインする」日本加除出版、2014年３月。

E-Mail　ubbz0252@okayama-u.ac.jp
　　　　ryonk0252@gmail.com